NOUVEAU COURS
D'ENSEIGNEMENT ÉLÉMENTAIRE.

GÉOGRAPHIE.

On trouve à la même Librairie :

ATLAS ÉLÉMENTAIRE DE GÉOGRAPHIE MODERNE, composé de dix cartes gravées sur acier et coloriées avec soin : Cosmographie et Géographie physique, Planisphère, Europe, Asie, Afrique, Amérique septentrionale, Amérique méridionale, Océanie, France physique par bassins, France par départements, par *M. G. Beleze* ; 1 vol. *in*-4°.

Le même Atlas avec les dix cartes muettes correspondantes ; 1 vol. *in*-4°.

ABRÉGÉ DE LA GÉOGRAPHIE, pour le premier âge, avec questionnaires, par *M. G. Beleze* ; in-18.

LA GÉOGRAPHIE

MISE A LA PORTÉE DES ENFANTS,

AVEC QUESTIONNAIRES,

Par G. BELEZE,

ÉLÈVE DE L'ANCIENNE ÉCOLE NORMALE,

CHEF D'INSTITUTION A PARIS.

TROISIÈME ÉDITION
ACCOMPAGNÉE D'UN PLANISPHÈRE.

Ouvrage autorisé par l'Université.

PARIS.
IMPRIMERIE ET LIBRAIRIE CLASSIQUES
DE JULES DELALAIN,
Fils et Successeur d'Auguste Delalain,
RUE DES MATHURINS St-JACQUES, N° 5, PRÈS LA SORBONNE.

M DCCC XLIV.
1843

Tout contrefacteur ou débitant de contrefaçons de cet Ouvrage, sera poursuivi conformément aux lois.

Tous les Exemplaires sont revêtus de ma griffe.

AVANT-PROPOS.

Cette Géographie, faite sur le même plan que les autres volumes de notre Cours d'Enseignement Elémentaire, est divisée en chapitres d'une longueur à peu près égale et suivis d'un questionnaire développé. Voulant rester fidèle au système que nous avons adopté pour la rédaction des divers ouvrages qui composent le Cours d'Enseignement mis à la portée des Enfants, nous n'avons admis dans ce traité élémentaire de Géographie que les notions les plus importantes d'une science aussi vaste qu'intéressante. Toutefois ces notions, coordonnées avec un soin extrême, forment un ensemble complet [1].

La terre que nous habitons, le soleil qui nous éclaire, les étoiles qui brillent au firmament, en un mot tous les corps qui se meuvent dans l'espace, font partie du même système et sont soumis aux mêmes lois. Nous devons donc étudier l'ensemble de l'univers, avant de passer à la connaissance de notre globe en particulier, et c'est dans ce but que nous avons consacré quelques pages d'introduction à des notions élémentaires de Cosmographie. Nous avons mis tous nos soins à les rendre claires et faciles à saisir pour les enfants auxquels ce livre est destiné. Le premier chapitre donne la définition des divers termes de Géographie, soit pour les terres, soit pour les eaux, et fait connaître les grandes divisions du globe. Puis vient la description des contrées de la terre, avec un chapitre spécial pour les généralités de chaque partie du monde. Tous les chapitres présen-

1. Nous avons publié pour le premier âge un *Abrégé* de cette géographie, qui renferme seulement les notions les plus essentielles.

tent les faits dans le même ordre : d'abord, la superficie, la population, la position et les bornes de la contrée ; sa division et ses principaux accidents géographiques : ensuite la description générale embrassant le sol, le climat, les productions diverses ; l'industrie et le commerce ; les villes principales, avec ce qu'elles offrent de remarquable ; enfin des notions historiques, soit pour les temps anciens, soit pour les temps modernes. Ainsi chaque chapitre présente dans son ensemble un tout complet, et renferme tout ce qu'il est utile et intéressant de savoir sur le pays dont ce chapitre donne la description. Nous avons préféré cette méthode à celle qui, divisant un traité de Géographie en trois ou quatre parties, donne dans la première les accidents géographiques, dans la seconde la description de la contrée, et dans la troisième un autre genre de notions. Au reste, si cette dernière méthode paraissait préférable à quelques personnes, la disposition typographique de notre livre permettrait facilement de la suivre, parce qu'elle sépare avec soin chaque spécialité.

La Géographie de la France a été traitée avec toute l'étendue que comporte l'importance de cette contrée que nous devons connaître avec plus de soin et plus de détails. Nous avons adopté la division par bassins, division qui nous paraît être la plus naturelle et la plus facile pour bien faire comprendre la position de chaque département. Nous avons séparé les bassins suivant leurs versants, en distinguant les bassins primaires et les bassins secondaires. Les principales villes ont été désignées avec la spécialité industrielle ou commerciale qui distingue chacune d'elles : des signes nouveaux indiquent, sans surcharger le livre, les évêchés, les cours royales, les divisions militaires, les académies. Enfin la distance de Paris à chaque chef-lieu de département est indiquée avec une rigoureuse exactitude. Une table alphabétique des départements, placée à la fin du volume, permet de les retrouver facilement et de suivre une autre méthode.

Les notions historiques que nous avons placées à la fin de chaque chapitre, font connaître le nom que portait anciennement la contrée décrite dans ce chapitre, les peuples qui l'habitaient, les principaux événements qui s'y sont passés. De plus, dans le cours de cet ouvrage, nous avons placé le nom ancien à côté du nom moderne, toutes les fois que ce nom rappelait un grand souvenir. De cette manière notre livre renferme sur la Géographie ancienne tout ce qu'il est nécessaire que des enfants connaissent, pour étudier avec plus de fruit l'histoire des temps anciens; il forme un cours complet de géographie ancienne et moderne comparée.

Afin de rendre l'application de cet ouvrage plus facile pour les instituteurs, nous dirons en peu de mots le mode d'enseignement que nous avons adopté et qui produit dans notre Institution les plus heureux résultats. Trois heures par semaine sont consacrées à l'étude de la Géographie, deux heures de leçon, une heure de rédaction. Voici comment se donnent les deux leçons.

Les élèves sont réunis devant une mappemonde muette de grande dimension; le professeur ou l'un des élèves les plus instruits montre successivement sur la carte et dit à haute voix les notions principales contenues dans le chapitre qui fait l'objet de la leçon, c'est-à-dire la position, la superficie, la population, les bornes des états, les accidents géographiques, tels que les fleuves, les montagnes, les divisions principales, les villes et leur position. Ce premier exercice terminé, on passe à la lecture du chapitre. Chaque élève a son livre, et lit à son tour un paragraphe ou quelques phrases, quand il est désigné par le professeur ou le moniteur. Tous suivent avec attention parce qu'aucun d'eux ne veut être pris en défaut. Lorsque la lecture est finie, vient un troisième exercice, c'est l'interrogation, faite à l'aide du questionnaire par le maître ou par l'un des élèves les plus habiles, lequel s'adresse tantôt à l'un, tantôt à l'autre, l'un trouvant ce que l'autre a vainement cherché, et le maître étant là pour rectifier en dernier ressort les réponses qui ne l'ont pas satisfait. Ces trois exercices, répétition simultanée, lecture et interrogation exigent environ une heure de classe. Après la seconde leçon, les élèves font la rédaction du chapitre. Ce mode d'enseignement, d'une pratique si simple et si facile dans les écoles, et dont l'expérience nous a fait connaître les bons résultats, a beaucoup d'attraits pour les enfants, dont l'attention est constamment tenue en éveil par ces divers exercices appropriés à leur âge et à leurs facultés.

Pour aider les enfants dans l'étude de cette géographie, nous avons publié un atlas élémentaire composé de dix cartes et mis en accord avec le texte du livre. La France, qui est pour nous la partie la plus importante à étudier, exigeait deux cartes, l'une physique et par bassins, l'autre par départements. La carte physique correspond en tous point à la division suivie pour la description des départements et facilite singulièrement l'étude de cette description.

GÉOGRAPHIE.

INTRODUCTION.

Notions générales de cosmographie.

L'univers ou le monde est l'ensemble de tout ce qui existe. C'est un espace immense et sans bornes, où un nombre considérable de corps, appelés *astres*, se meuvent avec ordre d'après les lois que le Créateur a assignées à chacun d'eux. La cosmographie ou description de l'univers est la science qui a pour objet l'étude de ces astres ou corps célestes.

Des astres. Les astres, ou corps célestes, peuvent se diviser en deux classes distinctes : 1° les astres qui se meuvent autour du soleil; 2° les étoiles fixes. La première classe forme le système solaire.

Du système solaire ou planétaire. Le système solaire, appelé aussi système de Copernic, parce que ce grand astronome en a le premier démontré la vérité, comprend le soleil et les planètes qui se meuvent autour de cet astre, les satellites et les comètes. Parmi les planètes il faut distinguer la terre, et parmi les satellites la lune.

1. *Géographie.*

INTRODUCTION.

Du soleil. Le soleil est un astre lumineux par lui-même; c'est le centre du système solaire. On a reconnu, par le déplacement et le retour périodique des taches qui sont à sa surface, qu'il exécute un mouvement de rotation sur lui-même en 25 jours et 14 heures. Il est 1,385,000 fois plus gros que la terre, et sa distance au globe que nous habitons est de 152,784,000 kilomètres; sa lumière nous arrive en 8 minutes 13 secondes, ou, en d'autres termes, elle parcourt 314,000 kil.[1] par seconde.

Des planètes. Les planètes, c'est-à-dire les astres errants, sont des corps opaques qui reçoivent du soleil la lumière et la chaleur. Elles exécutent un mouvement de rotation sur elles-mêmes et un mouvement de révolution autour du soleil; ces deux mouvements se font d'occident en orient.

Voici les noms des onze planètes principales énoncées d'après l'ordre de leur distance au soleil : *Mercure*, *Vénus*, la *Terre*, *Mars*, *Vesta*, *Junon*, *Cérès*, *Pallas*, *Jupiter*, *Saturne* et *Uranus*. Parmi ces planètes, les unes sont visibles à la vue simple et ont été connues dès la plus haute antiquité; les autres, c'est-à-dire Uranus, Cérès, Pallas, Junon et Vesta, ne peuvent être vues qu'avec le secours des télescopes et ont été récemment découvertes. Saturne est entouré d'un anneau immense qu'on suppose composé

---

1. Un kilomètre vaut mille mètres, un myriamètre vaut dix mille mètres. La lieue ancienne, qui n'est plus en usage, équivaut à 4 kil. 444 mètres.

d'une série de lames annulaires et qui tourne sur le même axe que la planète.

Des satellites. Les planètes secondaires ou satellites sont des corps qui tournent autour des planètes principales, d'occident en orient, en même temps que celles-ci se meuvent autour du soleil. La terre a un satellite, qui est la lune. Jupiter a quatre satellites, Saturne sept, et Uranus six.

Des comètes. Les comètes sont des corps semblables aux planètes, qui se meuvent autour du soleil et réfléchissent la lumière de cet astre. Dans leur marche les comètes parcourent des ellipses ou ovales plus ou moins allongés, et lorsqu'elles se rapprochent du soleil, elles nous paraissent très-brillantes. Le plus souvent elles sont accompagnées d'une longue queue lumineuse qui se dirige toujours vers le couchant : on pense que cette queue est une vapeur que chaque comète traîne après elle, et qui réfléchit aussi la lumière du soleil. Les comètes, que dans tous les temps la crainte ou l'ignorance a considérées comme des présages de guerre, de peste ou d'autres grandes calamités, sont les corps les moins connus de notre système planétaire. Les unes vont d'occident en orient, les autres d'orient en occident, et il n'y en a qu'un petit nombre dont on ait pu calculer le retour d'une manière précise.

De la lune. La lune est, comme nous l'avons dit, le satellite de la terre, autour de laquelle elle décrit une ellipse ; sa distance moyenne de notre globe est de 384,295 kilomètres ; elle est 49 fois plus petite que la terre.

Les différents aspects que la lune présente à nos yeux se nomment *phases*. Le jour de la nouvelle lune, appelée aussi *néoménie*, la lune est invisible, parce qu'elle se trouve entre le soleil et la terre. Sept jours après environ, la lune offre la forme d'un cercle coupé en deux : c'est le premier quartier. Sept jours après elle est entièrement éclairée : c'est la pleine lune. Le dernier quartier arrive sept jours plus tard, et la forme de la lune est de nouveau un demi-cercle. Enfin sept autres jours après, elle revient à la place qu'elle occupait le jour de la nouvelle lune : ces diverses révolutions s'opèrent en 29 jours 12 heures.

De la terre. La terre, avons-nous dit, est une des onze planètes principales qui se meuvent autour du soleil. Le mouvement de la terre sur elle-même ou rotation se fait d'occident en orient dans l'espace de 24 heures, ce qui donne le jour et la nuit. Sa révolution autour du soleil se fait en 365 jours, 5 heures et 49 minutes, ce qui donne l'année. Il faut remarquer que ces 5 heures et 49 minutes fournissent de quatre en quatre ans un jour de plus. L'année qui a ainsi 366 jours s'appelle *bissextile* (deux fois six).

La terre est ronde ; c'est un sphéroïde légèrement aplati aux pôles. Les aspérités qui se trouvent à la surface du globe terrestre n'en altèrent pas sensiblement la forme, comme on pourrait le croire à cause des chaînes de montagnes dont il est hérissé.

Diverses preuves concourent à démontrer que

la terre est ronde. Dans les contrées planes, on aperçoit des objets nouveaux à mesure qu'on s'avance, tandis que ceux qui sont derrière nous finissent par disparaître. En approchant des objets élevés et placés à de grandes distances, on en remarque d'abord le sommet, puis les parties moins élevées, enfin la base, qui apparaît la dernière.

Si la surface de la terre était plane, celle de l'eau le serait aussi. Cependant quand un vaisseau s'éloigne du rivage, le corps du bâtiment cesse bientôt d'être visible à nos yeux; on n'en voit plus que les mâts dont l'extrémité disparaît au-delà de l'horizon sensible, ce cercle qui, en rase campagne ou en pleine mer, borne notre vue, et où le ciel semble toucher à la terre ou à l'eau.

Le déplacement des étoiles fixes atteste également la rondeur de la terre. En s'avançant vers le nord, on voit l'étoile polaire s'élever de plus en plus au-dessus de l'horizon; si au contraire on marche vers le sud, elle finit par disparaître. Or, ce déplacement n'aurait pas lieu si la terre était plate.

L'observation attentive des éclipses de lune, pendant lesquelles on voit l'ombre sphérique de la terre passer sur la lune, est encore une preuve irrécusable de la rondeur de notre globe.

Enfin ce fait a été mis entièrement hors de doute par la circonstance suivante: des navigateurs ont fait à diverses reprises le tour de la terre. Ils étaient partis de l'Europe en dirigeant constamment leur course vers l'ouest; ils finirent par se retrouver au lieu de leur départ : ce qui n'eût pu être si la terre n'était pas d'une forme sphérique.

Le diamètre de la terre est de 12,700 kilomètres, et sa circonférence de 40,000 kilomètres.

Le mouvement que la terre fait sur elle-même s'exécute autour d'une ligne imaginaire qui la traverse et qui est appelée *axe*. Les deux extrémités de cette ligne se nomment *pôles :* le pôle qui est dirigé du côté de la constellation de l'Ourse (*arctos*, en grec) a été appelé *arctique*, et le pôle qui est dirigé du côté opposé a été désigné sous le nom de pôle *antarctique*, c'est-à-dire opposé à celui de l'Ourse.

Des éclipses. Les éclipses de soleil ont lieu par l'interposition de la lune, c'est-à-dire lorsque ce satellite se trouve entre la terre et le soleil. Les éclipses de lune ont lieu par l'interposition de la terre, c'est-à-dire lorsque cette planète se trouve entre le soleil et la lune. Les éclipses sont *totales* ou *partielles*, suivant que l'astre est éclipsé en entier ou en partie.

Des étoiles. Les étoiles, appelées *fixes* parce qu'elles paraissent conserver toujours entre elles la même distance, sont des corps lumineux, dont l'éloignement de la terre ou du soleil ne peut être calculé. A la simple vue, on n'en compte que quelques milliers ; mais à l'aide des instruments d'optique on en voit plusieurs millions, et ce nombre s'augmenterait prodigieusement si nous avions des instruments plus parfaits. Il est probable que les étoiles sont autant de soleils, autour desquels, comme autour du nôtre, se meuvent des planètes; et cette idée doit nous pénétrer d'admiration pour la sagesse infinie et la toute-puissance de Dieu.

Les astronomes ont classé les étoiles d'après leur grandeur apparente et leur éclat : parmi celles de *première grandeur*, *Sirius* ou la *Canicule* est la plus remarquable. On appelle *nébuleuses*, les étoiles qui ne s'aperçoivent que confusément, parce qu'elles sont placées à des distances infinies de notre globe. La *voie lactée*, cette ceinture blanche tracée dans le ciel, est regardée comme un immense amas d'étoiles nébuleuses.

Comme il serait impossible de donner un nom à chaque étoile, on les a divisées par groupes appelés *constellations;* mais, afin de les classer plus facilement dans la mémoire, on a désigné les constellations par différents noms d'animaux ou d'autres objets. Le nombre des constellations est de 108; les anciens n'en connaissaient que 48. Les plus remarquables sont : la *grande Ourse*, la *petite Ourse*, *Cassiopée*, *Andromède*, le *Dragon*, la *Chevelure de Bérénice*, la *Couronne boréale*, le *Serpent*, la *Lyre*, le *Dauphin*. Le zodiaque, cercle imaginaire tracé dans le ciel, compte sur sa circonférence douze constellations ou signes; ce sont : le *Bélier*, correspondant au mois de mars; le *Taureau*, à avril; les *Gémeaux*, à mai; l'*Ecrevisse* ou le *Cancer*, à juin; le *Lion*, à juillet; la *Vierge*, à août; la *Balance*, à septembre ; le *Scorpion*, à octobre ; le *Sagittaire*, à novembre ; le *Capricorne*, à décembre ; le *Verseau*, à janvier ; les *Poissons*, à février.

Des sphères, des globes et des cartes. Les *sphères* ou *globes* sont des machines rondes que les géographes et les astronomes ont inventées, soit pour représenter la terre, soit pour expliquer les phénomènes célestes, c'est-à-dire les mouvements vrais ou apparents du ciel. Les cartes géographiques représentent ou la terre entière, ou une partie du monde, ou une seule contrée. Dans le premier cas, on les appelle *mappemondes* ou *planisphères*. Les secondes sont des cartes générales ; les autres, des cartes spéciales.

Des cercles tracés sur le globe terrestre. Les cercles imaginaires tracés sur la surface du globe pour déterminer avec précision la position des différentes parties de la terre répondent à de semblables cercles qui partagent de la même manière la voûte apparente du ciel. On compte six cercles principaux : deux grands et quatre petits.

Les deux grands cercles sont l'*équateur* et le *méridien*.

L'*équateur*, cercle dont tous les points sont à égale distance des deux pôles, partage la terre en deux portions égales ; l'une septentrionale, appelée *hémisphère boréal* ; l'autre méridionale, appelée *hémisphère austral*. L'équateur porte aussi le nom de *ligne équinoxiale*, parce qu'il passe par tous les pays où la durée du jour égale celle de la nuit.

Le méridien passe par les deux pôles, coupe l'équateur et divise aussi le globe en deux hémisphères, l'un *oriental*, l'autre *occidental*. Ce cercle porte le nom de *méridien*, qui signifie *midi*, parce qu'il est midi en même temps pour tous les lieux par où il passe, lorsque le soleil est au-dessus de lui.

Les quatre petits cercles sont les deux *tropiques* et les deux *cercles polaires*.

Les *tropiques* sont deux cercles parallèles à l'équateur : l'un se nomme le *tropique du Cancer*, et l'autre le *tropique du Capricorne*, parce qu'ils passent par ces deux constellations du zodiaque; le premier est dans l'hémisphère boréal, le second dans l'hémisphère austral.

Les deux cercles polaires, savoir l'*arctique* et l'*antarctique*, sont parallèles aux tropiques et à l'équateur. Ils sont éloignés des pôles autant que les tropiques le sont de l'équateur. Le cercle polaire arctique est dans l'hémisphère boréal, l'autre dans l'hémisphère austral.

Des points cardinaux. Pour indiquer la position des lieux, on a inventé quatre points principaux, appelés *points cardinaux*. Ce sont : le *nord* ou *septentrion*, vers le pôle arctique; le *sud* ou *midi*, vers le pôle antarctique; l'*est*, nommé aussi *orient* ou *levant*, vers le point où le soleil paraît se lever; l'*ouest*, nommé aussi *occident* ou *couchant*, vers le point où le soleil paraît se coucher. On fait encore souvent usage de quatre points intermédiaires, placés entre les quatre points principaux. Ce sont le *nord-*

est, entre le N. et l'E.; le *nord-ouest*, entre le N. et l'O.; le *sud-est*, entre le S. et l'E.; le *sud-ouest*, entre le S. et l'O. Sur les cartes géographiques on place le nord en haut de la carte, le sud au bas, l'est à droite, et l'ouest à gauche.

Des degrés de latitude et de longitude. On est parvenu à déterminer la position des points les plus importants du globe terrestre, et, par suite, à y rapporter tous les autres, au moyen de la *latitude* et de la *longitude*. La latitude est la distance d'un point quelconque à l'équateur, et la longitude, la distance d'un point quelconque à un premier méridien convenu. La plupart des nations de l'Europe se sont accordées à prendre pour premier méridien celui qui passe par leur observatoire principal.

Pour déterminer avec précision la latitude et la longitude, on a d'abord divisé la surface du globe en 180 bandes parallèles à l'équateur, 90 au nord et 90 au sud de ce cercle; on a nommé ces bandes *degrés* de latitude. Chaque degré a été divisé en 60 bandes appelées *minutes*, et chaque minute en 60 bandes appelées *secondes*. Ensuite on a divisé cette surface en 360 parties par autant de méridiens principaux : on leur a donné le nom de *degrés de longitude*, et on les a subdivisés comme les degrés de latitude.

Les degrés de latitude se comptant sur les méridiens, qui ont tous une égale longueur, sont chacun de 111 kilomètres ou de 25 lieues communes ou de 60 milles géographiques. Les degrés de longitude se comptent sur l'équateur ou sur les cercles parallèles, lesquels deviennent de plus en plus petits à mesure qu'ils s'avancent vers les pôles. Aussi les degrés de longitude n'ont 25 lieues que sous l'équateur : ils diminuent ensuite insensiblement jusqu'aux pôles, où ils n'ont aucune largeur.

Des saisons. Le plus ou moins d'obliquité dans les rayons du soleil sur la terre détermine le degré de chaleur qu'éprouvent les diverses contrées de notre globe, et explique la différence des saisons. Ainsi, lorsque les terres polaires boréales sont éclairées, les rayons nous arrivent plus perpendiculairement et nous donnent par suite plus de chaleur : alors nous sommes en été. Six mois après, lorsque les terres polaires australes sont éclairées, les rayons du soleil nous arrivent plus obliquement, et nous avons l'hiver, quoique la terre soit alors plus près du soleil. Aux deux époques intermédiaires, trois mois avant l'hiver ou avant l'été, les rayons se distribuant également sur les deux hémisphères, nous avons, soit l'automne, soit le printemps.

Des solstices et des équinoxes. On appelle *solstices* les deux époques de l'année où le soleil se trouve sur le tropique du Cancer ou sur le tropique du Capricorne, et *équinoxes* les deux autres époques où il se trouve directement sur l'équateur. Le printemps est la saison comprise entre un des équinoxes et le solstice qui a lieu lorsque le soleil est au tropique du Cancer ; l'été, celle qui s'écoule entre ce solstice et le second équinoxe ; l'automne est renfermé entre cet équinoxe et le second solstice ; l'hiver dure depuis ce solstice jusqu'au premier équinoxe. Chaque saison se divise en 3 mois, dont chacun comprend 30, 31, 28 ou 29 jours. Nous avons dit que la durée de l'année est de 365 jours 5 heures 49 minutes.

Des zones. Les quatre cercles auxquels on a donné le nom de *tropiques* et de *cercles polaires* partagent la surface du globe terrestre en cinq bandes ou *zones*, qui tirent leur nom de leur climat général. Les deux bandes renfermées par les cercles polaires ont été nommées *zones glaciales;* les deux bandes comprises, dans chaque hémisphère, entre le cercle polaire et le tropique sont appelées *zones tempérées*. Enfin, on a donné le nom de *zone torride* à la bande qui est circonscrite par les deux tropiques.

De l'atmosphère et des vents. On appelle *atmosphère* ce fluide transparent et léger qui environne notre globe. L'action de la chaleur, qui raréfie l'air, et celle du froid, qui le condense, sont les causes d'une agitation continuelle dans l'atmosphère. L'air ainsi déplacé et mis en mouvement produit le *vent*. Lorsque le vent ne parcourt que 2 mètres par seconde ou 8 kilomètres par heure, il est modéré ; mais il est violent s'il parcourt 10 mètres par seconde ou environ 35 kilomètres par heure. Dans une tempête, il parcourt jusqu'à 22 mètres par seconde, c'est-à-dire à peu près 80 kilomètres par heure. Parmi les vents *constants* ou *généraux*, il faut remarquer les vents *alizés*, qui soufflent entre les tropiques, et les *moussons*, qui règnent dans la zone torride. Les zones tempérées n'éprouvent que des vents variables et irréguliers. On appelle *brises* de terre ou de mer des vents partiels, mais périodiques, produits par le changement subit que fait éprouver à la température la succession du jour et de la nuit.

Des marées. Les marées sont des oscillations régulières et périodiques que les mers subissent par l'attraction des corps célestes, surtout par celle de la lune et du soleil. Dans les parties de l'océan sujettes aux marées, il offre chaque jour deux oscillations plus ou moins fortes. La première de ces oscillations fait monter la mer pendant environ six heures. Parvenue à sa plus grande élévation, elle reste stationnaire à peu près un quart d'heure. C'est le moment de la *haute mer;* on appelle *flux* le mouvement qui l'a produite. Bientôt la mer commence à baisser; elle met environ six heures pour se retirer, et ce mouvement s'appelle le *reflux*. Après quelques instants de repos, la mer recommence à monter, et présente de nouveau les mêmes phénomènes. Ainsi dans l'espace de vingt-quatre heures il y a deux marées.

Notions des anciens. Les anciens, auxquels manquaient les instruments astronomiques, à l'aide desquels on observe la marche et les mouvements divers des corps célestes, ne pouvaient pas avoir sur le système du monde les connaissances que nous avons acquises. Ainsi ils n'avaient point calculé la distance du soleil à la terre; ils ne connaissaient qu'un seul satellite, c'était la lune, qu'ils regardaient comme une planète principale. Sans doute les peuples de l'antiquité, entre autres les Chaldéens, les Egyptiens et surtout les Grecs s'étaient livrés à l'étude de l'astronomie, et même chez les derniers quelques savants, Aristarque de Samos, Hipparque et Pythagore avaient entrevu la vérité en soutenant que le soleil était fixe, et que la terre tournait autour de cet astre. Mais cette vérité isolée, qui n'était point appuyée sur des preuves évidentes, tomba bientôt dans l'oubli. Vers le commencement du deuxième siècle de l'ère chrétienne, un célèbre astronome, nommé Ptolémée, publia un système dans lequel il soutenait que la terre était immobile au centre de l'univers, et que le soleil et les autres corps célestes tournaient autour d'elle dans l'espace de 24 heures. Ce système, si contraire à la réalité, fut suivi jusqu'au seizième siècle. Alors Copernic, et plus tard Galilée, démontrèrent par des arguments invincibles que la terre tourne et que le soleil est immobile. La vérité de ce système fut mise en pleine évidence par les immortelles découvertes de deux hommes de génie, Kepler et Newton.

Questionnaire.

Qu'est-ce que l'univers ou le monde? — De quoi se compose-t-il? — Qu'est-ce que la cosmographie? — En combien de classes divise-t-on les corps célestes? — De quoi se compose le système solaire? — Qu'est-ce que

NOTIONS DE COSMOGRAPHIE.

le soleil ? — Quelle est sa distance de la terre ? — Quel temps met sa lumière pour arriver sur notre globe ? — Qu'est-ce que les planètes ? — Combien compte-t-on de planètes principales ? — Ont-elles été toutes connues des anciens ? — Quels noms portent les planètes secondaires ? — Quel est le satellite de la terre ? — Qu'est-ce que les comètes ? — Quelle est la distance de la lune à notre globe ? — Quelle est son étendue par rapport à la terre ? — Qu'appelle-t-on phases de la lune ? — Qu'est-ce que la terre ? — Quels sont les mouvements qu'elle exécute ? — Donnez des preuves de la rondeur de la terre. — Quelle est la circonférence de la terre ? — Qu'est-ce que l'axe de la terre ? — Qu'est-ce que les pôles ? — Comment une éclipse de soleil a-t-elle lieu ? — Comment a lieu une éclipse de lune ? — Qu'entendez-vous par étoiles fixes ? — Comment a-t-on classé les étoiles ? — Qu'est-ce qu'une constellation ? — De combien de constellations se compose le zodiaque ? — Quels sont ces signes ? — A quel signe correspond le mois de mars ? (Mêmes questions pour les autres mois.) — Qu'appelle-t-on sphères ou globes ? — Quelles sont les différentes espèces de cartes ? — Combien y a-t-il de cercles principaux ? — Qu'est-ce que l'équateur ? — Qu'est-ce que le méridien ? — Quels sont les petits cercles ? — A quoi servent les points cardinaux ? — Nommez-les. — De quel usage sont la latitude et la longitude ? — Comment sont marqués les degrés sur la surface du globe ? — Comment est divisé chaque degré ? — Quelle valeur un degré a-t-il en lieues ordinaires ? — A quelle cause tient le plus ou moins de chaleur qu'éprouve notre globe ? — Expliquez la succession des saisons. — Qu'appelle-t-on solstices et équinoxes ? — En combien de zones est partagée la surface du globe ? — Qu'appelle-t-on atmosphère ? — Comment est produit le vent ? — A quelles causes sont dues les marées ? — Expliquez les mouvements de la mer. — Quelles étaient les notions des anciens sur le système du monde ? — Quel était le système de Ptolémée ? — Jusqu'à quelle époque fut-il suivi ? — Quels hommes parvinrent à faire triompher la vérité ?

CHAPITRE PREMIER.

Définitions. — Terres et eaux.

La géographie ou description de la terre est la science qui nous apprend à connaître le globe que nous habitons et les différents peuples répandus sur toutes les parties de sa surface. Lorsqu'on jette les yeux sur une sphère, on voit la surface du globe partagée inégalement en *terres* et en *eaux*.

Termes relatifs aux terres. Au milieu de la grande masse d'eau qu'on nomme *océan*, se montrent différentes portions de terre, toutes séparées les unes des autres; parmi ces portions de terre, trois se font remarquer par leur étendue et sont appelées *continents*. Toutes les autres terres environnées d'eau de tous côtés, quelle que soit leur étendue, se nomment *îles*. La réunion de plusieurs petites îles, placées à peu de distance les unes des autres, forme un groupe. La réunion de plusieurs groupes ou de plusieurs îles couvrant un espace de mer assez étendu forme un *archipel*. Une *presqu'île* ou *péninsule* est une portion de terre qui s'avance dans la mer, et tient au continent par une portion de terre plus ou moins large; lorsque cette portion de terre n'excède pas le tiers de la largeur de la presqu'île, on l'appelle *isthme*. On appelle *cap* ou *promontoire* l'extrémité d'une terre qui s'avance en pointe dans la mer.

Les *montagnes* sont les éminences les plus considérables de la terre, et qui ont en même temps une pente rapide ou du moins sensible. Il faut bien distinguer les montagnes des *plateaux*, qui sont de grandes masses de terre élevées, mais ayant des pentes moins rapides et plus étendues ; un plateau peut renfermer des montagnes, des plaines et des vallées. Une suite de montagnes dont la base se touche s'appelle *chaîne*. Les chaînes moins considérables, qui s'en détachent à droite ou à gauche, s'appelle *rameaux*, *contreforts*, *chaînons*, et *nœuds* le point où elles se réunisent. Une montagne isolée prend différents noms, selon l'aspect qu'elle présente : celui de *pic* ou *aiguille*, lorsque le sommet se termine en pointe ; celui de *ballon*, si le sommet est arrondi ; celui de *puy*, quand le sommet, creusé en forme d'entonnoir, appartient à une montagne primitivement volcanique. On distingue dans une montagne la *base* ou le *pied*, qui est l'endroit où elle commence à se séparer de la plaine ; le *flanc*, qui forme la *pente* où le *versant* ; la *cime*, la *crète*, l'*arête* ou le *sommet*. Un *volcan* est une montagne qui vomit, par une ouverture appelée *cratère*, des matières fondues nommées *laves*. Les *vallées* sont formées par les écartements des chaînes de montagnes ; une *gorge* est une partie de vallée très-étroite. Un passage étroit entre deux montagnes escarpées, ou entre une montagne et la mer, prend le nom de *défilé*, de *pas* ou de *col*.

DÉFINITIONS. 19

On appelle *plaines*, de grands espaces dont la surface est horizontale, unie ou légèrement ondulée. Les plaines incultes, différant entre elles par leur aspect général et par le caractère de leur végétation, prennent des noms divers, selon les pays où elles se trouvent : on les nomme *landes*, *steppes*, *savanes*, *llanos* ou *pampas*. Les *déserts* sont des solitudes immenses, inhabitées et absolument stériles, au milieu desquelles se trouvent quelquefois de rares espaces arrosés par des sources, présentant quelque végétation et nommés *oasis*. Les *forêts* sont des espaces considérables couverts d'arbres réunis en grande masse; lorsque les arbres ne couvrent pas une grande étendue de pays, ils forment simplement des *bois :* les montagnes sont ordinairement couvertes de forêts.

On appelle *côtes* les contours des continents et des îles baignés par les eaux de l'océan. On donne le nom de *falaises* aux hautes terres coupées à pic qui bordent les côtes, et celui de *dunes* aux collines de sables situées sur le bord de la mer. On appelle *bancs de sable* et *bas-fonds*, des endroits peu profonds qui se trouvent au milieu des mers; *écueils*, des rochers à fleur d'eau, sur lesquels les vaisseaux peuvent échouer ; *récifs* ou *brisants*, des rochers voisins de la côte où la mer se brise avec violence. Une *digue*, une *jetée*, un *môle*, sont des obstacles élevés par la main des hommes contre les efforts des eaux. Un *phare* est une tour au sommet de laquelle on allume un *feu* ou *fanal* pour guider les vaisseaux pendant la nuit.

Termes relatifs aux eaux. L'*océan* est la masse d'eau continue et salée qui environne les terres et se subdivise en plusieurs grandes parties d'océan. Les *mers* sont des parties de l'océan qui prennent des noms particuliers. Elles prennent le nom de *mers intérieures* ou *mers méditerranées*, lorsqu'elles sont environnées de terres dans leur plus grande circonférence et qu'elles communiquent avec l'océan. Si l'ouverture est très-large, on donne à cette portion de l'océan le nom de *golfe*; le nom de *baie* s'applique aux portions de mer plus petites qu'un golfe et dont l'ouverture est moins large : l'usage confond quelquefois ces deux dénominations. Un *détroit* est une portion de mer resserrée entre deux terres, et qui fait communiquer deux mers ou deux parties de mer. Dans certains cas particuliers le détroit prend le nom de *pas*, *canal*, *manche*, *phare*, *bosphore*, *pertuis*. Les plus petites portions d'eau environnées de terres et qui offrent un abri aux navires s'appellent *rade*, *anse*, *port*, *havre*, *crique* : la *rade* présente un abri contre certains vents; l'*anse* est une baie plus petite que la rade; le *port* est un asile très-sûr et fait de main d'homme; le *havre* et la *crique* sont d'une dimension plus petite que le port. Il y a des ports qui sont situés sur des fleuves, le plus souvent vers leur embouchure, mais quelquefois aussi à de grandes distances dans les terres. On

DÉFINITIONS. 21

appelle *lacs* des amas d'eau entourés de tous côtés par des terres et n'ayant aucune communication immédiate avec la mer. Les *étangs* diffèrent des lacs, en ce qu'ils sont moins grands, peu profonds, souvent marécageux.

Les *fleuves* sont les cours d'eau douce, grossis ou formés par la réunion de plusieurs rivières, et qui se rendent directement dans la mer. Les *rivières* sont les cours d'eau qui se jettent ordinairement dans une rivière plus considérable ou dans un fleuve. Les *ruisseaux* sont les petits cours d'eau qui grossissent les fleuves ou les rivières. Les *torrents* sont des ruisseaux qui coulent avec rapidité, ou des cours d'eau produits temporairement par de grandes pluies ou par la fonte des neiges. Les *sources* sont l'origine des cours d'eau immédiatement à leur sortie du sol. Les bords d'un cours d'eau se nomment *rives* : la rive *droite* est celle qui se trouve à la droite de la personne qui suit le courant ; la rive opposée est la rive *gauche*. On appelle *embouchure* l'endroit où un cours d'eau se jette dans un autre, dans un lac ou dans la mer, et *confluent* le lieu de jonction de deux cours d'eau. Les fleuves qui entrent dans la mer par plusieurs bras ou embouchures forment un *delta*. Le cours d'eau secondaire, ou celui qui porte le tribut de ses eaux au courant principal, s'appelle *affluent*. Le *lit* d'un fleuve ou d'une rivière est la cavité plus ou moins profonde remplie par les eaux de ce fleuve ou de cette rivière. Quand le lit d'un cours d'eau change brusquement de niveau, il forme une *chute* ou un *saut*, qui prend le nom de *cataracte*, si ses ondes se précipitent d'une grande hauteur. Les endroits où le courant se trouve obstrué par des rochers s'appellent *brisants* ou *barrages*. L'ensemble des pentes d'où découlent les ruisseaux et les rivières qui se jettent dans un fleuve s'appelle le *bassin* de ce fleuve. Les *canaux* sont des lits creusés de main d'homme et formant des rivières artificielles, pour faire communiquer deux cours d'eau entre eux, ou un cours d'eau avec la mer ou même deux mers entre elles.

Grandes divisions du globe. La surface du globe est inégalement partagée en *terres* et en *eaux*.

Les *terres*, qui occupent environ le quart de cette surface, se divisent en cinq parties principales : l'*Europe*, l'*Asie*, l'*Afrique*, formant l'*ancien continent*, ainsi appelé parce que c'est le premier dont nous ayons eu connaissance et qu'il a été le berceau du genre humain ; — l'*Amérique* ou *nouveau continent*, découverte en 1492 ; — l'*Océanie* ou le *monde maritime*, découverte plus récemment, et composée d'un nombre considérable d'îles et d'un troisième continent, appelé *Australie* ou *Nouvelle-Hollande*. — Au pôle nord et au pôle sud ont été faites des découvertes récentes qui sont encore peu connues.

La superficie des terres de notre globe est estimée à 131,659,500 kilomètres carrés et la population à 800,000,000 d'habitants.

Les *eaux* ou les *mers* qui occupent les trois quarts de la surface du globe, comprennent six divisions principales : l'*océan Atlantique*, entre l'Europe et l'Afrique, à l'E., et l'Amérique, à l'O. ; — le *grand Océan*, nommé aussi *océan Pacifique* ou *mer du Sud*, entre l'Asie et l'Océanie, à l'O., et l'Amérique, à l'E.;—l'*océan Indien*, au S. de l'Asie, à l'E. de l'Afrique et à l'O. de l'Océanie ; — l'*océan glacial Arctique*, au N. de l'Europe et de l'Asie ; — l'*océan glacial Antarctique*, au S. du cercle polaire antarctique; la *mer Méditerranée*, au S. de l'Europe et au N. de l'Afrique.

Races d'hommes. Les divers peuples répandus sur la surface de notre globe appartiennent à trois races principales : la race *blanche* ou *caucasique*, habitant l'Europe, la partie occidentale de l'Asie et la partie septentrionale de l'Afrique ; — la race *jaune* ou *mongolique*, occupant le nord de l'Asie et de l'Europe, la partie orientale de l'Asie, une partie de l'Océanie et de l'Amérique ; — la race *nègre* ou *éthiopique*, répandue dans le centre et le sud de l'Afrique et dans la plus grande partie de l'Océanie.

Notions des anciens. Des trois continents que nous venons de nommer, les peuples de l'antiquité n'en connaissaient qu'un seul, l'*ancien*, qu'ils divisaient d'abord en deux parties, l'*Asie* et l'*Europe*, puis, comme nous, en trois parties, l'*Europe*, l'*Asie* et l'*Afrique*. Mais les bornes qu'ils donnaient à ce continent n'étaient pas celles que la géographie leur assigne aujourd'hui. Presque tout le nord de l'Europe et de l'Asie, le centre et le sud de l'Afrique leur étaient inconnus. Le manque de boussole, le peu de progrès que les anciens avaient fait dans l'art de la navigation, ne leur avaient pas permis d'arriver à cette étendue de connaissances que la science des temps modernes est parvenue à acquérir. Mais s'ils n'ont pas connu certaines contrées de l'ancien continent, ils ont laissé dans la plupart des pays dont il se compose des traces durables de leur passage, et de nombreux monuments attestent encore la grandeur des Egyptiens, des Grecs, des Romains et d'autres peuples célèbres de l'antiquité.

Questionnaire.

Qu'est-ce que la géographie? — Qu'est-ce qu'un continent? — Qu'est-ce qu'une île? — Un groupe, un archipel? — Une presqu'île ou péninsule? — Qu'appelle-t-on isthme? — Cap ou promontoire? — Qu'est-ce qu'une montagne? — Qu'appelle-t-on plateau? — Qu'est-ce qu'une chaîne? — Qu'appelle-t-on, dans une montagne, base ou pied, flanc, cime ou sommet? — Qu'est-ce qu'un volcan? — Qu'appelle-t-on cratère? — Qu'est-ce qu'une vallée, une gorge, un défilé? — Qu'est-ce qu'une plaine? — Qu'est-ce qu'un désert? — Qu'appelle-t-on oasis? — Qu'est-ce qu'une forêt, un bois? — Qu'est-ce que les côtes? — Qu'appelle-t-on falaises, dunes, bas-fonds, écueils, récifs? — Qu'est-ce qu'une digue, une jetée, un môle? — Qu'est-ce qu'un phare, un fanal? — Qu'est-ce que l'océan? — Qu'est-ce que les mers? — Qu'est-ce qu'une mer méditerranée? — Qu'est-ce qu'un golfe? — Une baie? — Un détroit? — Quels sont les noms particuliers que prend le détroit? — Qu'appelle-t-on rade, anse, port, havre, crique? — Les ports sont-ils toujours situés sur la mer? — Qu'est-ce qu'un lac? — Un étang?

— Un fleuve ?—Une rivière ?—Un ruisseau, un torrent, une source ? — Qu'appelle-t-on rives ? — Qu'est-ce que la rive droite, la rive gauche ?—Qu'appelle-t-on embouchure, confluent?— Qu'est-ce qu'un delta ?—Qu'est-ce qu'un affluent ?— Qu'appelle-t-on lit d'un cours d'eau ? — Comment se forme une chute ou saut ? — Quand lui donne-t-on le nom de cataracte ? — Qu'appelle-t-on barrages ? — Qu'appelle-t-on bassin d'un fleuve ? — Qu'est-ce qu'un canal ? — Quelles sont les grandes divisions du globe ? — Que comprennent les terres ? — En combien de parties principales se divisent-elles ?— Quelle est la superficie des terres du globe terrestre?— Quelle est leur population ? — Que comprennent les eaux ? — Quelles sont leurs divisions principales ? — A combien de races principales appartiennent les peuples de la terre ? — Quelles parties de la terre les anciens connaissaient-ils ?

CHAPITRE II.

Europe.

Superficie. 9,875,000 kilomètres carrés.
Population. 238,000,000 d'habitants.

Position. L'Europe occupe la partie nord-ouest de l'ancien continent, auquel elle se rattache seulement à l'est ; partout ailleurs c'est la vaste étendue des mers qui l'entoure.

Dimensions. 5,555 kilomètres de longueur, depuis l'embouchure du fleuve Kara, en Russie, jusqu'au cap St-Vincent, au sud-ouest du Portugal ; 3,888 kilomètres de largeur du cap Nord, en Norwège, au cap Matapan, en Grèce

26 EUROPE.

Bornes. Au N., l'océan Glacial Arctique; — à l'E., la mer Caspienne, le fleuve Kara, le fleuve Oural, les monts Ourals, qui la séparent de l'Asie; — au S., le détroit de Gibraltar, la mer Méditerranée, la mer Noire, le mont Caucase; — à l'O., l'océan Atlantique.

Division. L'Europe comprend seize divisions principales, dont quatre au nord et à l'est, sept au centre, et cinq au sud : — Au nord et à l'est, le *royaume uni* composé des *îles Britanniques*, le royaume de *Danemark*, celui de *Suède*, l'empire de *Russie*; — Au centre, le royaume de *France*, le royaume de *Belgique*, celui de *Hollande*, la *république suisse*, l'*Allemagne propre* ou *confédération germanique*, le royaume de *Prusse*, l'empire d'*Autriche*; — Au sud, le royaume d'*Espagne*, celui de *Portugal*, l'*Italie*, l'empire de *Turquie* et le royaume de *Grèce*.

Mers. L'Europe est baignée par trois grandes mers, et par plusieurs autres moins considérables que forment les trois premières. — L'océan Glacial Arctique forme la mer *Blanche* et la mer de *Kara*, sur les côtes septentrionales de la Russie. — L'océan Atlantique forme la mer du *Nord* ou d'*Allemagne*, entre l'Allemagne, la Hollande, la Belgique, la Grande-Bretagne, la Norwège et le Danemark; la mer *Baltique*, entre la Suède, la Russie et la Prusse; la mer de la *Manche*, entre la Grande-Bretagne et la France, et la mer d'*Irlande*, entre l'Irlande et la Grande-Bretagne. — La mer Méditerranée, proprement dite, forme la mer de *Sicile*, au nord de l'île de Sicile ; la mer *Adriatique*, entre l'Italie, l'Autriche et la Turquie d'Europe ; la mer *Ionienne*, à l'ouest de la Grèce ; l'*Archipel*, entre la Grèce, la Turquie d'Europe et la Turquie d'Asie ; la mer de *Marmara*, entre les deux Turquies ; la mer *Noire*, entre la Turquie d'Europe, celle d'Asie et la Russie ; la mer d'*Azof*, sur les côtes méridionales de la Russie. Au sud-est est située la mer *Caspienne*, qui n'a aucune communication avec les mers qui l'environnent.

Golfes. Les golfes les plus remarquables de l'Europe sont : les golfes de *Kandalask*, d'*Oneg*, de la *Dvina* ou d'*Arkhangel* et de *Mézen*, formés par la mer Blanche, en Russie ; — le golfe de *Bothnie*, entre la Suède et la Russie ; — les golfes de *Riga*, ou de *Livonie*, et de *Finlande*, en Russie ; — le golfe de *Danzick*, au nord-est de la Prusse, formés par la mer Baltique ; — le *Cattégat*, entre le Danemark et la Suède ; — le *Zuiderzée*, en Hollande ; — le golfe de *Gascogne* ou baie de *Biscaye*, entre la France et l'Espagne, formé par l'océan Atlantique ; — le golfe de *Solway*, entre l'Angleterre et l'Ecosse ; — le golfe du *Lion*, au sud de la France, et celui de *Gênes*, sur les côtes de l'Italie septentrionale, formés par la mer Méditerranée ; — le golfe de *Tarente*, au sud de l'Italie ; — les golfes de *Patras*, et de *Corinthe* ou de *Lépante*, sur les côtes de la Grèce, formés par la mer Ionienne ; — le golfe de *Trieste*, formé par la mer Adriatique ; — le golfe de *Salonique*, sur les côtes méridionales de la Turquie, et celui d'*Athènes* ou d'*Egine* sur les côtes de la Grèce, formés par l'Archipel.

Détroits. Les mers de l'Europe communiquent entre elles par plusieurs détroits. — Le canal d'*Aland* unit la Baltique au golfe de Bothnie. — Le *Skager-Rack*, le *Sund*, le *grand Belt* et le *petit Belt*, unissent la mer du Nord à la mer Baltique. Le canal du *Nord* et le canal *Saint-Georges* font communiquer la mer d'Irlande et l'océan Atlantique. — Le *Pas de Calais*, entre l'Angleterre et la France, unit la mer du Nord à la mer de la Manche. — Le détroit de *Gibraltar*, entre l'Espagne et l'Afrique, fait communiquer la Méditerranée avec l'océan Atlantique. — Le détroit ou les bouches de *Bonifacio* est situé entre la Corse et la Sardaigne. — Le détroit ou phare de *Messine*, entre la Sicile et l'Italie, joint la mer de Sicile à la mer Ionienne. — Le canal d'*Otrante*, entre l'Italie et la Turquie d'Europe, unit la mer Ionienne à la mer Adriatique. — Le détroit des *Dardanelles*, entre l'Archipel et la mer de Marmara, et le canal de *Constantinople*, entre la mer de Marmara et la mer Noire, séparent l'Europe de l'Asie. — Le détroit d'*Iénikalé* ou de *Caffa* fait communiquer la mer Noire et la mer d'Azof.

Iles. Les îles les plus considérables de l'Europe sont, dans l'océan Glacial Arctique : le *Spitzberg*, la *Nouvelle-Zemble*, les îles *Vaïgatz* et *Kalgouef*, à la Russie; les îles *Loffoden*, à la Suède. — Dans la mer Baltique : l'archipel *Danois*, où se trouvent les îles *Seeland*, *Fionie*,

Laaland et *Falster*; l'île *Bornholm*, au Danemark; les îles *OEland* et *Gothland*, à la Suède; l'archipel d'*Aland* et les îles *Dago* et *OEsel*, à la Russie. — Dans l'océan Atlantique et les mers qui en dépendent : l'*archipel Britannique*, comprenant la *Grande-Bretagne* et l'*Irlande*; les *Schetland*, les *Orcades*, les *Hébrides*, à l'Angleterre; les îles *Feroe* et l'*Islande*[1], au Danemark; les îles d'*Oleron* et de *Ré*, à la France; l'*archipel des Açores*, au Portugal. — Dans la Méditerranée et les mers qui en dépendent : les îles *Baléares*, à l'Espagne; la *Corse*, à la France; la *Sardaigne* et la *Sicile*, à l'Italie; l'île de *Malte*, à l'Angleterre; l'île d'*Elbe*, à l'Italie; l'île de *Candie* ou de *Crète*, à la Turquie; les îles *Ioniennes*, les îles de l'*Archipel* proprement dit, et les *Cyclades*; les îles *Lésina*, *Veglia* et *Cherso*, à l'Autriche.

Presqu'îles et isthmes. Il y a en Europe six presqu'îles considérables : la presqu'île *Scandinave*, comprenant la Suède, la Norwège et la Laponie; — la *péninsule Hispanique*, formée de l'Espagne et du Portugal; — l'*Italie*; — le *Jutland*, en Danemark; — la *Morée*, en Grèce, réunie au continent par l'isthme de *Corinthe*; — la *Crimée*, au sud de la Russie, réunie au continent par l'isthme de *Pérékop*.

Caps. Les principaux caps de l'Europe sont : le cap *Jélania* ou cap *Désiré*, au nord de la

---

[1]. Suivant quelques géographes, cette île appartient à l'Amérique septentrionale.

Nouvelle-Zemble; — le cap *Nord*, à l'extrémité septentrionale de la Suède, dans l'île de Mageroë; le cap *Skagen*, au nord du Jutland; — le cap de la *Hague*, au nord-ouest de la France; — le cap *Finistère*, au nord-ouest de l'Espagne; — les caps *Roca* et *St-Vincent*, à l'ouest du Portugal; — le cap *Trafalgar*, au sud-ouest de l'Espagne; — le cap *Corse*, au nord de la Corse; — les caps *Leuca*, d'*Anzo* et *Spartivento*, sur les côtes de l'Italie; — les caps *Faro* et *Passaro*, sur les côtes de la Sicile; — le cap *Tavalaro*, au sud de la Sardaigne; — le cap *Matapan*, au sud de la Morée.

Montagnes. Des chaînes de montagnes considérables couvrent une partie de l'Europe.—Les monts *Ourals* séparent l'Europe de l'Asie; — les *Alpes Scandinaves*, dont les *Dofrines* sont une ramification, s'étendent sur la Suède et la Norwège; les *Pyrénées* servent de frontières à la France et à l'Espagne; — les *Alpes* dominent en partie le sud-ouest de la France, la Suisse entière, l'Italie septentrionale et la partie occidentale de l'Autriche; — les *Apennins*, qui tiennent aux Alpes, dominent le centre de l'Italie, du nord-ouest au sud-est; — les monts *Carpathes* s'étendent sur le nord-est de l'Autriche, et les monts *Balkans*, sur la Turquie centrale; — le mont *Caucase* domine les frontières de l'Asie, de la mer d'Azof à la mer Caspienne. — Parmi les chaînes de montagnes d'une importance secondaire on remarque: les *Vosges*, à l'est de la France; — les *Cévennes*, vers le sud; — les montagnes d'*Auvergne*, qui touchent aux Cévennes; — le *Jura*, qui sépare la France de la Suisse; — les monts *Cantabres*, qui s'étendent le long de la côte septentrionale de l'Espagne; — les monts *Ibériques*, qui sillonnent la surface de l'Espagne et du Portugal. — Les îles Britanniques, l'Ecosse surtout, offrent plusieurs parties montagneuses; mais ces montagnes sont d'une importance tout à fait secondaire.

Volcans. Il y a en Europe trois volcans principaux : l'*Hécla*, en Islande; — le *Vésuve*, en Italie, près de Naples; — l'*Etna*, en Sicile. — On remarque quelques cratères moins importants dans les îles de *Lipari* ou d'*Eole*, au nord de la Sicile.

Fleuves. L'Europe est arrosée par un grand nombre de fleuves remarquables qui se distribuent de la manière suivante. — L'océan Glacial Arctique reçoit la *Petchora*, et la *Tana*. — La mer Blanche reçoit la *Dvina*, l'*Onéga* et le *Mezen*. — La mer Baltique reçoit le *Glommen*, le *Dal*, la *Tornéa*, l'*Oder*, le *Niémen*; la *Néva*, sortie du lac Ladoga, se jette dans le golfe de Finlande, et la *Duna*, dans le golfe de Riga; la *Vistule* se jette dans le golfe de Dantzick. — La mer du Nord reçoit l'*Elbe*, l'*Ems*, le *Weser*, le *Rhin*, la *Meuse*, l'*Escaut*, la *Tamise* et l'*Humber*. — La Manche reçoit la *Somme* et la *Seine*. — L'océan Atlantique reçoit le *Shannon*, la *Loire*, la *Charente*, la *Gironde*, l'*Adour*, le *Minho*, le *Douro*, le *Tage*, la *Guadiana* et le *Guadalquivir*. — La Méditerranée reçoit l'*Ebre*, le *Rhône*, l'*Arno* et le *Tibre*. — La mer Adriatique reçoit le *Pô*, l'*Adige* et le *Drin*. — La mer Noire reçoit le *Danube*, le *Dnieper*, le *Dniester* et le *Kouban*. — La mer d'Azof reçoit le *Don*. — La mer Caspienne reçoit l'*Oural*, et le *Volga*, le plus grand fleuve de l'Europe.

Lacs. Les lacs les plus considérables de l'Europe sont : les lacs *Wener*, *Wetter* et *Mœlar*, en Suède ; — les lacs *Imandra*, *Enara*, *Onéga*, *Ladoga*, *Biélo*, *Péipous* et *Sélinga*, en Russie ; — les lacs de *Constance* et *Léman* ou de *Genève*, en Suisse ; — les lacs *Balaton*, de *Neusiedel* et de *Zirknitz*, en Autriche ; les lacs *Majeur*, de *Garde*, de *Côme*, en Italie ; le lac de *Zante*, en Turquie.

Canaux et chemins de fer. Les lignes immenses de communication que tous les fleuves et les bassins intérieurs de l'Europe établissent entre les contrées qu'ils arrosent ont été complétées par de nombreux canaux, dont plusieurs sont des chefs-d'œuvre d'art et d'industrie. C'est en Angleterre surtout, en France, en Suède, en Russie, en Belgique, en Hollande, que l'on admire en ce genre les travaux les plus importants, ainsi que les chemins de fer qui rendent les communications si faciles et si rapides.

Description générale. L'Europe est la plus petite des parties du monde ; mais elle est la plus civilisée, et proportionnellement la plus peuplée. Elle a su acquérir une puissance extraordinaire par son industrie, par son commerce et par les colonies qu'elle a fondées dans les autres parties du monde. L'Europe présente une plaine immense qui n'est coupée que par des hauteurs d'une faible importance : cette plaine s'étend depuis le nord de la France jusqu'aux frontières de la Russie, du côté de l'Oural. Ses vallées sont moins étendues que celles des autres parties du monde continental; mais on doit mentionner celles du Danube et la fertile et magnifique vallée du Pô. Les Alpes forment aussi quelques vallées en Savoie, en Suisse et en Italie. L'Europe n'a pas de déserts proprement dits; mais on y trouve des landes assez étendues, surtout en Russie, où ces terres incultes sont connues sous le nom de *steppes*. La plus grande partie de l'Europe est située sous la zone tempérée. Quelques portions de la Suède, de la Norwège et de la Russie pénètrent sous la zone glaciale, tandis que les contrées les plus méridionales ne touchent pas la zone torride.

Productions. L'Europe est moins riche que les autres parties du monde en mines d'or, d'argent et de pierres précieuses; mais elle possède plus abondamment le fer, le cuivre, le plomb, l'étain, le sel et la houille. Après ces minéraux, d'un usage si commun, d'une utilité si incontestable, nous citerons encore, parmi les richesses minérales de l'Europe, le zinc, le cobalt, toutes les variétés de marbres, l'albâtre, le granit, l'ardoise, la terre à porcelaine, etc. L'Europe présente une végétation, non pas aussi active, aussi grande qu'en Asie ou en Amérique, mais riche, variée, abondante. Les pays du nord donnent des bois propres à la construction des navires; l'orge et l'avoine sont les seules céréales qui résistent à la rigueur du climat. L'extrémité septentrionale de l'Europe renferme des rennes, animaux domestiques de cette région, des ours blancs, des animaux à fourrures. Dans les contrées méridionales, on cultive le riz, qui est une des plantes alimentaires le plus généralement répandues, les oliviers et les vignes, source de tant de richesses; les citronniers, les orangers, les mûriers, les amandiers et diverses sortes de plantes à parfum. L'Europe centrale produit du blé et des vins dont on exporte des quantités considérables; du maïs, de l'orge, du seigle, du lin, du chanvre, du tabac, du houblon, de la garance, des pommes de terre, et toutes sortes de fruits excellents. Les forêts de quelques pays montagneux renferment des ours; celles du centre, des daims, des cerfs, des chevreuils, des sangliers, des loups. Mais si les espèces d'animaux sauvages ont diminué sensiblement en Europe, l'industrie de l'homme a su y multiplier à l'infini tous les animaux utiles.

Gouvernement. Les divers états de l'Europe offrent à peu près toutes les formes de gouvernement; mais la monarchie, absolue, limitée ou constitutionnelle, est la forme de gouvernement le plus généralement admise.

Religion. Le christianisme, qui a tant contribué à la civilisation de l'Europe, et par suite au développement de sa puissance, étend ses bienfaits sur la presque totalité de cette partie du monde. Il se divise en trois branches, qui sont : l'église catholique romaine, l'église protestante, l'église grecque. L'église catholique romaine, qui reconnaît pour chef le pape, successeur de saint Pierre, et qui a conservé intacts tous les dogmes de la religion de Jésus-Christ, domine en France, en Belgique, en Pologne, en Italie, en Espagne, en Portugal, en Irlande, dans la plus grande partie de l'empire d'Autriche, dans une grande partie de la Prusse, et dans plusieurs états secondaires de l'Allemagne. L'église protestante, qui s'est détachée de l'église catholique romaine, est dominante dans Grande-Bretagne, dans une partie de la Prusse, dans le Danemark, dans la Suède et la Norwège, dans la Suisse, la Hollande, et dans quelques états secondaires de l'Allemagne. La religion grecque ou orientale, qui s'est aussi détachée de l'église catholique romaine, domine dans la Russie, la Grèce, les îles Ioniennes et une partie de l'empire Ottoman. La Turquie est soumise à la loi musulmane. Les juifs sont répandus dans diverses contrées, mais surtout en Pologne.

Peuples. La population de l'Europe se compose de peuples *grecs-romains*, tels que les Français, les Portugais, les Grecs, les Espagnols, les Italiens; de peuples *germains*, tels que les Allemands, les Danois, les Suédois, les Anglais; de peuples de race *slave*, tels que les

Russes, les Polonais; de peuples de race *finnoise*, tels que les Lapons; de peuples de race *turque*, tels que les Ottomans ou Turcs, les Turcs de Russie, appelés Tatars; enfin de peuples de race *celtique*, tels que les Irlandais, les Highlanders d'Ecosse, les Gallois d'Angleterre et les Bas-Bretons de France.

Notions des anciens. Les anciens donnaient pour bornes à l'Europe, au N. l'*océan Sarmatique* (partie de l'océan Glacial Arctique) et l'*océan Germanique* (mer du Nord ou d'Allemagne); — à l'E. la *mer Egée* (Archipel), l'*Hellespont* (détroit des Dardanelles), le *Bosphore de Thrace* (canal de Constantinople), le *Pont-Euxin* (mer Noire), le *Palus-Méotide* (mer d'Azof) et le *Tanaïs* (Don); — au S. le *détroit de Gadès* (détroit de Gibraltar) et la *mer Intérieure* (mer Méditerranée); — à l'O. le *détroit de Gaule* (Pas-de-Calais), l'*océan Britannique* (la Manche) et l'*océan Atlantique*. — Les anciens ne connaissaient que très-imparfaitement les vastes plaines situées au N.-E., qu'ils désignaient sous les noms de *Sarmatie* et de *Scythie*.

Les contrées que comprenait l'Europe ancienne étaient : au N., les *îles Britanniques*, la *Chersonèse cimbrique* (Danemark), la *Scandinavie* (Suède et Norwège), la *Sarmatie* (Prusse et Russie d'Europe); — au centre, la *Gaule* (France et Belgique), la *Germanie* (Allemagne propre), la *Vindélicie* (partie de l'Allemagne propre), la *Rhétie* (partie de l'Autriche), le *Norique* (Autriche), la *Pannonie* (Autriche), la *Dacie* (partie de l'Autriche et partie de la Turquie), l'*Illyrie* (Autriche); — au S. l'*Espagne* (Espagne et Portugal), l'*Italie*, la *Mésie* (Turquie), la *Thrace* (Turquie), la *Macédoine* (Turquie), l'*Épire* (Turquie), la *Grèce*.

Questionnaire.

Où est située l'Europe? — Quelles sont ses dimensions? sa superficie? sa population? — Quelles sont ses bornes? — En combien de contrées se divise l'Europe? — Quelles sont les grandes mers qui baignent l'Europe? — Quels sont les principaux golfes de l'Europe? — Par quelles mers sont-ils formés? — Où est situé le golfe de Bothnie? — Où est situé le golfe de Gascogne? etc. — Quels sont les principaux détroits de l'Europe? — Où est situé le détroit de Gibraltar? — Où est situé le détroit des Dardanelles? etc. — Nommez les principales îles de l'Europe dans les différentes mers. — Dites à quelles contrées appartiennent ces îles. — Quelles sont les presqu'îles de l'Europe? — Quels sont les isthmes? — Nommez les principaux caps. — Où est placé le cap Nord? — Où est placé le cap Matapan? etc. — Nommez les principales chaînes de montagnes de l'Europe. — Où sont situés les monts Ourals? — Dans quels pays dominent les Alpes? — Où sont situées les Pyrénées? etc. — Quelles sont les chaînes d'une moindre importance? — Quels sont les principaux volcans en Europe? — Quels sont les fleuves principaux? — Quels fleuves reçoit la mer Blanche? etc. — Quels sont ceux qui se jettent dans l'océan Atlantique? — Ceux qui se jettent dans la Méditerranée? etc. — Quels sont les lacs les plus remarquables en Europe? — Quelles sont les contrées qui se font remarquer par leurs canaux et leurs chemins

2. *Géographie.*

de fer? — Quel aspect général présente l'Europe? — Renferme-t-elle des vallées étendues? des déserts? — Quel est le climat de l'Europe dans ses diverses parties? — Quelles sont ses productions minérales et végétales? — Quelle est la forme de gouvernement dans les divers Etats? — Quelle est la religion? — A quelles races appartiennent les divers peuples de l'Europe? — Quelles bornes les Anciens donnaient-ils à l'Europe? — La connaissaient-ils entièrement? — Quelles sont les contrées que comprenait l'Europe ancienne?

CHAPITRE III.

Iles Britanniques.

Superficie. 303,557 kilomètres carrés.
Population. 25,000,000 d'habitants.

Position. L'archipel des îles Britanniques est une contrée de l'Europe septentrionale, située au nord-ouest de la France.

Bornes. Au N., l'océan Atlantique; — à l'E., la mer du Nord; — au S., la Manche et le Pas de Calais; — à l'O., l'océan Atlantique.

Division. L'archipel Britannique se compose de deux grandes îles, la *Grande-Bretagne* et l'*Irlande*, et de plusieurs petites. Avec de nombreuses dépendances, il forme un royaume appelé le *royaume uni*, qu'on désigne aussi quelquefois simplement par le nom d'*Angleterre* ou de *Grande-Bretagne*; il se divise en trois parties anciennement séparées, maintenant réunies, l'*Angleterre*, l'*Ecosse* et l'*Irlande*. L'Angleterre et l'Ecosse, qui composent la Grande-Bretagne, sont divisées, la première, située au sud, en 52 comtés, dont 12 à l'ouest forment la principauté de Galles; la seconde, située au nord, est divisée en 33 comtés, nommés, pour la plupart, d'après leurs chefs-lieux. L'Irlande, à l'ouest, séparée par la mer de son nom, est partagée en 4 provinces, qui renferment aussi chacune un certain nombre de comtés, et dont le nombre total est de 32. Outre ces trois parties principales, le royaume uni comprend un grand nombre d'îles, dont les unes dépendent de l'archipel Britannique, et les autres sont dispersées sur les diverses mers de l'Europe.

Iles. Les îles qui dépendent de l'archipel Britannique sont : les *Sorlingues*, au sud-ouest, dans l'océan Atlantique; — l'île de *Wight*, au sud, dans la Manche; — les *Schetland* et les *Orcades*, au nord; — les *Hébrides*, les îles d'*Arran*, dans l'océan Atlantique, au nord-ouest; — les îles de *Man* et d'*Anglesey*, à l'ouest, dans la mer d'Irlande. — Parmi les autres îles on remarque l'île d'*Helgoland*, dans la mer du Nord, vis-à-vis de l'embouchure de l'Elbe;—les îles de *Guernesey*, de *Jersey* et d'*Aurigny*, dans la Manche, sur la côte de France;—le groupe de *Malte*, dans la mer Méditerranée, et les îles *Ioniennes*, sur les côtes occidentales de la Grèce.

Montagnes. Les îles Britanniques n'offrent qu'un petit nombre de montagnes. On peut nommer les monts *Cheviots*, qui séparent l'Angleterre de l'Ecosse ; — les monts du pays de Galles ; — les monts *Grampians*, qui traversent l'Ecosse.

Fleuves. Des fleuves importants arrosent l'Angleterre et l'Ecosse : la *Tamise*, et l'*Humber*, formé par la réunion du *Trent* et de l'*Ouse*, se jettent dans la mer du Nord ; la *Saverne* se jette dans le canal de Bristol ; — la *Mersey* se rend dans la mer d'Irlande ; — la *Tweed*, qui forme la limite entre l'Angleterre et l'Ecosse, se rend dans la mer du Nord ; le *Tay* se jette dans la même mer, à l'E. ; — la *Clyde* se perd dans le golfe auquel elle donne son nom ; — le *Shannon*, en Irlande, se jette dans l'océan Atlantique.

Canaux et chemins de fer. Le royaume uni est sillonné par de nombreux canaux, dont les principaux sont : — en Angleterre, les canaux de *Grande-Jonction* et d'*Oxford*, unissant la Tamise au Trent ; le *Grand-Trunk*, unissant le Trent à la Mersey ; — en Ecosse, le canal *Calédonien*, unissant la mer du Nord à l'océan Atlantique ; — en Irlande, le *canal Royal* et le *Grand canal*, de Dublin au Shannon. — L'Angleterre possède aussi des chemins de fer très-importants, parmi lesquels il faut citer celui de *Londres* à *Liverpool* et à *Manchester* par Birmingham ; ceux de *Londres* à *Southampton* et à *Brighthon* ; celui de *Liverpool* à *Manchester*, enfin celui de *Carlisle* à *Newcastle*.

Description générale. Le sol de l'Angleterre, en partie uni, en partie montagneux, est très-fertile ; il est propre à la culture des céréales, à la nourriture des bestiaux, et présente la plus riche verdure. En Ecosse il y a deux parties bien distinctes, la région montagneuse, ou les *hautes terres*, et la région de la plaine, ou les *basses terres*. La partie montagneuse, située au nord, est inculte, sauf quelques cantons dont l'active industrie des habitants a su tirer parti. La partie basse, située au sud, entrecoupée de plaines bien arrosées et de belles vallées, produit du blé, de l'orge, des pommes de terre, des fruits. L'Irlande, dont le sol est en général fertile, renferme dans quelques parties des terres incultes, des marais, et un grand nombre de lacs. Le climat de l'Angleterre est assez froid et humide ; mais l'humidité même de la température entretient l'activité de la végétation. On y jouit rarement d'un ciel serein, cependant le climat n'est pas insalubre. L'Ecosse doit à ses montagnes des hivers plus rigoureux. L'Irlande a un ciel brumeux et une température très-humide. On trouve en Angleterre de nombreuses mines de fer, d'étain, de plomb, de cuivre, de houille. On récolte beaucoup de foin et de grains, du lin, du chanvre, et surtout une grande quantité de houblon, de safran et de réglisse. La laine des moutons d'Angleterre est fort estimée, les chevaux y sont excellents, et il n'existe pas de pays où tout ce qui tient à l'éducation des bestiaux soit mieux compris.

Industrie et commerce. Le royaume uni est le pays où l'industrie est arrivée au plus haut point de développement. Chacune des nombreuses villes qui couvrent son territoire se distingue par les produits de son industrie particulière. La fabrication des tissus de laine, de coton et de fil y est portée à une grande perfection. Parmi les produits des manufactures du royaume uni, on remarque aussi la papeterie, la verrerie, la porcelaine, la faïence, les objets en fer et en acier, la quincaillerie, les cuirs, etc. Les raffineries de sucre, les brasseries et les distilleries y sont très-florissantes. Tout ce que l'histoire nous dit du commerce des Anciens et même de celui des nations qui, comme Venise, ont brillé dans le moyen âge, est surpassé par le commerce anglais, qui s'étend dans toutes les parties du monde. Son commerce intérieur est très-actif et très-riche; il est favorisé par des routes multipliées et admirablement entretenues, par des chemins de fer, et surtout par un grand nombre de canaux qui font communiquer les quatre grands ports de l'Angleterre avec les principales villes de l'intérieur. Ce royaume tire de l'étranger une foule de matières propres à alimenter ses manufactures, et près de vingt mille vaisseaux vont échanger le surplus de sa consommation avec les nations étrangères. Il domine sur les mers par sa puissante marine militaire et par des positions choisies avec une merveilleuse intelligence. Enfin, les nombreuses colonies qu'il possède dans les diverses parties du monde donnent à son industrie et à son commerce une activité et des développements extraordinaires.

Villes principales. ANGLETERRE : *LONDRES*, au S. E., capitale de l'Angleterre et du royaume uni, est située à 44 kilomètres de la mer du Nord, sur la Tamise, qui y est tellement profonde, que les plus gros vaisseaux la remontent et viennent alimenter son port, le plus commerçant de l'univers ; une population de 1,530,000 âmes, son immense commerce, sa vaste enceinte, ses magnifiques bassins, toujours couverts d'un grand nombre de vaisseaux, donnent à Londres le premier rang parmi toutes les villes de l'Europe. — *Liverpool*, à l'O., beau port, à l'embouchure de la Mersey dans la mer d'Irlande, ville importante par son immense commerce. — *Manchester*, au centre, ville importante par son industrie, surtout par ses nombreuses manufactures de coton, communique avec Liverpool par un chemin de fer. — *Birmingham*, au centre, ville remarquable par son industrie variée, et surtout par sa grande fabrication de quincaillerie, communique avec les principaux ports de l'Angleterre par des canaux. — *Bristol*, à l'O., près du canal du même nom, un des ports les plus commerçants du royaume. — *Hull*, sur la mer du Nord, un des ports les plus commerçants du royaume, doit son importance à la pêche de la baleine. — *Leeds*, le centre du commerce et de la manufacture des laines. — *York*, à l'E., l'une des plus anciennes villes de l'Angleterre, avec une magnifique cathédrale. — *Newcastle*, avec un excellent port, près de la mer du Nord, fait un commerce considérable de charbon de terre. — *Oxford*, au centre, l'une des plus belles villes de l'Europe, avec une célèbre université. — *Cambridge*, remarquable aussi par son université. — *Douvres*, port de mer sur le Pas de Calais, a des relations fréquentes avec la France. — *Sheffield*, importante par son commerce de fer et par sa coutellerie renommée. — *Cantorbéry*, ville très-ancienne. — *Brighton*, au S., connue par ses bains de mer. — *Greenwich*, célèbre par son observatoire et son hôpital de la marine. — *Southampton*, au S., port de mer fréquenté. — *Portsmouth*, *Yarmouth*, *Plymouth* et *Falmouth*, situées au S., sur la Manche, sont les quatre ports de la marine royale. — *Caermarthen* et *Swansen*, principales villes du pays de Galles.

ECOSSE : *EDIMBOURG*, au S. E., capitale de l'Ecosse, grande et belle ville, avec des monuments remarquables et un grand nombre d'établissements scientifiques; son commerce et son industrie sont considérables : 187,000 habit. — *Leith*, port d'Edimbourg, est uni à cette ville par une suite de maisons et fait un grand commerce maritime. — *Glasgow*, au S. O., sur la Clyde, la première ville de l'Ecosse pour son étendue, sa population, son commerce et son industrie : 190,000 habit. — *Aberdeen*, le premier port de mer de l'Ecosse.

IRLANDE : *DUBLIN*, à l'O., capitale de l'Irlande, située dans une position magnifique sur la vaste baie qui porte son nom : 230,000 habit. — *Belfast*, au N. E., port sur le golfe du même nom, important par l'état florissant de son commerce et de ses manufactures. — *Limerick*, port marchand important, situé sur le Shannon. — *Cork*, située sur la Lee, au fond du golfe du même nom, qui forme un des plus beaux ports de l'Irlande : c'est la seconde ville de l'île pour son commerce et sa population : 110,000 habitants.

Possessions hors de l'Europe. L'Angleterre a des possessions importantes en Afrique, dans l'Océanie, mais surtout en Amérique, où elle possède le Canada, et en Asie, où une partie de l'Hindoustan, quelques provinces de l'Indo-Chine et l'île de Ceylan lui appartiennent. La population de ses possessions en Asie s'élève à 120,000,000 d'habitants.

Notions historiques. L'Angleterre, dans les temps anciens, portait le nom de *Bretagne*; les Romains la nommaient aussi *Albion*, à cause de la blancheur de ses côtes. Ses villes principales étaient : *Eboracum* (York), *Londinium* (Londres), *Durovernum* (Cantorbéry). Elle était habitée par divers peuples indépendants, quand les Romains en commencèrent la conquête, sous Jules César. A la chute de l'empire Romain, les Pictes envahirent cette contrée et domptèrent facilement les Bretons, depuis longtemps asservis. Les Angles et les Saxons furent appelés en aide par les vaincus ; ils soumirent les vainqueurs et les vaincus, et donnèrent leur nom à l'Angleterre. Les Bretons se retirèrent en France, en Bretagne, ou dans les parties montagneuses de l'île, surtout en Ecosse et dans le pays de Galles, où ils conservèrent leurs mœurs primitives. Le pays, divisé alors en plusieurs provinces, fut bientôt réuni sous une même domination, et Guillaume, duc de Normandie, s'en rendit maître par la victoire d'Hastings et la mort d'Harold. Depuis cette époque, le pays ne fut plus conquis, et sa prospérité toujours croissante l'a élevé au plus haut degré de puissance commerciale et politique.

L'Ecosse était connue des Anciens sous le nom de *Calédonie;* elle était habitée par les Pictes ou Calédoniens. Ce pays fut longtemps en proie à des agitations intérieures, jusqu'au moment où Jacques VI, roi d'Ecosse, monta sur le trône d'Angleterre, en 1608 : il réunit ainsi sur sa tête les deux couronnes.

L'Irlande portait autrefois le nom d'*Hibernie;* elle était peu connue des Anciens. Cette contrée fut longtemps indépendante, et elle était encore divisée en petits royaumes lorsque Henri II, roi d'Angleterre, la soumit à la fin du douzième siècle et la réunit à son royaume. La plus grande partie des habitants de l'Irlande suit la religion catholique.

Questionnaire.

Quelle est la position des îles Britanniques ? leur superficie ? leur population ? — Quelles sont leurs bornes ? — Comment se divisent-elles ? — Nommez les îles

ILES BRITANNIQUES.

qui dépendent de la Grande-Bretagne ? — Quelles sont les principales montagnes des îles Britanniques ?—Les principaux fleuves ? — Les principaux canaux ? — Quel aspect présente le sol de l'Angleterre? celui de l'Ecosse? celui de l'Irlande ? — Quelles sont les productions ? — Donnez quelques détails sur l'industrie et le commerce. — Quelle est la capitale de l'Angleterre ? — Qu'offre-t-elle de remarquable ? — Quelle est sa population ? — Quelles sont les autres villes importantes de l'Angleterre ? — Dites ce qu'elles offrent de remarquable. — Nommez les villes principales de l'Ecosse, celles de l'Irlande. — L'Angleterre a-t-elle des possessions hors de l'Europe ? — Quel nom portait l'Angleterre dans les temps anciens ?— Quelles étaient les villes principales ? —Par qui fut-elle soumise ?—Quel nom portait anciennement l'Ecosse ? — A quelle époque fut-elle réunie à l'Angleterre ? — Quel nom portait anciennement l'Irlande ? — Par quel roi d'Angleterre fut-elle soumise et réunie à la Grande-Bretagne ?

CHAPITRE IV.

Danemark. — Suède. — Russie.

Danemark.

Superficie. 142,200 kilomètres carrés.
Population. 2,000,000 d'habitants.

Position. Le royaume de Danemark, contrée de l'Europe septentrionale, est situé à l'entrée de la mer Baltique.

Bornes. Au N., le Skager-Rack; — à l'E., le Cattégat, le détroit du Sund et la mer Baltique; — au S., une partie de l'Allemagne; — à l'O., la mer du Nord.

Division. Les états du Danemark se composent: 1° de l'*archipel Danois*; 2° d'une assez longue presqu'île renfermant le *Jutland*, le duché de *Sleswig*, les duchés de *Holstein* et de *Lauenbourg* qui font partie de la confédération Germanique; 3° de l'*Islande* et des îles *Færoer*.

Iles. Dans la mer Baltique, l'*archipel Danois*, qui comprend un assez grand nombre d'îles, dont les principales sont: *Seeland*, *Fionie*, *Laaland*, *Langeland*. — Dans la mer du Nord, les îles de *Sylt* et d'*Amrom*. — Entre la mer du Nord et la mer Glaciale, l'*Islande*, une des plus grandes îles de l'Europe, avec un volcan célèbre. — Au sud-est de l'Islande, les îles *Færoer*.

Golfes et détroits. Le Danemark, qui n'offre ni montagnes ni fleuves remarquables, possède un golfe ou bras de mer très-important : c'est le *Cattégat*, situé à l'E. du Jutland. — Les détroits principaux sont : le *Skager-Rack*, au N.; le *Sund*, le *grand Belt* et le *petit Belt*, à l'E.

Description générale. Les îles de la mer Baltique jouissent d'un climat tempéré et sont très-fertiles. Le Jutland a un sol ingrat ; les marais et les bruyères en occupent une grande partie. L'Islande, dont le nom signifie *terre de glace*, renferme de nombreuses montagnes volcaniques ; c'est un pays constamment couvert de neige, que sa position près de la zone glaciale rend extrêmement froid. Les productions principales du Danemark sont le blé, les pommes de terre, le houblon, le chanvre, le lin, le tabac, la garance, les fruits, la tourbe, le charbon de terre.

Industrie et commerce. L'industrie du Danemark, bien qu'elle ait fait des progrès, n'a pas encore pris un grand développement. Elle s'exerce principalement sur les draps, les toiles, les dentelles, les tanneries, les fabriques d'armes, le papier, l'eau-de-vie, la bière, le tabac. Le commerce, favorisé par la position de cette contrée à l'entrée de la mer Baltique, était autrefois fort étendu, et il est encore aujourd'hui assez important. Les pêches considérables de harengs faites par les habitants sur les côtes de l'Islande constituent pour le pays une bonne partie de sa richesse commerciale.

Villes principales. COPENHAGUE, capitale du royaume, située dans l'île de Seeland, une des plus belles villes de l'Europe; son port fait un commerce très-étendu : 120,000 habit. — *Elseneur* ou *Helsingor*, dans l'île de Seeland, sur le Sund, à l'endroit le plus resserré de ce passage. — *Aalborg*, dans le Jutland, ville très-commerçante. — *Altona*, sur l'Elbe, dans le duché de Holstein, ville importante par son commerce. — *Sleswig*, dans le duché de ce nom. — *Odensé*, dans l'île de Fionie.

Possessions hors de l'Europe. Le Danemark a en Asie des possessions dans l'Hindoustan; en Afrique, des établissements dans la Guinée septentrionale; en Amérique, plusieurs îles appartenant au groupe des Antilles. La population de ces colonies s'élève à 82,000 habitants.

Notions historiques. Les premiers habitants du Danemark, nommé autrefois *Chersonèse cimbrique*, étaient les Cimbres et les Teutons, qui furent vaincus par Marius. Les Danois portèrent leurs armes en Angleterre, en Norwège et dans d'autres contrées. Parmi les règnes célèbres on cite ceux de Canut le Grand et de Waldemar le Grand, et surtout celui de Marguerite, surnommée la Sémiramis du Nord, qui, en 1397, réunit la Norwège et la Suède au Danemark. En 1523, la Suède secoua le joug du Danemark. En 1814, la Norwège fut détachée du Danemark et réunie à la Suède.

Suède.

Superficie. 790,000 kilomètres carrés.
Population. 4,000,000 d'habitants.

Position. Le royaume de Suède est une contrée de l'Europe septentrionale, située au nord du Danemark.

Bornes. Au N., l'océan Glacial Arctique; — à l'E., la Russie, le golfe de Bothnie et la mer Baltique; — au S., cette même mer; — au S. O., le Sund, le Cattégat et le Skager-Rack; — à l'O., l'océan Atlantique.

Division. La monarchie suédoise comprend deux grandes parties, la *Suède*, à l'est, et la *Norwège*, à l'ouest.

Iles. Parmi les îles qui dépendent de la Suède, les plus importantes sont les îles *OEland* et *Gottland*, dans la mer Baltique, et les îles *Loffoden*, dans l'océan Glacial Arctique.

Montagnes. Les *Alpes scandinaves* ou les *Dofrines* sont la principale chaîne de montagnes de la monarchie suédoise; elles s'étendent du nord-est au sud-ouest et séparent dans leurs parties septentrionales la Suède et la Norwège.

Fleuves. Les principaux fleuves sont : la *Tornéa*, qui sépare la Suède de la Russie; la *Luléa*, l'*Uméa* et le *Dal*, qui se jettent dans la mer Baltique; — la *Gotha*, qui sort du lac Wener et entre dans le Cattégat; — le *Glommen*, dont l'embouchure est dans le Skager-Rack; — la *Tana*, qui se jette dans l'océan Glacial.

Description générale. Le sol de la Suède est en général peu productif, surtout dans la partie septentrionale, où règne un froid rigoureux ; mais vers le sud il est plus fertile et donne en assez grande abondance du froment, du seigle, de l'orge, de l'avoine, des pommes de terre ; dans d'autres parties on cultive le lin et le chanvre. Cette contrée possède de riches mines de fer, d'argent et de cuivre. La partie septentrionale de la Suède se nomme Laponie ; on y trouve le renne, animal précieux qui fournit aux habitants le vêtement et la nourriture. Les parties montagneuses de la Norwège renferment d'immenses forêts qui abondent en bois de construction.

Industrie et commerce. L'industrie n'a pas encore pris un grand accroissement dans la Suède et la Norwège. La coupe des bois, la construction des vaisseaux et l'exploitation des mines sont à peu près les seules branches importantes d'industrie que cultivent les habitants. Le commerce est plus actif et plus étendu. Les principaux objets d'exportation sont : le fer, l'acier et le cuivre bruts ou travaillés, les bois de construction, le poisson sec et salé, les fourrures. Les relations pour le commerce intérieur de la Suède sont rendues faciles par un grand nombre de canaux, dont le principal est le canal de *Gothie*, qui établit une communication entre le Cattégat et la Baltique.

Villes principales. SUÈDE : *STOCKHOLM*, au S. E., capitale de tout le royaume, située sur le lac Mælar, près d'un petit golfe qui dépend de la mer Baltique, fait un commerce très-étendu : 86,000 habit. — *Gothembourg*, bon port, sur le Cattégat, à l'embouchure de la Gotha, ville importante par son commerce. — *Upsal*, avec une célèbre université. — *Carlscrone*, principal port de la marine militaire. — *Calmar*, célèbre dans l'histoire par le traité qui porte ce nom. — *Christianstad*, une des villes les mieux bâties de la Suède.

NORWÈGE : CHRISTIANIA, au S., capitale de la Norwège, située sur un golfe qui lui fait un vaste port : 21,000 habit. — *Bergen*, sur l'océan Atlantique, port de mer très-commerçant. — *Christiansand*, au S. O., sur le Skager-Rack, avec un beau port important par son commerce. — *Drontheim*, sur le golfe du même nom. — *Hammerfest*, le port le plus septentrional de l'Europe.

Possessions hors de l'Europe. La Suède ne possède que l'île de Saint-Barthélemy, dans les Antilles, en Amérique.

Notions historiques. Les Anciens connaissaient la presqu'île qui renferme la Suède et la Norwège sous le nom de *Scandinavie*; ils en ignoraient l'étendue et la regardaient comme une île de l'*océan Hyperborée* (océan Glacial Arctique). Cette contrée fut habitée d'abord par les Finnois, ensuite par les Goths, qui, sous les noms d'Ostrogoths et de Visigoths, contribuèrent à la chute de l'empire Romain. En 1397, les Suédois se soumirent à Marguerite de Waldemar, reine de Danemark et de Norwège, et cette union fut confirmée par le traité de Calmar. Mais, en 1523, Gustave Wasa arracha la Suède à la domination danoise, et depuis cette époque elle est restée indépendante. C'est de la Suède et de la Norwège que sortirent, vers le dixième siècle, les Normands ou hommes du nord, ces hardis pirates qui ravagèrent une partie de l'Europe. Un de leurs chefs, Rollon, s'empara sur les côtes de France de la province appelée depuis Normandie.

Russie.

Superficie. 5,145,000 kilomètres carrés.
Population. 57,000,000 d'habitants.

Position. L'empire de Russie, contrée de l'Europe septentrionale, s'étend dans toute la partie nord-est de cette partie du monde. On doit remarquer que ce n'est là qu'une portion de cet empire, qui occupe aussi tout le nord de l'Asie et une partie du nord-ouest de l'Amérique.

Bornes. Au N., l'océan Glacial Arctique; — à l'E., l'Asie, dont le fleuve Kara, les monts Ourals, le fleuve Oural et la mer Caspienne la séparent; — au S., le mont Caucase, la mer Noire et la Turquie d'Europe; — à l'O., la Turquie d'Europe, l'Autriche, la Prusse, la mer Baltique, la Suède et la Norwège.

Division. L'empire Russe, en ne comprenant dans ces mots que la Russie d'Europe, comprend la Russie, divisée en 53 gouvernements et 4 provinces, auxquels il faut ajouter la Pologne, qui forme une vice-royauté[1].

Iles. Parmi les îles qui dépendent de la Russie, les plus importantes sont la *Nouvelle-Zemble*, dans l'océan Glacial Arctique, et les îles *Aland*, *Dago* et *OEsel* dans la mer Baltique.

Montagnes. En Russie s'élèvent les monts *Ourals* ou *Poyas*, qui s'étendent du nord au sud sur la limite de l'Europe et de l'Asie.

Fleuves. L'empire Russe est arrosé par un grand nombre de fleuves importants : la *Petchora* se jette dans l'océan Glacial ; — l'*Onéga*, la *Dvina* le *Mézen*, se jettent dans la mer Blanche ; — le *Volga*, l'*Oural*, se rendent dans la mer Caspienne ; — la *Tornéa*, la *Néva*, le *Niémen*, la *Vistule*, se jettent dans la mer Baltique ; — le *Dniester*, le *Dniéper*, le *Don*, débouchent dans la mer Noire ; — la *Duna* se jette dans le golfe de Riga ou de Livonie ; — la *Bérézina* et le *Bug* sont des affluents du Dniéper ; — le *Pruth* est un affluent du Danube ; — la *Kara* forme une partie de la limite de l'Europe et de l'Asie.

Description générale. La Russie, arrosée par un grand nombre de fleuves et de rivières, offre, dans presque toute son étendue, de vastes plaines rarement interrompues par quelques chaînes de montagnes peu élevées. La tem-

1. La région du Caucase, qui sera décrite en Asie, dépend administrativement de la Russie d'Europe.

pérature est différente dans les diverses parties de ce vaste empire. Vers le nord, où se trouve le centre du gouvernement, le froid est rigoureux et la nature du sol improductive. Les provinces situées au sud, la Crimée surtout, jouissent d'un climat doux et agréable, et produisent du blé, du lin, du chanvre, du tabac, des fruits, et même du vin. Le sud-est est couvert en grande partie de vastes plaines imprégnées de sel et connues sous le nom de *steppes*. L'est est occupé par d'immenses forêts, et les monts Ourals renferment des mines de cuivre, de fer, d'argent, d'or, de platine, et des pierres précieuses.

Industrie et commerce. Jusqu'au règne de Pierre le Grand, on ne fabriquait guère en Russie que des objets d'une grande utilité et dont la consommation était bornée aux besoins du pays même. Mais Pierre 1er et les princes éclairés qui ont régné après lui ont donné une grande impulsion à l'industrie, qui depuis quelques années surtout, et dans certaines branches, a pris un développement remarquable. Les améliorations considérables qu'ont reçues les voies de communication dans toute l'étendue de la Russie, la position favorable de cette contrée entre la mer Baltique au N. O. et la mer Noire au S. E., enfin les progrès rapides de l'industrie, ont imprimé un grand essor au commerce intérieur et extérieur. Parmi les objets que cette contrée exporte, nous citerons les cuirs, les fourrures, les maroquins, le cuivre, le fer, le lin, le chanvre, les bois de construction, et beaucoup de grains récoltés dans les contrées méridionales de l'empire. Les moyens de transport, et conséquemment les relations commerciales, sont favorisés par un vaste système de canalisation qui fait communiquer entre elles la mer Baltique, la mer Noire, la mer Caspienne et la mer Blanche.

Villes principales. SAINT-PÉTERSBOURG, à l'O., sur la Néva, près du golfe de Finlande, capitale de l'empire, l'une des plus belles villes du monde, fondée en 1703 par Pierre le Grand : 450,000 habit. — *Cronstadt*, située sur une petite île qui domine le golfe de Finlande, a été construite pour servir de défense à Saint-Pétersbourg : elle a de nombreux chantiers et de beaux arsenaux. — *Riga*, ville forte et très-commerçante, sur la Duna, près de son embouchure dans la Baltique. — *Moscou*, sur la Moskva, ancienne capitale de l'empire, grande et belle ville incendiée en 1812 par les Russes, dans la guerre mémorable de cette époque; elle fait un grand commerce intérieur : 340,000 hab. — *Iaroslav*, importante par ses manufactures de toiles et de soieries et ses papeteries. — *Novogorod*, anciennement la première ville de l'empire, importante encore aujourd'hui par son industrie et son commerce. — *Odessa*, le port le plus commerçant de la mer Noire, et l'entrepôt des produits de la Russie méridionale, exporte une quantité considérable de blé. — *Vilna*, ville très-commerçante et célèbre par son université. — *Kazan*, grande ville, près du Volga, entrepôt du commerce entre la Sibérie et la Russie d'Europe. — *Astrakhan*, le port le plus fréquenté de la mer Caspienne, et très-important par le commerce qu'il fait avec l'Asie et surtout avec la Perse. — *Arkhangel*, port sur la mer Blanche, fait un grand commerce de fourrures. — *Sévastopol*, port militaire sur la mer Noire. — *Kiev*, qui fut la première capitale de la Russie. — *Orenbourg*, le centre du commerce des Tartares avec l'Europe.

Possessions hors de l'Europe. La Russie possède en Asie la Sibérie et la Transcaucasie; en Amérique, l'Amérique russe. Toutes les possessions réunies de la Russie forment la septième partie de la terre habitable.

Notions historiques. Les Anciens ne connaissaient qu'une partie de la Russie, à laquelle ils donnaient le nom de *Sarmatie;* ses limites au nord leur étaient inconnues. Les premiers habitants de cette contrée furent les Sarmates, et ensuite les Slaves. Ceux-ci furent soumis à une seule autorité par Rurik, qui prit le titre de grand-duc de Moscovie. La Russie resta longtemps plongée dans l'ignorance et la barbarie. Vers le commencement du dix-huitième siècle, Pierre le Grand, qui le premier porta le titre d'empereur, sut imprimer un grand mouvement à la civilisation de son pays. Sous ses successeurs, princes ambitieux ou habiles pour la plupart, la Russie a vu sa puissance s'accroître prodigieusement et s'étendre non-seulement en

Europe, mais encore en Asie et dans le nord de l'Amérique.

Pologne.

Description générale. La Pologne, qui appartient à la Russie, est située à l'O. de cet empire. Sa superficie est estimée à 126,400 kilomètres carrés, et sa population à 4,600,000 habitants. C'est un pays plat et couvert, dans certaines parties, de vastes forêts. Les villes principales sont : *VARSOVIE*, au centre, sur la rive gauche de la Vistule, capitale de la Pologne, centre du commerce et de l'industrie de la contrée : 140,000 habit.; *Praga*, sur la rive droite de la Vistule en face de Varsovie ; *Kalisch*, avec de nombreuses fabriques de draps ; *Lublin*, importante par son commerce.

Notions historiques. Les anciens habitants de la Pologne étaient les Slaves. Les premiers siècles de l'histoire de cette contrée sont enveloppés d'obscurité. Après avoir passé par des vicissitudes diverses et avoir été un royaume célèbre, elle fut partagée une première fois, en 1772, entre l'Autriche, la Prusse et la Russie, et subit d'autres démembrements à différentes époques. Enfin elle fut érigée en royaume par le congrès de 1815, et donnée à la Russie. Elle a tenté en 1830 de se soustraire à la domination russe, mais elle a succombé dans une lutte trop inégale.

EUROPE.

République de Cracovie.

Description générale. La petite république de Cracovie, située au sud de la Pologne, et dont la superficie est de 1,185 kilomètres carrés, et la population de 140,000 habitants, a été formée en 1815, et se trouve placée sous la protection des trois puissances qui s'étaient partagé la Pologne. La ville principale est *Cracovie*, sur la Vistule, ancienne capitale du royaume de Pologne : 26,000 habit.

Questionnaire.

Quelle est la position du Danemark ? sa superficie ? sa population ?—Quelles sont ses bornes ? — De quelles provinces se compose-t-il ? — Nommez les îles principales. — Dites les principaux golfes et détroits. — Quel est le climat du Danemark ? — Quelles sont ses productions ? — Dites quels sont les produits principaux de son industrie et les objets de son commerce. — Quelle est la capitale du Danemark ?— Quelles sont les autres villes importantes ?—Les Danois ont-ils des possessions hors de l'Europe ?—Donnez quelques détails historiques sur le Danemark.

Quelle est la position du royaume de Suède ? sa superficie ? sa population ? — Quelles sont ses bornes ? — De quoi se compose-t-il ? — Dites les îles principales, les montagnes, les fleuves. — Quelle est la nature du sol ? — Quelles sont les productions ? — Quels sont les principaux objets de l'industrie et du commerce ? — Quelle est la capitale du royaume ? —

CRACOVIE.

Nommez les autres villes importantes. — Quelles sont les possessions de la Suède hors de l'Europe? — Donnez quelques détails historiques sur la Suède et la Norwège.

Quelle est la position de la Russie? sa superficie? sa population? — Quelles sont ses bornes? — Comment se divise-t-elle? — Quelles sont les montagnes principales? — Dites les principaux fleuves et les mers qui les reçoivent. — Quel aspect présente le sol dans ses diverses parties? — Quelles sont ses productions principales? — L'industrie a-t-elle fait des progrès? — Quels sont les objets que le commerce exporte? — Dites la capitale de l'empire de Russie. — Où est-elle située? — Par qui a-t-elle été fondée? — Quelle est sa population? — Nommez d'autres villes importantes. — Quel nom portait autrefois la Russie? — Les Anciens la connaissaient-ils entièrement? — Quels furent ses premiers habitants? — Quel est le prince qui a beaucoup fait pour la civilisation de cette contrée?

Où est située la Pologne? — Quelle est sa superficie? sa population? — Dites la capitale et les villes principales. — Dites les principaux évènements historiques de la Pologne.

Donnez quelques détails sur la république de Cracovie. — Où est-elle située?

CHAPITRE V.

France.

Superficie. 543,125 kilomètres carrés.
Population. 34,213,920 habitants.

Position. Le royaume de France est placé dans la partie occidentale de la région moyenne de l'Europe.

Dimensions. De l'est à l'ouest, 933 kilomètres de largeur; du nord au sud, 1,111 kilomètres de longueur.

Bornes. Au N. O., la Manche et le Pas de Calais, qui la séparent de l'Angleterre;— au N., la mer du Nord, la Belgique et une partie de la Confédération germanique;—à l'E., une partie de la Confédération germanique, la Suisse, et les Alpes, qui la séparent du royaume de Sardaigne; — au S., la mer Méditerranée, et les Pyrénées, qui la séparent de l'Espagne; — à l'O., l'océan Atlantique.

Division. La France est divisée en 86 départements, qui, pour la plupart, doivent leur nom soit aux fleuves ou aux rivières qui les arrosent, soit à la mer qui les baigne, soit aux montagnes qui s'y trouvent.

Iles. Par sa position sur deux mers, la France possède plusieurs îles importantes. Dans l'océan Atlantique : *Belle-Île* (départ. du Morbihan);— l'île d'*Ouessant* (départ. du Finistère);—l'île de *Noirmoutier* et celle d'*Yeu* (départ. de la Vendée); — l'île de *Ré* et celle d'*Oleron* (départ. de la Charente-Inférieure). Dans la mer Méditerranée : l'île de *Corse*, la plus considérable de toutes, et qui forme un département ; — les îles d'*Hyères*, au nombre de trois, et les îles de *Lérins*, au nombre de deux (départ. du Var).

Golfes. Les côtes forment quelques golfes importants : dans l'océan Atlantique, le golfe de *Gascogne* ou de *Biscaye*; dans la Manche, le golfe de la *Seine* et le golfe de *Saint-Malo*; — dans la mer Méditerranée, le golfe du *Lion*.

Détroits. Les principaux détroits sont : le *Pas de Calais*, entre la France et l'Angleterre; — le *Pertuis Breton*, entre l'île de Ré et le département de la Vendée; — le *Pertuis d'Antioche*, entre l'île de Ré et celle d'Oleron.

Caps. Sur les côtes se projettent plusieurs caps importants : le cap de *la Hague* (départ. de la Manche); — le cap *Fréhel* (départ. des Côtes-du-Nord); — la pointe de *Penmarch* (départ. du Finistère); — le cap *Gris-Nez* (départ. du Pas-de-Calais).

Montagnes. L'orographie de la France, c'est-à-dire l'ensemble de ses montagnes, se compose de cinq systèmes principaux, qui sont : 1° le système *celtique*, comprenant les montagnes Noires, les Cévennes, les montagnes de la Côte-d'Or, la chaîne des Ardennes, les collines de l'Artois ; 2° le système *armorique*, qui comprend les montagnes d'Arées, les collines d'Orléans et les montagnes du Morvan : de là elles vont rejoindre le système celtique aux montagnes de la Côte-d'Or ; 3° le système *arvernique*, comprenant les collines de la Saintonge, du Limousin et les monts d'Auvergne, qui se rattachent aux Cévennes ; 4° le système *alpique*, comprenant les Alpes ; un chaînon qui part du Saint-Gothard va par les monts Jura et les Vosges rejoindre le système celtique ; 5° le système *pyrénéique*, comprenant les Pyrénées, qui vont se relier aussi au système celtique par les montagnes Noires.

Parmi ces diverses chaînes de montagnes, les plus importantes sont : les *Alpes*, les plus hautes montagnes de l'Europe, qui séparent la France de la Sardaigne et d'une partie de la Suisse ; les points les plus élevés sont le mont *Pelvoux*, le mont *Genèvre* et le mont *Viso* ; — les *Pyrénées* qui s'élèvent sur la frontière de la France et de l'Espagne, et entre la Méditerranée et l'Océan ; les points les plus élevés en France sont le *Pic du Midi*, les *Tours de Marboré* et le *Vignemale* ; — les *Vosges* qui s'étendent au nord-est ; — le *Jura* situé à l'est, vers les confins de la Suisse ; — les *Cévennes* qui s'étendent du nord au sud dans l'intérieur de la France ; le mont *Mézen* et le mont *Lozère* en sont les points culminants ; — les *monts d'Auvergne* qui sont une ramification des Cévennes ; on y remarque le *Puy de Dôme*, le *mont Dore* et le *Plomb du Cantal*.

Fleuves et rivières. Les cinq systèmes de montagnes donnent naissance aux cinq grands bassins dont se compose l'hydrographie de la

France, c'est-à-dire l'ensemble de ses cours d'eau. Ces cinq grands bassins sont : 1° le versant *alémanique* ou bassin du Rhin ; 2° le versant *séquanien* ou bassin de la Seine ; 3° le versant *océanique* ou bassin de la Loire ; 4° le versant *aquitanique* ou bassin de la Gironde ; 5° le versant *méditerranéen* ou bassin du Rhône. A ces grands bassins se rattachent des bassins secondaires.

Les fleuves et les rivières qui arrosent la France, peuvent être répartis entre les quatre mers auxquelles ils apportent le tribut de leurs eaux.

La mer du Nord reçoit le *Rhin*, la *Meuse* et l'*Escaut*. — Le *Rhin* (933 kilomètres de cours) prend sa source en Suisse, borne en partie la France à l'est, traverse l'Allemagne et la Hollande et se divise en plusieurs branches, dont la principale se perd dans les sables, près de Leyde, en Hollande ; il reçoit, à gauche, la *Moselle*, grossie de la *Meurthe*, et l'*Ill*, dont le cours est très-limité. — La *Meuse* prend sa source dans le département de la Haute-Marne et se jette dans la mer du Nord, après avoir arrosé la Belgique et la Hollande ; elle reçoit la *Sambre*. — L'*Escaut* prend sa source dans le département de l'Aisne, arrose la Belgique et une partie de la Hollande, se divise en deux branches au fort Lillo et se jette dans la mer du Nord ; il reçoit la *Scarpe* et la *Lys*.

La mer de la Manche reçoit la *Seine*, la *Somme*, l'*Orne*, la *Vire* et la *Rance*. — La *Seine* (711 kilomètres de cours) prend sa source dans le département de la Côte-d'Or, et se jette dans la mer entre Le Havre et Honfleur; elle reçoit à droite l'*Aube*, la *Marne* et l'*Oise* grossie de l'*Aisne*; à gauche, l'*Yonne* et l'*Eure*. — La *Somme* prend sa source dans le département de l'Aisne. — L'*Orne* prend sa source dans le département de l'Orne, la *Vire* dans celui du Calvados, et la *Rance* dans celui des Côtes du Nord.

L'océan Atlantique, ou plutôt cette partie de l'océan Atlantique à laquelle on a donné le nom de *mer de France*, reçoit la *Loire*, la *Gironde*, le *Blavet*, la *Vilaine*, la *Sèvre niortaise*, la *Charente* et l'*Adour*. — La *Loire* (1,066 kilomètres de cours) prend sa source dans les Cévennes et se jette dans la mer près de Paimbœuf : elle reçoit à droite la *Nièvre*, la *Maine*, formée par la réunion de la *Mayenne* et de la *Sarthe*, grossie du *Loir*; à gauche l'*Allier*, le *Loiret*, le *Cher*, l'*Indre*, la *Vienne* grossie de la *Creuse*, la *Sèvre nantaise*. — La *Gironde* est formée par la réunion de la *Garonne* et de la *Dordogne*, près du bec d'Ambez : 1° la *Garonne* (666 kilomètres de cours), qui est la branche principale, prend sa source en Espagne, dans les Pyrénées, et reçoit, à droite l'*Ariège*, le *Tarn* grossi de l'*Aveyron*, le *Lot*; à gauche, le *Gers*; 2° la *Dordogne* prend sa source dans le département du Puy-de-Dôme, et reçoit à droite la *Vézère*, grossie de la *Corrèze*, et l'*Isle*. — Le *Blavet* et la *Vilaine*, grossie de l'*Ille*, prennent leurs sources dans le département des Côtes-du-Nord. — La *Sèvre niortaise* prend sa source dans le département des Deux-Sèvres et reçoit la *Vendée*. — La *Charente* prend sa source dans le département de la Haute-Vienne. — L'*Adour* prend sa source au Pic du Midi dans les Pyrénées, et reçoit à gauche le *gave* ou *rivière de Pau*.

La mer Méditerranée reçoit le *Rhône*, l'*Hérault*, l'*Aude*, le *Tet* et le *Var*. — Le *Rhône* (888 kilomètres de cours) prend sa source en Suisse, et reçoit à droite l'*Ain*, la *Saône* grossie du *Doubs*, l'*Ardèche*, le *Gard* ; à gauche, l'*Isère*, la *Drôme*, la *Durance*. — L'*Hérault* descend des Cévennes. — L'*Aude* et le *Tet* prennent leurs sources dans le département des Pyrénées-Orientales. — Le *Var* sert de limite entre la France et la Sardaigne.

Lacs. Le lac de *Grand-Lieu*, près de l'embouchure de la Loire, est le seul qui mérite d'être cité parmi les lacs de la France ; mais elle renferme un assez grand nombre d'étangs, la plupart salés, qui donnent des produits importants : l'étang le plus considérable est l'étang de *Thau* ou de *Cette*, communiquant avec la Méditerranée par un canal.

Canaux. Le commerce intérieur de la France est favorisé par un grand nombre de canaux, dont les principaux sont : le canal de l'*Est*, du Rhin au Rhône par la Saône ; — le canal du *Centre*, de la Saône à la Loire ; — le canal de *Bourgogne*, de la Saône à l'Yonne ; — le canal du *Nivernais*, de la Loire à l'Yonne ; — les canaux du *Loing*, de *Briare* et d'*Orléans*, de la Loire à la Seine ; — le canal de *Saint-Quentin*.

de l'Escaut à l'Oise ; — le canal de *Bretagne*, de Nantes à Brest ; — le canal du *Midi* ou du *Languedoc*, de la Méditerranée à l'Océan par la Garonne.

Chemins de fer. Les chemins de fer, en rapprochant les distances, facilitent les communications d'une manière merveilleuse, et sont d'une haute importance pour les relations commerciales. Les principaux chemins de fer exécutés en France sont : ceux de *Paris* à *Rouen* ; — de *Paris* à *Orléans* ; — de *Saint-Germain* à *Paris* ; — de *Versailles* à *Paris* ; — de *Strasbourg* à *Bâle* par Colmar ; — de *Saint-Étienne* à *Lyon* et à *Roanne* ; — de *Beaucaire* à *Nîmes* ; — de *Cette* à *Montpellier* ; — de *la Teste* à *Bordeaux*.

Description générale. La France est un des pays les plus avancés sous le rapport de l'agriculture ; c'est surtout depuis le commencement de ce siècle que cet art si nécessaire a pris un développement remarquable. Le sol, favorisé par la douceur du climat, arrosé par un grand nombre de fleuves et de rivières, est généralement très-fertile, et ses diverses productions sont une grande source de richesses. Le blé, l'orge, l'avoine, le seigle, la pomme de terre, y croissent abondamment ; les pâturages et les fourrages y sont excellents. Les provinces du nord produisent le chanvre, le lin, le houblon, la betterave, les plantes oléagineuses ; celles du centre, les céréales en grande quantité ; celles du midi, les olives, les amandes, les oranges, les citrons. La vigne croît à l'ouest et surtout au sud : les vins de Champagne, de Bourgogne, de Bordeaux, sont recherchés dans le monde entier. On coupe dans les forêts des bois propres à la menuiserie, à l'ébénisterie, à la charpente, à la construction des vaisseaux. L'espèce de chêne qui fournit le liége se trouve dans la région du sud. On trouve en France des mines d'argent, de fer, de plomb, de zinc, de manganèse, d'antimoine, de houille, de bitume et de sel. Ses carrières de granit, de marbre, d'ardoises, de pierres à meules et à fusil, donnent de nombreux et excellents produits. L'éducation des bestiaux est en France l'objet des plus grands soins, et on y trouve en abondance tous les animaux et les oiseaux domestiques; on y élève aussi un grand nombre d'abeilles. Parmi les importations étrangères on doit remarquer les mérinos d'Espagne, les chèvres du Thibet et les vers à soie; cette dernière industrie prend tous les jours de nouveaux développements.

Industrie et commerce. Depuis le commencement de ce siècle, les produits de l'industrie française ont pris un accroissement important; ils ont acquis en même temps une variété et une perfection remarquables. Nous citerons les cachemires, les draps, les linges damassés, les papiers, l'horlogerie, la poterie, la filature de la laine, de la soie et du coton, la teinture des fils et des tissus, l'impression des papiers peints, la lithographie, l'imprimerie, l'exploitation des mines de houille et de fer, l'art de forger ce métal, de tailler et de polir les cristaux, la préparation des produits chimiques et la fabrication des armes. Les départements du nord ont vu s'élever de nombreuses fabriques de sucre de betterave. Les produits de l'industrie, joints à ceux de l'agriculture, alimentent le commerce intérieur et extérieur de la France. Les principaux objets d'exportation sont les vins, les eaux-de-vie, l'huile, le vinaigre, les grains, les fruits, le sel, les étoffes de soie et de laine, la bonneterie, les tapisseries, les toiles, les dentelles, le papier, les livres, l'horlogerie, la bijouterie, et toutes sortes d'objets de mode et de goût. La France tire des pays étrangers des chevaux, de la cire, des pelleteries, de la laine, du tabac en feuilles, des bois de teinture, du fer, de l'étain, du plomb, du cuivre, de l'argent, de l'or, du soufre, du chanvre, du coton, de l'indigo, du thé, du sucre, du café et des épiceries.

Villes principales. Les villes les plus importantes de la France sont : *PARIS*, vers le N., sur la Seine, capitale du royaume, (départ. de la Seine); — *Lille*, au N. (départ. du Nord); — *Strasbourg*, au N. E. (départ. du Bas-Rhin); — *Rouen*, au N.-O., sur la Seine (départ. de la Seine-Inférieure); *Nantes*, à l'O., sur la Loire (départ. de la Loire-Inférieure); — *Orléans*, sur le même fleuve (départ. du Loiret); — *Dijon*, non loin des sources de la Seine (départ. de la Côte-d'Or); — *Lyon*, à l'E., sur le Rhône (départ. du Rhône); — *Bordeaux*, au S. O., sur la Garonne (départ. de la Gironde); — *Toulouse*, au S. (départ. de la Haute-Garonne); — *Marseille*, au S., sur la

Méditerranée (départ. des Bouches-du-Rhône).

Ports principaux. Les principaux ports marchands de la France sont : *Dunkerque*, sur la mer du Nord ; — *Calais* sur le Pas-de-Calais ; — *Boulogne*, *Dieppe*, *Le Havre* et *Saint-Malo*, sur la Manche ; — *Rouen*, sur la Seine ; — *Nantes*, sur la Loire ; — *Bordeaux*, sur la Garonne ; — *La Rochelle* et *Bayonne*, sur l'océan Atlantique ; — *Marseille* et *Cette*, sur la Méditerranée.
— Les ports militaires sont : *Cherbourg*, sur la Manche ; — *Brest* et *Lorient*, sur l'océan Atlantique ; — *Rochefort*, sur la Charente, près l'océan Atlantique ; — *Toulon*, sur la Méditerranée.

Religion. La religion catholique romaine est celle de la majorité des Français.

Gouvernement. Le gouvernement est une monarchie constitutionnelle ou représentative, fondée sur la charte donnée en 1814 et modifiée en 1830.

Divisions administratives. La France renferme quatre-vingt-six départements, qui ont chacun un préfet ; les départements sont divisés en sous-préfectures ou arrondissements, les arrondissements en cantons, les cantons en communes ayant chacune un maire. Pour l'administration de la justice, la France est divisée en vingt-sept cours royales, comprenant chacune un certain nombre de départements ; dans chaque arrondissement il y a un tribunal de première instance, et dans chaque canton une justice de paix ; les causes criminelles se jugent par les cours d'assises, les causes commerciales par les tribunaux de commerce. Sous le rapport du culte catholique, la France est divisée en quatre-vingts diocèses, dont quinze sont administrés par des archevêques et soixante-cinq par des évêques.

Possessions hors de l'Europe. La France a en Asie, dans l'Hindoustan, des possessions dont Pondichéry est le chef-lieu; en Afrique, des possessions dans la Sénégambie ou le Sénégal, l'Algérie, l'île de Gorée, l'île Bourbon; en Amérique, la Guyane française, la Guadeloupe, la Martinique et quelques autres petites îles; dans l'Océanie, les îles Marquises. La population de ces possessions diverses s'élève à environ 2,000,000 d'habitants.

Notions historiques. La France est une partie de la contrée que les Anciens désignaient sous le nom de *Gaule*, et dont César fit la conquête environ 50 ans avant J.-C. Elle devint province romaine, sous le nom de *Gaule transalpine* (au delà des Alpes), et fut divisée en quatre parties : la *Belgique*, au N., ayant pour villes principales : *Argentoratum* (Strasbourg), *Atrebates* (Arras), *Ambiani* (Amiens), *Remi* (Reims); la *Lyonnaise*, au milieu, ayant pour villes principales : *Augustodunum* (Autun), *Lugdunum* (Lyon), *Senones* (Sens), *Lutetia* (Paris), *Aurelianum* (Orléans), *Turones* (Tours); l'*Aquitaine*, au S. O., ayant pour villes principales : *Bituriges* (Bourges), *Burdigala* (Bordeaux); la *Narbonnaise*, au S. E., ayant pour villes principales : *Tolosa* (Toulouse), *Narbo-Martius* (Narbonne), *Nemausus* (Nîmes), *Vienna*

(Vienne), *Arelate* (Arles), *Massilia* (Marseille). Elle resta soumise aux Romains pendant 500 ans.

Vers l'an 400 de l'ère chrétienne, les Francs, peuples venus des bords du Rhin, attaquèrent les Romains dans la Gaule et remportèrent sur eux des avantages. Pharamond, Clodion, Mérovée et Childéric paraissent n'avoir été que des chefs de la ligue franque. Clovis, d'origine sicambre, chassa presque entièrement les Romains de la Gaule. Il fit de Paris (Lutèce) sa capitale, et embrassa le christianisme en 496. Il est regardé comme le véritable fondateur de la monarchie française, la plus ancienne monarchie de l'Europe.

Charlemagne, un des plus grands rois de France, étendit prodigieusement sa puissance en Europe. Mais sous les faibles successeurs de ce prince, la France perdit ses conquêtes et fut morcelée elle-même en petits états dont les seigneurs se rendirent indépendants. En 990, sous Hugues Capet, la couronne de France ne possédait que trois provinces, l'Ile-de-France, la Picardie et l'Orléanais; elle acquit successivement les autres par des conquêtes, des traités, des héritages ou des donations, et sous Louis XIV c'était une puissante monarchie. En 1790 la France comptait 32 provinces ou gouvernements; c'est alors qu'elle fut divisée en départements. Les victoires de Bonaparte donnèrent successivement à la France les Pays-Bas, une partie de l'Italie, et sous l'Empire elle compta 130 départements. Mais en 1815 elle rentra dans ses anciennes limites, et fut divisée, comme elle l'est aujourd'hui, en 86 départements.

Questionnaire.

Quelle est la position de la France ? — Quelles sont ses dimensions ? sa superficie ? sa population ? — Quelles sont ses bornes ? — Quelle est sa division ? — Nommez les îles qui dépendent de la France, dans l'océan Atlantique et dans la Méditerranée. — Nommez les principaux golfes ; les principaux détroits ; les caps. — Dites les principales chaînes de montagnes. — Nommez les principaux fleuves qui arrosent la France. — Quels sont ceux qui se jettent dans la mer du Nord ? — Ceux que reçoit la mer de la Manche ? — Ceux qui se jettent dans l'océan Atlantique ? — Ceux que reçoit la Méditerranée ? — Quelle est la longueur du cours des principaux fleuves ? — Y a-t-il en France des lacs considérables ? — Quels sont les principaux canaux et les principaux chemins de fer ? — Quel est celui qui mérite d'être cité ? — Quel est l'aspect général du sol de la France ? — Quelles sont ses productions ? — Quels sont les produits du règne minéral et du règne végétal ? — Enumérez les principaux objets de l'industrie française. — Le commerce a-t-il un grand développement ? — Quels sont les principaux articles d'exportation ? — Quels sont les objets que la France tire des pays étrangers ? — Quelles sont les villes principales de la France ? — Quels sont les ports militaires de la France ? — Quels sont ses principaux ports marchands ? — Quelle est la division administrative de la France ? — Quelles sont ses divisions sous le rapport de son administration judiciaire et du culte catholique ? — Quelles sont les possessions de la France hors de l'Europe ? — Quel nom portait autrefois la France ? — Par qui et à quelle époque fut-elle conquise ? — Sous quel nom devint-elle province romaine ? — Comment fut-elle divisée ? — Quelles étaient les villes les plus importantes dans chacune de ces provinces ? — Par quel peuple les Romains furent-ils attaqués ? — Par qui furent-ils entièrement chassés de la Gaule ? — Sous quel roi la France devint-elle puissante ? — Combien de provinces comptait la couronne sous Hugues Capet ? — Comment les autres provinces furent-elles acquises ? —Combien y en avait-il en 1790 ? — Comment la France fut-elle alors divisée ? — Par qui fut-elle prodigieusement agrandie ? — A quelle époque rentra-t-elle dans ses premières limites ?

CHAPITRE VI.

Description des départements de la France.

La France, comme on l'a déjà vu, était autrefois divisée en 32 provinces. Cette ancienne division se reproduisant à chaque page dans notre histoire, et l'usage s'étant maintenu de désigner les habitants des départements par le nom de leur ancienne province, nous croyons utile de donner le tableau comparé des anciennes provinces et des nouveaux départements.

Tableau comparatif des provinces et des départements.

PARTIE DU NORD.

1. Flandre (1 département).

Départements.	Superficie en kilom.	Population.	Chefs-lieux.
1. Nord	5,295.	1,085,298	*Lille* *[1].

2. Artois (1 département).

2. Pas-de-Calais	6,517.	685,021	*Arras* *.

3. Picardie (1 département).

3. Somme	6,320.	559,680	*Amiens* *.

4. Normandie (5 départements).

4. Seine-Inférᵉ	6,320.	737,501	*Rouen* *.
5. Eure	6,320.	425,780	*Evreux*.
6. Calvados	5,688.	496,198	*Caen*.
7. Orne	6,320.	442,072	*Alençon*.
8. Manche	6,320.	597,334	*St-Lô*.

5. Ile-de-France (5 départements).

9. Seine	474.	1,194,603	*Paris* *.
10. Seine-et-Oise	5,748.	470,948	*Versailles*.
11. Seine-et-Marne	5,925.	333,260	*Melun*.
12. Aisne	7,485.	542,213	*Laon*.
13. Oise	6,636.	398,868	*Beauvais*.

6. Champagne (4 départements).

14. Aube	5,925.	258,180	*Troyes* *.
15. Haute-Marne	6,418.	257,567	*Chaumont*.
16. Marne	8,156.	356,632	*Châlon-s.-Marne*.
17. Ardennes	5,431.	319,167	*Mézières*.

[1]. Les capitales des anciennes provinces sont désignées par un astérisque *.

FRANCE. 77

7. LORRAINE (4 départements).

Départements.	Superficie en kilom.	Population.	Chefs-lieux.
18. Meurthe	8,176.	444,603	*Nancy**.
19. Moselle	6,557.	440,312	*Metz*.
20. Meuse	6,370.	326,372	*Bar-le-Duc*.
21. Vosges	5,925.	419,992	*Epinal*.

PARTIE DU CENTRE.

8. ORLÉANAIS (3 départements).

22. Loiret	7,050.	318,452	*Orléans**.
23. Eure-et-Loir	6,320.	286,368	*Chartres*.
24. Loir-et-Cher	6,915.	249,462	*Blois*.

9. TOURAINE (1 département).

| 25. Indre-et-Loire | 6,754. | 306,366 | *Tours**. |

10. BERRY (2 départements).

| 26. Cher | 7,307. | 273,645 | *Bourges**. |
| 27. Indre | 6,557. | 253,076 | *Châteauroux*. |

11. NIVERNAIS (1 département).

| 28. Nièvre | 7,366. | 305,346 | *Nevers**. |

12. BOURBONNAIS (1 département).

| 29. Allier | 7,366. | 311,361 | *Moulins**. |

13. MARCHE (1 département).

| 30. Creuse | 5,885. | 278,029 | *Guéret**. |

14. LIMOUSIN (2 départements).

| 31. Haute-Vienne | 5,984. | 292,848 | *Limoges**. |
| 32. Corrèze | 5,925. | 306,480 | *Tulle*. |

15. AUVERGNE (2 départements).

| 33. Puy-de-Dôme | 8,393. | 587,566 | *Clermont-Ferrand**. |
| 34. Cantal | 6,616. | 257,423 | *Aurillac*. |

EUROPE.

PARTIE DE L'OUEST.

16. BRETAGNE (5 départements).

Départements.	Superficie en kilom.	Population.	Chefs-lieux.
35. Ille-et-Vilaine	6,853.	549,417	*Rennes* *.
36. Côtes-du-Nord.	6,971.	607,572	*St-Brieuc.*
37. Finistère	7,110.	576,068	*Quimper.*
38. Morbihan.	6,971.	446,331	*Vannes.*
39. Loire-Infér^e.	7,663.	486,806	*Nantes.*

17. MAINE (2 départements).

40. Sarthe	6,517.	470,535	*Le Mans* *.
41. Mayenne.	5,431.	361,392	*Laval.*

18. ANJOU (1 département).

42. Maine-et-Loire.	7,505.	488,472	*Angers* *.

19. POITOU (3 départements).

43. Vienne.	7,307.	294,250	*Poitiers* *.
44. Vendée.	7,228.	356,453	*Bourbon-Vendée.*
45. Deux-Sèvres.	6,320.	310,203	*Niort.*

20. AUNIS (1 département).

46. Charente-Infér^e.	6,655.	460,245	*La Rochelle* * [1].

21. ANGOUMOIS et SAINTONGE (1 département).

47. Charente.	5,648.	367,893	*Angoulême**.

PARTIE DE L'EST.

22. ALSACE (2 départements).

48. Bas-Rhin.	4,470.	560,113	*Strasbourg* *.
49. Haut-Rhin.	3,950.	464,466	*Colmar.*

[1]. *La Rochelle* était la capitale de l'Aunis ; *Angoulême*, la capitale de l'Angoumois ; et *Saintes*, celle de la Saintonge.

FRANCE. 79.

23. Franche-Comté (3 départements).

Départements.	Superficie en kilom.	Population.	Chefs-lieux.
50. Doubs	5,233.	275,997	*Besançon* *
51. Haute-Saône	8,887.	347,627	*Vesoul.*
52. Jura	5,011.	316,734	*Lons-le-Saunier.*

24. Bourgogne (4 départements).

53. Côte-d'Or	8,887.	393,316	*Dijon* *
54. Yonne	7,307.	362,961	*Auxerre.*
55. Saône-et-Loire	8,887.	551,543	*Mâcon.*
56. Ain	5,589.	355,694	*Bourg.*

25. Lyonnais (2 départements).

| 57. Rhône | 2,803. | 500,831 | *Lyon* * |
| 58. Loire | 5,135. | 434,085 | *Montbrison.* |

PARTIE DU SUD.

26. Guyenne et Gascogne (9 départements).

59. Gironde	10,862.	568,034	*Bordeaux* *
60. Dordogne	9,480.	490,263	*Périgueux.*
61. Lot	5,332.	287,739	*Cahors.*
62. Aveyron	9,164.	375,083	*Rhodez.*
63. Tarn-et-Garon^e	5,530.	239,297	*Montauban.*
64. Lot-et-Garonne	4,838.	347,073	*Agen.*
65. Gers	5,925.	311,147	*Auch.*
66. Landes	9,440.	288,077	*Mont-de-Marsan.*
67. H^{tes}-Pyrénées	8,887.	244,196	*Tarbes.*

27. Béarn (1 département).

| 68. B^{ses}-Pyrénées | 8,887. | 451,683 | *Pau* * |

28. Comté de Foix (1 département).

| 69. Ariége | 4,819. | 265,607 | *Foix* * |

29. Roussillon (1 département).

| 70. Pyrénées-Orien. | 8,907. | 173,592 | *Perpignan* * |

30. Languedoc (8 départements).

Départements.	Superficie en kilom.	Population.	Chefs-lieux.
71. Haute-Garonne.	6,122.	468,071	*Toulouse* *.
72. Tarn	5,530.	351,656	*Alby*.
73. Aude.	6,912.	284,285	*Carcassonne*.
74. Hérault.	5,925.	367,343	*Montpellier*.
75. Gard	5,352.	376,062	*Nimes*.
76. Lozère	5,332.	140,788	*Mende*.
77. Ardèche	4,740.	364,416	*Privas*.
78. Haute-Loire	5,530.	298,137	*Le Puy*.

31. Dauphiné (3 départements).

79. Isère	8,947.	588,660	*Grenoble* *.
80. Drôme	6,655.	311,498	*Valence*.
81. Hautes-Alpes.	4,372.	132,584	*Gap*.

32. Provence[1] (3 départements).

82. B^{es}.-du-Rhône	5,253.	375,003	*Marseille*.
83. Basses-Alpes.	7,347.	156,055	*Digne*.
84. Var.	7,505.	328,010	*Draguignan*.

PAYS RÉUNIS.

Comtat Venaissin [2] (1 département).

85. Vaucluse.	3,653.	251,080	*Avignon* *.

Ile de Corse [3] (1 département).

86. Corse.	9,795.	221,463	*Ajaccio*.

---

1. La capitale de la Provence était *Aix*.
2. Cette province appartenait au pape.
3. La capitale de la Corse était *Bastia*.

FRANCE.   81

Description des départements par bassins[1].

Les fleuves et les rivières qui arrosent la France peuvent se répartir, comme on l'a déjà vu, en cinq grands bassins ou bassins primaires[2], qui sont : 1° le bassin du *Rhin*, au nord-est, duquel dépendent les bassins secondaires de la *Moselle*, de la *Meuse* et de l'*Escaut*; — 2° le bassin de la *Seine*, au centre et au nord-ouest, duquel dépendent les bassins secondaires de la *Marne*, de l'*Oise*, de l'*Yonne*, de l'*Eure*, de la *Somme*, de l'*Orne* et de la *Rance*; — 3° le bassin de la *Loire*, au centre et à l'ouest, duquel dépendent les bassins de la *Maine*, de l'*Allier*, du *Cher*, de la *Vienne*, de la *Vilaine*, de la *Sèvre Niortaise* et de la *Charente*; — 4° le bassin de la *Gironde*, au sud et à l'ouest, comprenant les bassins de la *Dordogne* et de la *Garonne*, auxquels se rattachent les bassins secondaires de

---

1. Dans la description des départements nous avons adopté la division de la France en bassins. Cette méthode hydrographique, qui consiste à suivre le cours des fleuves et des rivières, forme des groupes distincts qui ne varient point, parce qu'ils ne sont pas soumis aux changements politiques. Pour chaque bassin on donne la description des départements en partant toujours de la source du fleuve ou de son entrée en France pour le suivre jusqu'à son embouchure.

2. On appelle *bassin primaire* celui qui est formé par un grand fleuve, et auquel se rattachent d'autres bassins, nommés *bassins secondaires* et formés par ses affluents ou par des rivières moins importantes.

5

l'*Ariège*, du *Tarn*, du *Lot*, du *Gers* et de l'*Adour*; —5° le bassin du RHÔNE, à l'est et au sud, duquel dépendent les bassins secondaires de la *Saône*, de l'*Isère*, de la *Durance*, de l'*Hérault*, de l'*Aude* et du *Var*.

Bassin primaire du Rhin.

(Embouchure dans la mer du Nord.)

Le bassin primaire du RHIN, situé au nord-est de la France, a pour limites occidentales les montagnes des Vosges, les Ardennes et les collines de l'Artois. Ce bassin, que se partagent la France et l'Allemagne, renferme les départements arrosés par les cours d'eau qui se jettent dans le Rhin ou dans la mer du Nord. Trois bassins secondaires en dépendent, celui de la *Moselle*, que le Rhin reçoit à gauche, ceux de la *Meuse* et de l'*Escaut* qui versent leurs eaux dans la mer du Nord.

Le bassin du Rhin comprend les départements du Haut-Rhin et du Bas-Rhin.

DÉPARTEMENT DU HAUT-RHIN, sur la frontière d'Allemagne.—Chef-lieu [1] : COLMAR (481 kil. de Paris), ⚜, le centre de la fabrication des étoffes de coton et des toiles imprimées : 18,619 habit. — Sous-préfectures : *Belfort*, ville forte; *Altkirch*. —Autres villes ou lieux remarquables : *Mulhouse*,

---

1. Dans la description des villes de chaque département, ‡ signifie archevêché, † évêché, ⚜ cour royale, ⚔ division militaire, 🎓 académie universitaire.

sur le canal du Rhône au Rhin, centre de la fabrication des toiles peintes et des mousselines : 20,129 habit.; *Thann*, petite ville très-industrieuse; *Neuf-Brisach*, ville forte; *Sainte-Marie-aux-Mines*, avec des mines de plomb et de cuivre, et surtout de nombreuses fabriques de cotonnades.

Département du Bas-Rhin, sur la frontière d'Allemagne. — Chef-lieu : Strasbourg (464 kil. de Paris); †, ♆, ☿, ville forte, très-belle et très-commerçante, sur la frontière nord-est, près du Rhin, au milieu d'une plaine remarquable par son agriculture et ses établissements industriels; la cathédrale est un des plus beaux monuments gothiques qui existent : 61,150 habit. — Sous-préfectures : *Saverne*, avec des fabriques importantes de quincaillerie; *Wissembourg*, ville forte; *Schelestadt*, ville forte. — Autres villes et lieux remarquables : *Haguenau*, ville forte, remarquable par ses filatures de coton; *Molsheim*, avec de florissantes fabriques de grosse quincaillerie; *Klingenthal*, avec une manufacture royale d'armes blanches.

Bassin secondaire de la Moselle.

(Affluent de gauche du Rhin.)

Le bassin de la Moselle, situé à l'ouest du bassin du Rhin, comprend les départements des Vosges, de la Meurthe et de la Moselle.

Département des Vosges. — Il tire son nom d'une chaîne de montagnes. — Chef-lieu : *Epi-*

NAL (381 kil. de Paris), sur la Moselle : 10,018 habit.; dans ses environs se trouvent de nombreuses papeteries. — Sous-préfectures : *Mirecourt*, renommée pour ses fabriques d'instruments de musique; *Remiremont*, sur la Moselle; *St-Dié*, †, sur la Meurthe; *Neufchâteau*. — Lieux remarquables : *Plombières*, célèbre par ses eaux minérales; *Domremy*, où naquit l'héroïne Jeanne d'Arc, qui, sous le règne de Charles VII, contribua puissamment à chasser les Anglais de la France.

DÉPARTEMENT DE LA MEURTHE. — Chef-lieu : NANCY (334 kil. de Paris), †, ⚓, ⚜, sur la Meurthe, remarquable par ses beaux édifices : 35,900 habit. — Sous-préfectures : *Lunéville*, sur la Meurthe; *Toul*, ville forte, sur la Moselle; *Château-Salins*, avec d'importantes verreries; *Sarrebourg*. — Autres villes et lieux remarquables : *Dieuze*, qui possède la plus grande saline de l'Est; *Pont-à-Mousson*, sur la Moselle; *Phalsbourg*, ville forte; *Baccarat*, avec une célèbre manufacture de cristaux; *Roville*, avec une ferme modèle et un institut agricole.

DÉPARTEMENT DE LA MOSELLE, sur les frontières d'Allemagne. — Chef-lieu : METZ (308 kil. de Paris), †, ⚓, ⚐, ⚜, ville forte, sur la Moselle, industrieuse et commerçante : 42,767 h. — Sous-préfectures : *Thionville*, ville forte, sur la Moselle; *Sarreguemines*, avec d'importantes fabriques de faïence; *Briey*. — Autres villes remarquables : *Longwy*, ville forte; *Bitche*, ville forte.

Bassins secondaires
au nord de la France.

Deux bassins secondaires, qui versent leurs eaux dans la mer du Nord, ceux de la *Meuse* et de l'*Escaut*, sont situés à l'ouest du bassin du Rhin et au nord de la France.

Bassin de la Meuse.
(Embouchure dans la mer du Nord.)

Le bassin de la Meuse, situé à l'ouest du bassin du Rhin, comprend les départements de la Meuse et des Ardennes.

Département de la Meuse. — Chef-lieu : Bar-le-Duc (251 kil. de Paris), ville commerçante en calicots et en bonneteries : 12,230 hab. — Sous-préfectures : *Verdun*, †, ville forte, sur la Meuse ; *Montmédy*, ville forte ; *Commercy*, sur la Meuse.

Département des Ardennes, sur la frontière de Belgique. — Il tire son nom d'une forêt qui le couvre en partie. — Chef-lieu : Mézières (234 kil. de Paris), ville forte, sur la Meuse : 3,100 habit. — Sous-préfectures : *Sedan*, sur la Meuse, ville forte, renommée pour ses draps, patrie de Turenne, l'un des plus grands capitaines dont la France s'honore : 12,235 habit.; *Rocroy*, ville forte, avec des forges aux environs ; *Rethel*, sur l'Aisne, avec des forges dans les environs ; *Vouziers*. — Autres villes et lieux remarquables : *Charleville*, en face de

Mézières, sur la rive opposée de la Meuse : 8,610 habit.; *Givet*, ville forte, sur la Meuse ; *Fumay*, renommée pour ses ardoises. — Ce département renferme des forges importantes et nombreuses.

Bassin de l'Escaut.

(Embouchure dans la mer du Nord.)

Le bassin de l'Escaut, situé au nord de la France, comprend les départements du Pas-de-Calais et du Nord.

DÉPARTEMENT DU PAS-DE-CALAIS. — Il a reçu son nom du détroit qui sépare la France de l'Angleterre. — Chef-lieu : *ARRAS* (193 kil. de Paris), †, ville forte, sur la Scarpe, fait un grand commerce d'huile de graines, et possède des manufactures de batistes et de dentelles : 23,450 habit. — Sous-préfectures : *Boulogne*, port sur la Manche, fréquenté pour le passage de France en Angleterre, ville commerçante ; *Saint-Omer*, place forte; *Montreuil-sur-Mer; Béthune; St-Pol*. — Autres villes et lieux remarquables : *Calais*, place forte, port sur le Pas-de-Calais, très-fréquenté comme le passage le plus court de France en Angleterre; *Bapaume*, avec des filatures de lin ; *Guines*, avec des fabriques de dentelles et de tulles.

DÉPARTEMENT DU NORD, sur la mer du Nord et la frontière de la Belgique. — Il a reçu son nom de sa position relative au reste de la France. — Chef-lieu : *LILLE* (236 kil. de Paris), ⁋, ville forte, sur la frontière du nord, une des villes les plus industrieuses et les plus commerçantes du royaume, renommée pour ses fabriques d'étoffes de laine et de dentelles : 72,063 habit.; dans les environs se fait une grande culture de graines de colza dont on extrait de l'huile. — Sous-préfectures : *Valenciennes*, ville forte, sur l'Escaut, renommée pour ses dentelles : aux environs on cultive beaucoup de betteraves pour les fabriques de sucre; *Douai*, ⚜, ⚜, ville forte, sur la Scarpe, fait un grand commerce de lin et possède les plus grands arsenaux de France; *Cambrai*, ‡, ville forte, sur l'Escaut, siége d'un archevêché que Fénelon a illustré; *Dunkerque*, port sur la mer du Nord, place forte; *Hazebrouck*; *Avesnes*. — Autres villes et lieux remarquables : *Roubaix* et *Tourcoing*, avec de nombreuses fabriques d'étoffes de laine et de coton; *Maubeuge*, ville forte; *Gravelines*, petit port de mer; *Condé*, place forte; *Bouchain*, place forte; *Anzin*, où se fait une grande exploitation de mines de houille.

Questionnaire.

En combien de provinces se divisait autrefois la France ? — Où était située la Flandre ? — A quel département répondait-elle ? — Quelle était sa capitale ? — Mêmes questions pour chaque province.

En combien de bassins principaux peuvent se répartir tous les fleuves et toutes les rivières qui arrosent la France ? — Nommez ces bassins. — Où est situé le bassin du Rhin ? — Quelles sont ses limites ? — Dans quelle mer verse-t-il ses eaux ? — Quels sont les bassins secondaires qui en dépendent ? — Quels départements comprend le bassin du Rhin? — Quel est le chef-lieu du département du Haut-Rhin? — Quelle est sa population? — Quelles sont les sous-préfectures? — Y a-t-il d'autres villes importantes, des lieux remarquables?— —Mêmes questions pour le département du Bas-Rhin.

Où est situé le bassin de la Moselle? — Quels départements comprend-il? — Quel est le chef-lieu du département des Vosges? — Quelle est sa population? — Nommez les sous-préfectures. — Y a-t-il d'autres villes importantes, des lieux remarquables? — Mêmes questions pour les autres départements, etc.

Quels sont les bassins secondaires qui se rattachent au bassin du Rhin? — Où est situé le bassin de la Meuse? —Quels départements comprend-il?—Quel est le chef-lieu du département de la Meuse?—Quelle est sa population? — Dites les sous-préfectures. — Y a-t-il d'autres villes importantes, des lieux remarquables? — Mêmes questions pour le département des Ardennes. — Où est situé le bassin de l'Escaut? —Quels départements comprend-il?—Dites le chef-lieu du département du Pas-de-Calais, sa population. — Nommez les sous-préfectures. — Dites les autres villes, les lieux remarquables. — Mêmes questions pour le département du Nord.

CHAPITRE VII.

Suite de la description des départements de la France.

Bassin primaire de la Seine.
(Embouchure dans la Manche.)

Le bassin primaire de la Seine, situé au centre et au nord-ouest de la France, est circonscrit entre les collines de l'Artois, les Ardennes, les Vosges, les montagnes de la Côte-d'Or, les collines d'Orléans et les montagnes d'Arée. Ce bassin renferme les départements traversés par les cours d'eau qui se jettent dans la Seine ou dans la Manche. Sept bassins secondaires en dépendent, ceux de la *Marne*, de l'*Oise*, de l'*Yonne* et de l'*Eure*, que la Seine reçoit à droite ou à gauche, et ceux de la *Somme*, de l'*Orne*, et de la *Rance*, qui versent leurs eaux dans la Manche.

Le bassin de la Seine comprend les départements de la Côte-d'Or, de l'Aube, de Seine-et-Marne, de la Seine, de Seine-et-Oise et de la Seine-Inférieure.

DÉPARTEMENT DE LA CÔTE-D'OR. — Il tire son nom de la fertilité de plusieurs collines qui s'y trouvent. — Chef-lieu : *DIJON* (305 kil. de Paris), †, ⚜, ▣, ✿, sur le canal de Bourgogne, dans une plaine fertile ; 26,484 habit. — Sous-préfectures : *Beaune*, renommée pour ses vins; *Châtillon-sur-Seine*, avec d'importantes usines et de nombreuses forges; *Semur*, sur l'Armançon. — Lieu remarquable : *Montbard*, patrie du célèbre naturaliste Buffon.

DÉPARTEMENT DE L'AUBE. — Chef-lieu : *TROYES*, (150 kil. de Paris), †, sur la Seine, ville commerçante, avec de nombreuses manufactures de toiles et de bonneterie : 25,463 habit. — Sous-préfectures : *Arcis-sur-Aube*; *Bar-sur-Aube*, commerce de céréales; *Bar-sur-Seine*; *Nogent-sur-Seine*, commerce de bois et de charbon.

DÉPARTEMENT DE SEINE-ET-MARNE. — Chef-lieu : *MELUN* (46 kil. de Paris), sur la Seine : 6,720 habit. — Sous-préfectures : *Meaux*, †, sur la Marne, célèbre par sa cathédrale, siége d'un évêché illustré par Bossuet : 7,972 habit.; *Fontainebleau*, avec une belle forêt et un château royal : 7,500 habit.; *Coulommiers*; *Provins*. — Autres villes remarquables : *Montereau*, au confluent de l'Yonne et de la Seine; *Nemours*, sur le canal du Loing.

DÉPARTEMENT DE LA SEINE. — Il est enclavé dans le département de Seine-et-Oise. — Chef-lieu : *PARIS*, ‡, ⚜, ▯, ⚘, sur la Seine, capitale de la France, le siége du gouvernement, une des villes les plus grandes, les plus industrieuses et les plus riches du monde, le centre des sciences, des lettres et des arts : 935,061 habit. — Sous-préfectures : *Saint-Denis*, célèbre par son ancienne abbaye, dont l'église servait à la sépulture des rois; *Sceaux*, connu pour ses grands marchés de bestiaux. — Lieux remarquables : *Vincennes*, avec un château-fort; *Bercy*, sur la Seine, entrepôt considérable de vins et d'eaux-de-vie.

DÉPARTEMENT DE SEINE-ET-OISE. — Chef-lieu : *VERSAILLES* (21 kil. de Paris), †, avec son magnifique château bâti par Louis XIV, devenu aujourd'hui un musée historique national : 29,641 habit. — Sous-préfectures : *Corbeil*, sur la Seine, grand commerce de grains et de farines; *Mantes*, sur la Seine; *Pontoise*, sur l'Oise; *Étampes*; *Rambouillet*. — Lieux remarquables : *St-Germain*, avec une belle forêt; *Poissy*, sur la Seine, avec un marché considérable de bestiaux; *Sèvres*, remarquable par sa manufacture royale de porcelaine; *St-Cloud*, par son château, ses jardins, et par les événements historiques qui s'y sont passés; *St-Cyr*, par son école militaire; *Enghien*, par ses eaux minérales sulfureuses; *Jouy*, par sa manufacture de toiles peintes.

DÉPARTEMENT DE LA SEINE-INFÉRIEURE. — Chef-lieu : *ROUEN* (136 kil. de Paris), ‡, ⚜, ℙ, ⚘, port maritime sur la Seine, une des villes les plus industrieuses de l'Europe et les plus commerçantes de la France, possède de nombreuses fabriques de toiles connues sous le nom de *rouenneries* : 92,580 habit. — Sous-préfectures : *le Havre*, port sur la Manche, à l'embouchure de la Seine, le port commerçant le plus important du royaume et l'entrepôt de Paris avec le reste du monde; *Dieppe*, port sur la Manche, ville d'une industrie très-active, renommée pour les ouvrages en ivoire; *Neufchâtel; Yvetot.* — Autres villes remarquables : *Elbeuf*, connue par ses nombreuses et belles manufactures de draps; *Bolbec*, avec de nombreuses fabriques d'indiennes; *Fécamp*, petit port de mer; *Gournay*, renommée pour son beurre; *le Tréport*, petit port de mer; *Eu*, avec un château royal.

Bassin secondaire de la Marne.

(Affluent de droite de la Seine.)

Le bassin de la Marne, situé à l'est du bassin de la Seine, comprend les départements de la Haute-Marne et de la Marne.

DÉPARTEMENT DE LA HAUTE-MARNE. — Chef-lieu : CHAUMONT (247 kil. de Paris), sur un plateau élevé, près de la Marne : 6,400 habit. — Sous-préfectures : *Langres*,†, renommée pour sa coutellerie : 7,454 habit.; *Vassy*, aux environs de laquelle se trouvent des forges et des usines nombreuses. — Lieu remarquable : *Bourbonne-les-Bains*, célèbre par ses eaux thermales.

DÉPARTEMENT DE LA MARNE. — Chef-lieu : CHALONS-SUR-MARNE (164 kil. de Paris); †, ⌂, ville commerçante, possède une école célèbre des arts et métiers : 13,163 habit. — Sous-préfectures : *Reims*, ‡, ville très-ancienne, importante par son industrie, surtout pour les étoffes de laine; sa cathédrale est un magnifique monument gothique : 39,185 habit.; *Épernay*, sur la Marne, ville renommée pour ses vins de Champagne; *Vitry-le-Français*, sur la Marne; *Sainte-Mene-*

FRANCE. 93

hould, sur l'Aisne. — Lieux remarquables : *Montmirail*, célèbre par une victoire de Napoléon sur les armées étrangères, en 1814 ; *Aï*, renommée pour ses vins de Champagne.

Bassin secondaire de l'Oise.
(Affluent de droite de la Seine.)

Le bassin de l'Oise, situé au nord du bassin de la Seine, comprend les départements de l'Aisne et de l'Oise.

DÉPARTEMENT DE L'AISNE. — Chef-lieu : *LAON* (129 kil. de Paris), sur une montagne ; dans les environs, verreries considérables et très-estimées : 7,700 habit. — Sous-préfectures : *St-Quentin*, sur la Somme, ville très-florissante par ses fabriques de batistes, de dentelles et de tissus de coton : 21,080 habit. ; *Soissons*, †, sur l'Aisne, ville très-ancienne ; *Château-Thierry*, sur la Marne, patrie de La Fontaine, le grand fabuliste ; *Vervins*. — Lieux remarquables : *St-Gobain*, avec une importante manufacture de glaces ; *la Ferté-Milon*, patrie de J. Racine, notre grand poëte tragique ; *la Fère*, avec une école d'artillerie.

DÉPARTEMENT DE L'OISE. — Chef-lieu : *BEAUVAIS* (88 kil. de Paris), †, avec une grande manufacture de tapisseries : 12,300 habit. — Sous-préfectures : *Compiègne*, sur l'Oise, avec un château royal ; *Senlis* ; *Clermont*. — Lieux remarquables : *Chantilly* ; *Ermenonville* ; *Mortefontaine*.

Bassin secondaire de l'Yonne.

(Affluent de gauche de la Seine.)

Le bassin de l'Yonne, situé au sud du bassin de la Seine, comprend le département de l'Yonne.

DÉPARTEMENT DE L'YONNE. — Chef-lieu : *Auxerre* (168 kil. de Paris), sur l'Yonne; grand commerce de bois : 14,200 habit. — Sous-préfectures : *Sens*, ⸸, sur l'Yonne, avec une belle cathédrale; *Joigny*, sur l'Yonne, connu pour ses vins; *Tonnerre*, renommé pour ses vins. *Avallon*. — Autres villes et lieux remarquables : *Coulanges-la-Vineuse*, avec d'excellents vins; *Villeneuve-le-Roi*; *Vermanton*.

Bassin secondaire de l'Eure.

(Affluent de gauche de la Seine.)

Le bassin de l'Eure, situé à l'ouest du bassin de la Seine, comprend les départements d'Eure-et-Loir et de l'Eure.

DÉPARTEMENT D'EURE-ET-LOIR. — Chef-lieu : *Chartres* (90 kil. de Paris), †, sur l'Eure, remarquable par sa cathédrale, fait un grand commerce de blé : 14,760 habit. — Sous-préfectures : *Dreux*, avec château royal; *Châteaudun*, sur le Loir; *Nogent-le-Rotrou*, grand commerce de bestiaux.

DÉPARTEMENT DE L'EURE. — Chef-lieu : *Evreux* (104 kil. de Paris), †, ville fort industrieuse, fait un grand commerce en grains : 10,270 habit. — Sous-préfectures : *Louviers*, sur l'Eure, remarquable par ses fabriques de draps; *les Andelys*, sur la Seine; *Pont-Audemer*, renommé par ses tanneries; *Bernay*. — Lieux remarquables: *Quillebœuf*, port sur la Seine; *Romilly*, qui renferme la fonderie de cuivre la plus considérable du royaume; *Ivry*, célèbre par la victoire qu'y remporta Henri IV.

Bassin secondaire
au nord du bassin de la Seine.

Un bassin secondaire, qui verse ses eaux dans la Manche, celui de la *Somme*, est situé au nord du bassin de la Seine.

Bassin de la Somme.
(Embouchure dans la Manche.)

Le bassin de la Somme, situé au nord du bassin de la Seine, comprend le département de la Somme.

DÉPARTEMENT DE LA SOMME. — Chef-lieu: *AMIENS* (128 kil. de Paris), †, ♣, ♛, sur la Somme, fait un commerce considérable en velours, en tapis et en étoffes de laine, ville remarquable par sa cathédrale, chef-d'œuvre d'architecture gothique: 46,100 habit.—Sous-préfectures: *Abbeville*, sur la Somme, renommée par ses fabriques de draps et de moquettes; *Péronne*, ville forte, sur la Somme; *Doullens*, ville forte; *Montdidier*. — Autres villes et lieux remarquables: *St-Valery*, port sur la Manche, à l'embouchure de la Somme; *Ham*, avec un château-fort.

Bassins secondaires
à l'ouest du bassin de la Seine.

Deux bassins secondaires, qui versent également leurs eaux dans la Manche, ceux de l'*Orne* et de la *Rance*, sont situés à l'ouest du bassin de la Seine.

Bassin de l'Orne.
(Embouchure dans la Manche).

Le bassin de l'Orne, situé vers le nord-ouest de la France, comprend les départements de la Manche, de l'Orne et du Calvados.

DÉPARTEMENT DE LA MANCHE. — Il a reçu son nom de la mer particulière qui baigne ses côtes. — Chef-lieu : *St-Lo* (326 kil. de Paris), sur la Vire, avec des fabriques de draps : 9,000 habit. — Sous-préfectures : *Cherbourg*, port militaire sur la Manche : 20,627 habit.; *Coutances*, †, grand commerce de grains; *Avranches*, avec des fabriques de dentelles et de bougies; *Mortain*, avec des fabriques de toiles; *Valognes*. — Autres villes et lieux remarquables : *Granville*, port sur la Manche, fait des armements considérables pour la pêche de la morue et de la baleine; *le Mont-Saint-Michel*, prison d'État que les marées séparent du continent ; *la Hogue*, célèbre par un combat naval livré en 1692 entre la France et l'Angleterre.

DÉPARTEMENT DE L'ORNE. — Chef-lieu : *Alençon* (191 kil. de Paris), sur la Sarthe, ville renommée pour ses fabriques de toiles et de dentelles : 13,200 habit. — Sous-préfectures : *Argentan*, sur l'Orne ; *Mortagne*, avec des fabriques de toiles ; *Domfront*. — Autres villes et lieux remarquables : *Laigle*, connue par ses grandes fabriques d'épingles ; *Vimoutiers*, centre de la fabrication des toiles de cretonne ; *Séez*, †, avec des fabriques de basins ; *le Pin*, avec un haras royal, magnifique établissement.

Département du Calvados. — Il tire son nom de rochers qui se trouvent dans la mer à l'embouchure de l'Orne. — Chef-lieu : Caen (224 kil. de Paris), port maritime, sur l'Orne, à 13 kilomètres de la Manche, fait un grand commerce de bestiaux et de chevaux : 41,000 habit. — Sous-préfectures : *Lisieux*, renommée pour ses toiles ; *Bayeux*, †, connue par ses fabriques de porcelaine ; *Falaise*, célèbre par ses teintures et par sa foire dite de Guibray ; *Vire*, qui possède des papeteries et des fabriques de draps ; *Pont-l'Evêque*. — Autres villes et lieux remarquables : *Honfleur*, port sur la Manche, à l'embouchure de la Seine, vis-à-vis du Havre ; *Isigny*, renommé pour son excellent beurre et son cidre.

Bassin de la Rance.
(Embouchure dans la Manche.)

Le bassin de la Rance, situé vers le nord-ouest de la France, dans la presqu'île de Bretagne, comprend le département des Côtes-du-Nord,

DÉPARTEMENT DES CÔTES-DU-NORD. — Il a reçu son nom de la position relative de ses côtes. — Chef-lieu : ST-BRIEUC (446 kil. de Paris), †, près de la Manche, ville maritime assez commerçante : 11,300 habit. — Sous-préfectures : *Loudéac*, avec de nombreuses fabriques de toiles fines dites de Bretagne; *Dinan*, sur la Rance; *Guingamp*, commerce de toiles; *Lannion*.

Questionnaire.

Où est situé le bassin de la Seine ? — Quelles sont ses limites ?—Dans quelle mer verse-t-il ses eaux ?—Quels sont les bassins secondaires qui en dépendent ?—Quels départements comprend le bassin de la Seine ?—Quel est le chef-lieu du département de la Côte-d'Or ? — Quelle est sa population ? — Dites les sous-préfectures. — Nommez les autres villes importantes et les lieux remarquables. — Mêmes questions pour les départements de l'Aube, de Seine-et-Marne, etc.

Où est situé le bassin de la Marne ? — Quels départements comprend-il ? — Quel est le chef-lieu du département de la Haute-Marne ?—Quelle est sa population ?— Nommez les sous-préfectures. — Dites les autres villes importantes et les lieux remarquables. — Mêmes questions pour le département de la Marne. —Mêmes questions sur les bassins de l'Oise, de l'Yonne et de l'Eure.

Où est situé le bassin de la Somme ? — Quel département comprend-il ? — Quel est le chef-lieu du département de la Somme ?—Quelle est sa population ? — Nommez les sous-préfectures. — Dites les autres villes importantes et les lieux remarquables.— Mêmes questions sur les bassins de l'Orne et de la Rance.

CHAPITRE VIII.

Suite de la description des départements de la France.

Bassin primaire de la Loire.
(Embouchure dans l'océan Atlantique.)

Le bassin primaire de la Loire, situé au centre et à l'ouest de la France, est circonscrit entre les montagnes d'Arée, les collines d'Orléans, du Morvan, de la Côte-d'Or, les Cévennes, les monts d'Auvergne et les collines du Limousin et de la Saintonge. Ce bassin renferme les départements arrosés par les cours d'eau qui se jettent dans la Loire ou dans la partie nord-est de l'océan Atlantique. Sept bassins secondaires en dépendent, ceux de la *Maine*, de l'*Allier*, du *Cher* et de la *Vienne*, que la Loire reçoit à droite ou à gauche, et ceux de la *Vilaine*, de la *Sèvre niortaise* et de la *Charente* qui se jettent dans l'océan Atlantique.

Le bassin de la Loire comprend les départements de la Haute-Loire, de la Loire, de la Nièvre, du Loiret, de Loir-et-Cher, d'Indre-et-Loire, de Maine-et-Loire et de la Loire-Inférieure.

DÉPARTEMENT DE LA HAUTE-LOIRE. — Chef-lieu : *LE PUY* (505 kil. de Paris), †, sur le mont Corneille, près de la Loire, avec des fabriques de dentelles et de blondes : 14,000 habit. —

Sous-préfectures : *Brioude*, sur l'Allier ; *Yssengeaux*, commerce de dentelles et de blondes.

Département de la Loire. — Chef-lieu : *Montbrison* (443 kil. de Paris), sur le penchant d'une montagne : 6,000 habit. — Sous-préfectures : *Saint-Etienne*, célèbre par sa fabrique d'armes et ses rubans de soie, une des villes où l'industrie manufacturière est le plus développée ; aux environs de cette ville on exploite un grand nombre de houillères : 48,100 habit.; *Roanne*, sur la Loire, ville dont l'industrie consiste surtout dans la filature, le tissage et la teinture du coton : 11,138 habit. — Autres villes remarquables : *Rive-de-Gier*, importante par ses immenses exploitations de houille et par ses fabriques de tôle et d'acier : 11,486 habit.; *Saint-Chamond*, importante par sa grande fabrication de rubans de soie : 8,034 habit.

Département de la Nièvre. — Chef-lieu : *Nevers* (236 kil. de Paris), †, au confluent de la Loire et de la Nièvre, ville importante par ses manufactures de faïence : 14,000 habit. — Sous-préfectures : *Clamecy*, sur l'Yonne, fait un grand commerce de bois ; *Cosne*, sur la Loire ; *Château-Chinon*, sur l'Yonne. — Lieux remarquables : *la Charité*, sur la Loire ; *Pouilly*, renommé pour ses vins blancs.

Département du Loiret. — Chef-lieu : *Orléans* (125 kil. de Paris), †, ⚜, ⚜, sur la Loire, avec une magnifique cathédrale, ville industrieuse, fait un grand commerce de vins et de vinaigres : 40,000 habit. — Sous-préfectures :

Montargis, sur le canal de Briare ; *Gien*, sur la Loire ; *Pithiviers*. — Autres villes importantes : *Beaugency*, renommée pour ses vins ; *Meung*, sur la Loire, avec des fabriques de cuirs très-estimés.

Département de Loir-et-Cher. — Chef-lieu : *Blois* (181 kil. de Paris), †, sur la Loire, avec un ancien château célèbre dans l'histoire : 14,600 habit. — Sous-préfectures : *Vendôme*, sur le Loir ; *Romorantin*.

Département d'Indre-et-Loire. — Chef-lieu : *Tours* (242 kil. de Paris), ‡, ▯, sur la Loire, au milieu d'une plaine délicieuse et fertile, fait un grand commerce de grains et de fruits : 24,800 habit. — Sous-préfectures : *Chinon*, sur la Vienne ; *Loches*, sur l'Indre. — Lieu remarquable : *Amboise*, sur la Loire, célèbre par son château.

Département de Maine-et-Loire. — Chef-lieu : *Angers* (300 kil. de Paris), †, ⚭, ☩, sur la Maine, qui se jette dans la Loire à peu de distance de cette ville, exploite de nombreuses carrières d'ardoises : 36,600 habit. — Sous-préfectures : *Saumur*, avec une école royale de cavalerie ; *Beaupreau* ; *Baugé* ; *Segré*. — Autre ville importante : *Chollet*, avec des fabriques de toiles et de mouchoirs.

Département de la Loire-Inférieure. — Chef-lieu : *Nantes* (389 kil. de Paris), †, ▯, port maritime sur la Loire, grande ville industrieuse et très-commerçante : 76,870 habit. — Sous-préfectures : *Paimbœuf*, port sur la Loire, près de son embouchure ; *Ancenis*, sur la Loire ; *Châteaubriant ; Savenay*. — Autres villes importantes : *Guérande*, qui fait un grand commerce de sel ; *Clisson*, avec des filatures de laine.

Bassin secondaire de la Maine.
(Affluent de droite de la Loire.)

Le bassin de la Maine, situé au nord du bassin de la Loire, comprend les départements de la Sarthe et de la Mayenne.

DÉPARTEMENT DE LA SARTHE. — Chef-lieu : LE MANS (211 kil. de Paris), †, sur la Sarthe, fait un grand commerce de bougies et de volaille : 23,000 habit. — Sous-préfectures : *la Flèche*, sur le Loir, avec une école militaire ; *Mamers*, avec des fabriques de toiles ; *Saint-Calais*.

DÉPARTEMENT DE LA MAYENNE. — Chef-lieu : LAVAL (281 kil. de Paris), sur la Mayenne, renommée pour ses toiles : 16,100 habit. — Sous-préfectures : *Château-Gontier*, sur la Mayenne, avec des fabriques de toiles ; *Mayenne*, sur la même rivière.

Bassin secondaire de l'Allier.
(Affluent de gauche de la Loire.)

Le bassin de l'Allier, situé au sud-ouest du bassin de la Loire, comprend les départements du Puy-de-Dôme et de l'Allier.

DÉPARTEMENT DU PUY-DE-DÔME. — Il tire son nom d'une montagne qui s'y trouve, et renferme la Limagne, plaine très-fertile au pied des monts d'Auvergne et arrosée par l'Allier. — Chef-lieu : CLERMONT-FERRAND (384 kil. de Paris), †, ☐, ☗, le centre d'un grand commerce intérieur : 30,000 habit. — Sous-préfectures : *Riom*, ☗, ville assez importante par son commerce de serges et de quincaillerie ; *Thiers*, florissante par sa coutellerie et ses papeteries ; *Ambert*, avec de belles fabriques de papier ; *Issoire*. — Lieux remarquables : *Volvic*, par les carrières de lave de son territoire ; *le Mont-Dore*, par ses eaux thermales.

DÉPARTEMENT DE L'ALLIER. — Chef-lieu : MOULINS (289 kil. de Paris), †, sur l'Allier, renommé pour sa coutellerie : 14,000 habit. — Sous-préfectures : *Montluçon*, sur le Cher et sur le canal du Berry ; *Gannat ; la Palisse*. — Lieux remarquables : *Vichy, Néris, Bourbon-l'Archambault*, célèbres par leurs eaux thermales.

Bassin secondaire du Cher.

(Affluent de gauche de la Loire.)

Le bassin du Cher, situé au sud du bassin de la Loire, comprend les départements du Cher et de l'Indre.

DÉPARTEMENT DU CHER. — Chef-lieu : BOURGES (253 kil. de Paris), ‡, ☗, ☐, ☗, remarquable par sa magnifique cathédrale : 20,500 hab. — Sous-préfectures : *Sancerre*, sur une montagne, près de la Loire ; *Saint-Amand-Mont-Rond*, sur le Cher. — Lieu remarquable : *Vierzon*, avec des forges et une manufacture importante de porcelaine.

Département de l'Indre. — Chef-lieu : CHÂTEAUROUX (259 kil. de Paris), sur l'Indre, fait un important commerce de laines et possède des fabriques de draps : 13,400 habit. — Sous-préfectures : *Issoudun*, avec des fabriques de draps ; *le Blanc*, sur la Creuse ; *la Châtre*, sur l'Indre, avec des tanneries importantes.

Bassin secondaire de la Vienne.
(Affluent de gauche de la Loire.)

Le bassin de la Vienne, situé au sud du bassin de la Loire, comprend les départements de la Creuse, de la Vienne et de la Haute-Vienne.

Département de la Creuse. — Chef-lieu : GUÉRET (428 kil. de Paris), près de la Creuse, fait un grand commerce de bestiaux : 4,400 habit. — Sous-préfectures : *Aubusson*, sur la Creuse, connue par ses manufactures de tapis : 5,000 habit.; *Bourganeuf*, avec une grande manufacture de porcelaine ; *Boussac*.

Département de la Haute-Vienne. — Chef-lieu : LIMOGES (382 kil. de Paris), †, ⚓, ⚜, sur la Vienne, ville importante pour les fabriques de porcelaine et de laines tissées, fait un grand commerce de chevaux : 26,600 habit. — Sous-préfectures : *Saint-Yrieix*, avec une grande fabrique de porcelaine ; *Bellac* ; *Rochechouart*.

Département de la Vienne. — Chef-lieu : POITIERS (343 kil. de Paris), †, ⚓, ⚜, ville commerçante, remarquable par ses antiquités : 22,500 habit. — Sous-préfectures : *Châtelle-*

rault, sur la Vienne, renommée pour sa coutellerie; *Loudun*; *Montmorillon*; *Civray*, sur la Charente.

Bassin secondaire
au nord-ouest du bassin de la Loire.

Un bassin secondaire qui jette ses eaux dans l'océan Atlantique, celui de la *Vilaine*, est situé au nord-ouest du bassin de la Loire, dans la presqu'île de Bretagne.

Bassin de la Vilaine.
(Embouchure dans l'océan Atlantique.)

Le bassin de la Vilaine, situé au nord-ouest du bassin de la Loire, comprend les départements du Finistère, du Morbihan et d'Ille-et-Vilaine.

DÉPARTEMENT DU FINISTÈRE. — Il tire son nom de sa position à l'extrémité occidentale des côtes de France. — Chef-lieu : QUIMPER (624 kil. de Paris), †, fait un commerce assez considérable : 9,100 habit.—Sous-préfectures : *Brest*, port militaire sur l'Océan, un des ports les plus beaux et les plus sûrs de l'Europe : 32,700 habit.; *Morlaix*, port avec une rade sûre, à peu de distance de l'Océan; *Châteaulin*; *Quimperlé*. — L'île d'*Ouessant* fait partie de ce département.

DÉPARTEMENT DU MORBIHAN. — Il a reçu son nom d'un petit golfe qui s'y trouve. — Chef-lieu : VANNES (500 kil. de Paris), †, à 12 kilomètres de l'Océan, près du golfe du Morbihan, ville maritime assez commerçante : 10,800 habit. — Sous-préfectures : *Lorient*, port militaire près de l'Océan : 18,200 habit.; *Ploërmel*; *Pontivy*, sur le Blavet et le canal de Bretagne. — *Belle-Ile* fait partie de ce département.

Département d'Ille-et-Vilaine. — Chef-lieu : *Rennes* (346 kil. de Paris), †, ⚜, ⚜, au confluent de l'Ille et de la Vilaine, possède des fabriques de toiles et fait un grand commerce du beurre dit de la Prévalaye : 32,500 habit. — Sous-préfectures : *St-Malo*, port sur la Manche, fait des armements considérables pour la pêche de la morue; *Vitré*, sur la Vilaine; *Fougères*; *Redon*, port de commerce sur la Vilaine; *Montfort-sur-Meu*. — Lieu remarquable : *Cancale*, sur la Manche, renommé pour ses huîtres.

Bassins secondaires
au sud du bassin de la Loire.

Deux bassins secondaires qui jettent également leurs eaux dans l'océan Atlantique, ceux de la *Sèvre niortaise* et de la *Charente*, sont situés au sud du bassin de la Loire, entre ce fleuve et la Gironde.

Bassin de la Sèvre niortaise.
(Embouchure dans l'océan Atlantique.)

Le bassin de la Sèvre niortaise, au sud du bassin de la Loire et à l'ouest de la France, comprend les départements des Deux-Sèvres et de la Vendée.

FRANCE. 107

DÉPARTEMENT DES DEUX-SÈVRES. — Il tire son nom des deux rivières qui y prennent leur source. — Chef-lieu : *Niort* (416 kil. de Paris), sur la Sèvre niortaise, avec des fabriques de ganterie : 17,100 habit. — Sous-préfectures : *Parthenay; Melle*, grand commerce de bestiaux ; *Bressuire*.

DÉPARTEMENT DE LA VENDÉE. — Chef-lieu : *Bourbon-Vendée* (447 kil. de Paris), ville toute moderne, fondée par Napoléon, dont elle a d'abord porté le nom, au centre d'un pays longtemps déchiré par des guerres civiles : 5,200 habit. — Sous-préfectures : *Fontenay-le-Comte*, sur la Vendée ; *les Sables-d'Olonne*, port sur l'Océan. —Lieux remarquables : *Luçon*, †.—Les îles de *Noirmoutier* et d'*Yeu* font partie de ce département.

Bassin de la Charente.
(Embouchure dans l'océan Atlantique.)

Le bassin de la Charente, au sud du bassin de la Loire et à l'ouest de la France, comprend les départements de la Charente et de la Charente-Inférieure.

DÉPARTEMENT DE LA CHARENTE. — Chef-lieu : *Angouleme* (454 kil. de Paris), †, sur une colline, près de la Charente, ville industrieuse, renommée pour ses papeteries et ses distilleries : 17,000 habit. — Sous-préfectures : *Cognac*, sur la Charente, renommée pour ses eaux-de-vie; *Confolens*, sur la Vienne ; *Ruffec*, sur la Charente, fait un grand commerce de truffes ; *Barbézieux*.

DÉPARTEMENT DE LA CHARENTE-INFÉRIEURE. —Chef-lieu : *LA ROCHELLE* (484 kil. de Paris), †, port sur l'Océan, place forte; son commerce maritime est très-actif : 14,000 hab.—Sous-préfectures : *Rochefort*, port militaire, sur la Charente, près de l'Océan : 15,920 habit.; *Saintes*, sur la Charente, remarquable par ses beaux restes d'antiquités romaines; *Marennes*, près de l'Océan, renommée pour ses huîtres; *Saint-Jean-d'Angély*; *Jonzac*. — Les îles de *Ré*, d'*Oleron* et d'*Aix* appartiennent à ce département.

Questionnaire.

Où est situé le bassin de la Loire ? — Quelles sont ses limites ?—Dans quelle mer verse-t-il ses eaux ?—Quels sont les bassins secondaires qui en dépendent ?—Quels départements comprend le bassin de la Loire ? — Quel est le chef-lieu du département de la Haute-Loire ?— Quelle est sa population ? — Nommez les sous-préfectures. — Dites les autres villes importantes et les lieux remarquables.—Mêmes questions sur les départements de la Loire, de la Nièvre, etc.

Où est situé le bassin de la Maine ?— Quels départements comprend-il ?—Quel est le chef-lieu du département de la Sarthe ? — Quelle est sa population ?— Nommez les sous-préfectures. — Dites les autres villes importantes et les lieux remarquables. — Mêmes questions pour le département de la Mayenne — Mêmes questions sur les bassins de l'Allier, du Cher et de la Vienne.

Quels sont les bassins qui se rattachent au bassin de la Loire? — Où est situé le bassin de la Vilaine ?— Quel département comprend-il ? — Quel est le chef-

FRANCE. 109

lieu du département du Finistère ?—Quelle est sa population ?—Nommez les sous-préfectures.—Dites les autres villes importantes et les lieux remarquables. — Mêmes questions sur les autres départements.—Mêmes questions sur les bassins de la Sèvre niortaise et de la Charente.

CHAPITRE IX.

Suite de la description des départements de la France.

Bassin primaire de la Gironde.

(Embouchure dans l'océan Atlantique.)

La Gironde forme un grand bassin situé au sud et à l'ouest de la France, et circonscrit entre les collines de la Saintonge, du Limousin, les monts d'Auvergne, les Cévennes, les montagnes Noires et les Pyrénées. Ce bassin renferme les départements traversés par les cours d'eau qui se jettent dans la Gironde ou dans la partie sud-ouest de l'océan Atlantique, et se compose des deux bassins primaires de la *Dordogne* et de la *Garonne*. Cinq bassins secondaires en dépendent, ceux de l'*Ariège*, du *Tarn*, du *Lot* et du *Gers*, que la Garonne reçoit à droite ou à gauche, et celui de l'*Adour*, qui verse ses eaux dans l'océan Atlantique.

4. *Géographie.* 7

Bassin de la Dordogne.
(Embouchure dans la Gironde.)

Le bassin de la Dordogne, situé au centre et au sud de la France, comprend les départements du Cantal, de la Corrèze et de la Dordogne.

DÉPARTEMENT DU CANTAL. — Il tire son nom d'une montagne qu'il renferme. — Chef-lieu : *AURILLAC* (559 kil. de Paris), fait un grand commerce de chaudronnerie : 10,000 habit. — Sous-préfectures : *Saint-Flour*, †, commerce de chevaux ; *Mauriac* ; *Murat*, grand commerce de fromages du Cantal.

DÉPARTEMENT DE LA CORRÈZE. — Chef-lieu : *TULLE* (461 kil. de Paris), †, sur la Corrèze, possède une grande manufacture d'armes et des fabriques de dentelles : 9,700 habit. — Sous-préfectures : *Brives*, sur la Corrèze, fait un grand commerce de truffes ; *Ussel*.

DÉPARTEMENT DE LA DORDOGNE. — Chef-lieu : *PÉRIGUEUX* (472 kil. de Paris), †, sur l'Isle, renommée pour ses truffes et par son grand commerce de fer : 11,000 habit. — Sous-préfectures : *Bergerac*, sur la Dordogne ; *Nontron* ; *Ribérac*, commerce de grains ; *Sarlat*.

Bassin de la Garonne.
(Embouchure dans la Gironde.)

Le bassin de la Garonne, situé au sud et à l'ouest de la France, comprend les départements de la Haute-Garonne, de Tarn-et-Garonne, de Lot-et-Garonne et de la Gironde.

DÉPARTEMENT DE LA HAUTE-GARONNE. — Chef-lieu : *TOULOUSE* (669 kil. de Paris), ⸸, ✦, ⁑, ⊙, sur la Garonne, à sa jonction avec le canal du Midi, une des plus anciennes villes de France, importante par son industrie et par son commerce : 77,000 habit. — Sous-préfectures : *Saint-Gaudens*, sur la Garonne ; *Villefranche*, près du canal du Midi ; *Muret*, sur la Garonne. —Lieu remarquable : *Bagnères-de-Luchon*, avec des mines de fer, d'ardoises et de crayons.

DÉPARTEMENT DE TARN-ET-GARONNE. — Chef-lieu : *MONTAUBAN* (633 kil. de Paris), †, sur le Tarn, ville assez importante par son commerce de grains et d'épiceries, avec des fabriques de draps et de molletons : 21,800 habit. — Sous-préfectures : *Moissac*, sur le Tarn ; *Castel-Sarrasin*, près de la Garonne.

DÉPARTEMENT DE LOT-ET-GARONNE. — Chef-lieu : *AGEN* (714 kil. de Paris), †, ✦, sur la Garonne, entrepôt du commerce entre Bordeaux et Toulouse : 14,200 habit. — Sous-préfectures : *Villeneuve-d'Agen*, sur le Lot ; *Marmande*, près de la Garonne ; *Nérac*.

DÉPARTEMENT DE LA GIRONDE. — Chef-lieu : *BORDEAUX* (573 kil. de Paris), ⸸, ✦, ⁑, ⊙, port maritime, sur la Garonne, une des villes les plus belles, les plus industrieuses, les plus peuplées du royaume, et les plus commerçantes de l'Europe : cette ville, le centre du commerce des vins et des eaux-de-vie d'une partie de la France, et surtout des vins renommés de son territoire, expédie annuellement un grand nombre de navires pour l'Amérique, l'Afrique et l'Inde : 108,000 habit. — Sous-préfectures : *Libourne*, port maritime, sur la Dordogne, ville commerçante ; *la Réole*, sur la Garonne ; *Blaye*, avec une citadelle, sur la Gironde ; *Bazas* ; *Lesparre*. — Lieu remarquable : la *tour de Cordouan*, phare magnifique, à l'embouchure de la Gironde, près de la côte du *Médoc*, pays renommé pour ses vins.

Bassin secondaire de l'Ariége.

(Affluent de droite de la Garonne.)

Le bassin de l'Ariége, situé au sud-est du bassin de la Garonne, comprend le département de l'Ariége.

Département de l'Ariége. — Chef-lieu : *Foix* (752 kil. de Paris), sur l'Ariége, possède dans ses environs des carrières de marbre, des forges et des usines importantes : 4,714 habit. — Sous-préfectures : *Pamiers*, †, sur l'Ariége, avec des forges importantes : 6,500 habit.; *Saint-Girons*, qui fait un grand commerce avec l'Espagne.

Bassin secondaire du Tarn.

(Affluent de droite de la Garonne.)

Le bassin du Tarn, situé à l'est du bassin de la Garonne, comprend les départements de la Lozère, de l'Aveyron et du Tarn.

FRANCE. 113

Département de la Lozère. Il a reçu son nom d'une montagne assez élevée qui se trouve vers l'est, et qui fait partie de la chaîne des Cévennes. — Chef-lieu : MENDE (566 kil. de Paris), †, sur le Lot, avec de nombreuses fabriques de serges : 5,500 habit. — Sous-préfectures : *Florac; Marvéjols.*

Département de l'Aveyron. — Chef-lieu : RHODEZ (672 kil. de Paris), †, sur l'Aveyron, fait un grand commerce de bestiaux : 8,200 habit. —Sous-préfectures : *Milhau*, sur le Tarn : 8,900 habit. ; *Villefranche*, sur l'Aveyron, avec de nombreuses forges dans les environs ; *Espalion*, sur le Lot ; *Saint-Affrique*, avec des fabriques de draps. — Lieu remarquable : *Roquefort*, célèbre par ses fromages.

Département du Tarn. — Chef-lieu : ALBY (677 kil. de Paris), ‡, sur le Tarn, avec d'importantes fabriques de draps destinés principalement à l'habillement des troupes : 11,700 habit. — Sous-préfectures : *Castres*, renommée par ses draps : 17,400 habit. ; *Gaillac*, sur le Tarn, connue pour ses vins blancs ; *Lavaur*, 7,000 hab.

Bassin secondaire du Lot.
(Affluent de droite de la Garonne.)

Le bassin du Lot, situé au nord du bassin de la Garonne, comprend le département du Lot.

Département du Lot. — Chef-lieu : CAHORS (558 kil. de Paris), †, ※, sur le Lot, fait un grand commerce de vins de son territoire : 11,500 habit. — Sous-préfectures : *Figeac; Gourdon.*

Bassin secondaire du Gers.
(Affluent de gauche de la Garonne.)

Le bassin du Gers, situé au sud du bassin de la Garonne, comprend le département du Gers. DÉPARTEMENT DU GERS. — Chef-lieu : *AUCH* (743 kil. de Paris), ☩, sur le Gers, remarquable par son ancienne cathédrale, possède de nombreuses distilleries : 9,400 habit. — Sous-préfectures : *Condom*, près du Gers; *Lectoure; Lombez; Mirande.*

Bassin secondaire
au sud du bassin de la Gironde.

Un bassin secondaire qui jette ses eaux dans l'océan Atlantique, celui de l'*Adour*, est compris entre la Gironde et les Pyrénées ou la frontière du sud-ouest.

Bassin de l'Adour.
(Embouchure dans l'océan Atlantique.)

Le bassin de l'Adour, situé à l'extrémité sud-ouest de la France et au sud du bassin de la Gironde, comprend les départements des Hautes-Pyrénées, des Basses-Pyrénées et des Landes.

DÉPARTEMENT DES HAUTES-PYRÉNÉES. — Il tire son nom des montagnes qui le bornent. — Chef-lieu : *TARBES* (815 kil. de Paris), †, sur l'Adour, possède un magnifique haras royal : 11,600 habit. — Sous-préfectures : *Argelès,* dans une belle vallée; *Bagnères-de-Bigorre*, célèbre par ses eaux minérales, près de la vallée de Campan, où l'on exploite de beaux marbres. — Lieux remarquables: *Barèges*, *St-Sauveur*, *Cauterets*, renommés pour leurs eaux minérales.

DÉPARTEMENT DES BASSES-PYRÉNÉES. — Il tire son nom des montagnes qui le bornent. — Chef-lieu: *Pau* (781 kil. de Paris), ♃, ☉, sur le gave ou la rivière de Pau, patrie de Henri IV: 12,500 habit. — Sous-préfectures: *Bayonne*, †, ♆, port maritime sur l'Adour, près de l'Océan, place forte, fait un grand commerce avec l'Espagne, est renommée pour ses chocolats et ses jambons: 15,600 habit.; *Orthez*, sur le gave de Pau, fait un grand commerce de sel; *Oléron* ou *Oloron*; *Mauléon*. — Autres lieux remarquables: *Saint-Jean-Pied-de-Port*, ville forte; *Eaux-Bonnes*, bourg renommé pour ses eaux minérales.

DÉPARTEMENT DES LANDES. — Il tire son nom des landes, terres incultes et sablonneuses qui s'étendent depuis Bordeaux jusqu'à Bayonne. — Chef-lieu: *Mont-de-Marsan* (702 kil. de Paris), entrepôt du commerce entre Bordeaux et Bayonne: 4,200 habit. — Sous-préfectures: *Saint-Sever*, près de l'Adour: 5,100 habit.; *Dax*, sur l'Adour, avec des eaux minérales renommées: 5,200 habit.; dans les environs de cette ville naquit saint Vincent de Paule, un des plus grands bienfaiteurs de l'humanité. — Autres villes remarquables: *Aire*, †, sur l'Adour; *Saint-Esprit*, port sur l'Adour.

Bassin primaire du Rhône.
(Embouchure dans la Méditerranée.)

Le bassin primaire du Rhône, situé à l'est et au sud de la France, est circonscrit entre les Pyrénées, les montagnes Noires, les Cévennes, les montagnes de la Côte-d'Or, les Vosges, le Jura et les Alpes. Ce bassin renferme les départements traversés par les cours d'eau qui se jettent dans le Rhône ou dans la mer Méditerranée. Six bassins secondaires en dépendent, ceux de la *Saône*, de l'*Isère* et de la *Durance*, que le Rhône reçoit à droite ou à gauche, et ceux de l'*Hérault*, de l'*Aude* et du *Var*, qui versent leurs eaux dans la Méditerranée.

Le bassin du Rhône comprend les départements de l'Ain, du Rhône, de l'Ardèche, de Vaucluse, du Gard et des Bouches-du-Rhône.

DÉPARTEMENT DE L'AIN. — Chef-lieu : *BOURG* (416 kil. de Paris), fait un grand commerce de grains : 9,050 habit. — Sous-préfectures : *Belley*, †, près du Rhône; dans l'arrondissement se fait une grande exploitation de pierres lithographiques, ainsi que la fabrication des fromages de Gruyère; *Nantua*; *Trévoux*, sur la Saône; *Gex*, au milieu des montagnes du Jura. —Lieu remarquable : *Seyssel*, sur le Rhône, exploitation de bitume et d'asphalte.

DÉPARTEMENT DU RHÔNE. — Chef-lieu : *LYON* (466 kil. de Paris), ‡, ⚜, ⚐, ⚜, au confluent du Rhône et de la Saône, grande et belle ville, la seconde du royaume sous le rapport de l'industrie, du commerce, de la richesse et de la population : la fabrication des soieries y est surtout l'objet d'une industrie et d'un commerce considérables : 150,000 habit., et 195,000 en comprenant *Vaise*, *la Croix-Rousse* et *la Guillotière*, trois de ses faubourgs qui forment aujourd'hui des communes distinctes. — Sous-préfecture : *Villefranche*, près de la Saône. — Lieu remarquable : *Tarare*, avec de nombreuses et importantes fabriques de mousselines.

Département de l'Ardèche. — Chef-lieu : Privas (606 kil. de Paris), fait le commerce de la soie : 4,420 habit. — Sous-préfectures : *Tournon*, sur le Rhône; *l'Argentière*. — Autres villes et lieux remarquables : *Bourg-St-Andéol*, sur le Rhône, grand commerce de soie; *Annonay*, renommée pour ses papeteries : 9,950 habit.; *Viviers*, †, sur le Rhône; *St-Péray*, renommé pour ses vins.

Département du Gard. — Chef-lieu : Nimes (702 kil. de Paris) †, ♠, ♣, ville fort industrieuse et commerçante, remarquable par ses manufactures de soieries et par ses belles antiquités romaines : 42,000 habit. — Sous-préfectures : *Alais*, ville commerçante; *Uzès*; *le Vigan*, avec des fabriques de bonneterie. — Autres villes et lieux remarquables : *Beaucaire*, où se tient annuellement une des foires les plus considérables de l'Europe; *le Pont-Saint-Esprit*, sur le Rhône; *Saint-Gilles*, sur le canal de Beaucaire; *Bagnols*, grand commerce de soie; *Aigues-*

Mortes, où saint Louis s'embarqua pour la Palestine, située aujourd'hui au milieu des terres.

Département des Bouches-du-Rhône. — Chef-lieu : *Marseille* (813 kil. de Paris), †, ⚓, port sur la Méditerranée, une des plus anciennes villes de France, très-importante par le commerce qu'elle fait avec toutes les parties du monde, et surtout avec l'Orient : 147,200 habit. — Sous-préfectures : *Aix*, ‡, ⚜, ❦, ville très-ancienne, fait un grand commerce d'huile d'olive ; *Arles*, sur le Rhône, avec de beaux restes d'antiquités romaines. — Autres villes importantes : *Tarascon*, sur le Rhône ; *la Ciotat*, port sur la Méditerranée ; *Aubagne*, commerce de fruits secs.

Bassin secondaire de la Saône.
(Affluent de droite du Rhône.)

Le bassin de la Saône, situé au nord du bassin du Rhône, comprend les départements du Jura, du Doubs, de la Haute-Saône et de Saône-et-Loire.

Département du Jura. — Il a reçu son nom d'une chaîne de montagnes qui le borne à l'est. — Chef-lieu : *Lons-le-Saunier* (411 k. de Paris), renommée pour ses tanneries : 7,923 habit. — Sous-préfectures : *Dôle*, sur le Doubs : 9,500 habit. ; *Saint-Claude*, †, renommée pour son immense fabrication d'ouvrages en corne, en buis et en ivoire ; *Poligny*. — Lieux remarquables : *Arbois*, renommé pour ses vins ; *Salins*, connu par ses salines.

FRANCE. 119

Département du Doubs. — Chef-lieu : *Besançon* (396 kil. de Paris), ☦, ⚭, ▯, ☉, ville forte, sur le Doubs, renommée pour ses fabriques d'horlogerie : 25,000 habit. — Sous-préfectures : *Montbéliard*, patrie de Cuvier, célèbre naturaliste ; *Pontarlier*, entrepôt du commerce entre la France et la Suisse ; *Baume-les-Dames*, sur le Doubs et le canal du Rhône au Rhin.

Département de la Haute-Saône. — Chef-lieu : *Vesoul* (354 kil. de Paris), fait un grand commerce de grains et de fers : 5,930 habit. — Sous-préfectures : *Gray*, sur la Saône : 6,700 habit. ; *Lure*, possède dans ses environs un grand nombre d'usines. — Lieu remarquable : *Luxeuil*, avec des eaux minérales.

Département de Saône-et-Loire. — Chef-lieu : *Macon* (399 kil. de Paris), sur la Saône, fait un grand commerce de vins de Bourgogne : 11,300 habit. — Sous-préfectures : *Châlons-sur-Saône*, à l'endroit où le canal du Centre se joint à la Saône, ville d'entrepôt très-importante : 13,465 habit. ; *Autun*, †, ville très-ancienne ; *Louhans ; Charolles*. — Lieu remarquable : *le Creusot*, avec ses belles fonderies et ses grandes usines.

Bassin secondaire de l'Isère.
(Affluent de gauche du Rhône.)

Le bassin de l'Isère, situé à l'est du bassin du Rhône, comprend les départements de l'Isère et de la Drôme.

DÉPARTEMENT DE L'ISÈRE. — Chef-lieu: *GRE-NOBLE* (568 kil. de Paris), †, ♃, ✿, ville forte, sur l'Isère, avec de nombreuses fabriques de gants; patrie de Bayard, que l'histoire a surnommé le chevalier sans peur et sans reproche : 25,600 habit. — Sous-préfectures : *Vienne*, sur le Rhône, ville très-ancienne, avec de nombreuses manufactures de draps; *Saint-Marcellin; la Tour-du-Pin.* — Lieu remarquable : *la Grande Chartreuse*, monastère célèbre de trappistes.

DÉPARTEMENT DE LA DRÔME. — Chef-lieu : *VALENCE* (560 kil. de Paris), †, sur le Rhône, fait un commerce assez considérable de vins et de soie : 11,100 habit. — Sous-préfectures : *Die*, sur la Drôme; *Nyons*, aux environs de laquelle on élève beaucoup de vers à soie; *Montélimar*, près du Rhône.

Bassin secondaire de la Durance.

(Affluent de gauche du Rhône.)

Le bassin de la Durance, situé à l'est du bassin du Rhône, comprend les départements des Hautes-Alpes, des Basses-Alpes et de Vaucluse.

DÉPARTEMENT DES HAUTES-ALPES. — Il tire son nom de la position des montagnes qui le bornent. — Chef-lieu : *GAP* (665 kil. de Paris), †, ville ancienne : 7,800 habit. — Sous-préfectures : *Briançon*, ville forte, près de la source de la Durance; *Embrun*, sur un rocher, et près de la Durance.

DÉPARTEMENT DES BASSES-ALPES. — Il tire son nom de la position des montagnes qui le bornent. — Chef-lieu : DIGNE (755 kil. de Paris), †, ville très-ancienne, commerce en fruits secs : 4,000 habit. — Sous-préfectures : *Barcelonnette; Sisteron; Forcalquier; Castellane.* — Autre ville importante : *Manosque*, ville commerçante en grains et huiles.

DÉPARTEMENT DE VAUCLUSE. — Il a reçu son nom d'une fontaine célèbre. — Chef-lieu : AVIGNON (707 kil. de Paris), ‡, sur le Rhône, au milieu d'une belle plaine, ville industrieuse, surtout pour les étoffes de soie : 32,110 habit. — Sous-préfectures : *Orange*, avec des antiquités romaines ; *Carpentras; Apt.*

Bassins secondaires
au sud-ouest du bassin du Rhône.

Deux bassins secondaires qui jettent leurs eaux dans la Méditerranée, ceux de l'*Hérault* et de l'*Aude*, sont compris entre le Rhône et les Pyrénées ou la frontière du sud.

Bassin de l'Hérault.
(Embouchure dans la Méditerranée.)

Le bassin de l'Hérault, situé au sud de la France et à l'ouest du bassin du Rhône, comprend le département de l'Hérault.

DÉPARTEMENT DE L'HÉRAULT. — Chef-lieu : MONTPELLIER (752 kil. de Paris), †, ⚜, ▌, ⚜.

avec une célèbre école de médecine; cette ville importante par son commerce, surtout en vins et en eaux-de-vie, communique avec le port de Cette par un chemin de fer et par un canal: 35,650 habit. — Sous-préfectures: *Béziers*, près du canal du Midi, ville commerçante surtout en eaux-de-vie et en esprits; *Lodève*, avec de nombreuses fabriques de draps; *St-Pons*, avec des manufactures de draps. — Autres villes et lieux remarquables: *Cette*, port sur la Méditerranée, fait un grand commerce; *Agde*, port sur l'Hérault, près de la Méditerranée; *Lunel* et *Frontignan*, renommés pour leurs vins muscats.

Bassin de l'Aude.
(Embouchure dans la Méditerranée.)

Le bassin de l'Aude, situé au sud de la France et à l'ouest du bassin du Rhône, comprend les départements des Pyrénées-Orientales et de l'Aude.

DÉPARTEMENT DES PYRÉNÉES-ORIENTALES. — Il tire son nom de la position des montagnes qui le bornent. — Chef-lieu: PERPIGNAN (888 kil. de Paris), †, ⌐¹, ville forte, sur le Tet, à 8 kil. de la Méditerranée, fait un grand commerce de vins et de laines: 18,200 habit. — Sous-préfectures: *Céret; Prades*. — Autres villes et lieux remarquables: *Collioure*, port sur la Méditerranée; *Port-Vendres*, sur la même mer; *Mont-Louis*, place forte; *Rivesaltes*, renommée pour ses vins.

DÉPARTEMENT DE L'AUDE. — Chef-lieu: CAR-

CASSONNE (765 kil. de Paris), †, sur l'Aude, et près du canal du Midi, avec d'importantes fabrique de draps : 18,000 habit. —Sous-préfectures : *Narbonne*, ville très-ancienne, renommée pour son miel ; *Castelnaudary*, sur le canal du Midi ; *Limoux*, sur l'Aude, renommé pour ses vins blancs.

Bassin secondaire
au sud-est de la France.

Un bassin secondaire qui jette également ses eaux dans la Méditerranée, celui du *Var*, est compris entre le Rhône et la frontière de l'est.

Bassin du Var.
(Embouchure dans la Méditerranée.)

Le bassin du Var, situé à l'extrémité sud-est de la France, comprend le département du Var.

DÉPARTEMENT DU VAR. — Chef-lieu : *DRAGUIGNAN* (899 kil. de Paris), avec des fabriques de produits chimiques : 8,000 habit. — Sous-préfectures : *Toulon*, port militaire sur la Méditerranée, place forte, remarquable par sa rade, une des plus spacieuses et des plus sûres de l'Europe, et par ses beaux établissements de la marine militaire : 34,700 habit. ; *Grasse*, renommée pour sa parfumerie : 12,800 habit., *Brignolles*, connue par ses fruits.—Autres villes et lieux remarquables : *Hyères*, célèbre par la douceur de son climat et ses magnifiques jardins d'orangers; *Fréjus*, †; *Antibes*; *Cannes*; *Saint-Tropez*, port de mer. — Les îles d'*Hyères* et de *Lérins* font partie de ce département.

Ile de Corse.

DÉPARTEMENT DE LA CORSE. — L'île de Corse, située dans la Méditerranée, à 130 kil. du continent, produit du blé, du vin, des oranges, et possède de vastes forêts, des carrières de marbre et des mines de fer; elle fait partie de la France depuis 1768. — Chef-lieu : *AJACCIO* (875 kil. de Paris), †, ⚜, ville forte, port, à l'O., patrie de Napoléon : 9,850 habit. — Sous-préfectures: *Bastia* ⚜, ▯, ville forte, port de mer au nord: 13,000 habit.; *Corté*, au centre de l'île; *Calvi*, port de mer; *Sartène*. — Autres villes importantes : *Porto-Vecchio*, importante par ses salines; *Bonifacio*, sur le détroit de même nom, en face de l'île de Sardaigne.

Questionnaire.

Où est situé le bassin de la Gironde ? — Quelles sont ses limites ? — Dans quelle mer verse-t-il ses eaux ? — De quoi se compose-t-il ? — Quels sont les bassins secondaires qui en dépendent ? — Où est situé le bassin de la Dordogne ? — Quels départements comprend-il ? — Quel est le chef-lieu du département du Cantal ? — Quelle est sa population ? — Nommez les sous-préfectures. — Dites les autres villes importantes et les lieux remarquables. — Mêmes questions pour le département de la Corrèze, etc. — Où est situé le bassin de la Garonne? — Quels départements comprend-il? — Quel est le chef-lieu du département de la Haute-Garonne? — Quelle est sa population? — Nommez les sous-préfectures. — Dites les autres villes importantes et les lieux remarquables. — Mêmes questions pour les départements de Tarn-et-Garonne, de Lot-et-Garonne, etc.

Où est situé le bassin de l'Ariége? — Quel département comprend-il? — Quel est le chef-lieu du département de l'Ariége? — Quelle est sa population? — Nommez les sous-préfectures, les autres villes importantes et les lieux remarquables. — Mêmes questions sur les bassins du Tarn, du Lot et du Gers.

Quel est le bassin secondaire entre la Gironde et les Pyrénées ou la frontière du sud-ouest? — Où est situé le bassin de l'Adour? — Quels départements comprend-il? — Quel est le chef-lieu du département des Hautes-Pyrénées? — Quelle est sa population? — Nommez les sous-préfectures, les autres villes importantes, les lieux remarquables. — Mêmes questions pour les autres départements.

Où est situé le bassin du Rhône? — Quelles sont ses limites? — Dans quelle mer verse-t-il ses eaux? — Quels sont les bassins secondaires qui en dépendent? — Quels départements comprend le bassin du Rhône? — Quel est le chef-lieu du département de l'Ain? — Quelle est sa population? — Nommez les sous-préfectures. — Dites les autres villes importantes et les lieux remarquables. — Mêmes questions pour les départements du Rhône, de l'Ardèche, etc.

Où est situé le bassin de la Saône? — Quels départements comprend-il? — Quel est le chef-lieu du département du Jura? — Quelle est sa population? — Nommez les sous-préfectures, les autres villes importantes, les lieux remarquables. — Mêmes questions pour les départements du Doubs, de la Haute-Saône, etc. — Mêmes questions sur les bassins de l'Isère et de la Durance.

Quels sont les bassins secondaires entre le Rhône et les Pyrénées ou la frontière du sud-ouest? — Où est situé le bassin de l'Hérault? — Quels départements comprend-il? — Quel est le chef-lieu du département de l'Hérault? — Quelle est sa population? — Nommez les sous-préfectures, les autres villes importantes, les lieux remarquables. — Mêmes questions sur le bassin de l'Aude?

Quel est le bassin secondaire entre le Rhône et la frontière de l'est? — Où est situé le bassin du Var? — Quel département comprend-il? — Quel est le chef-lieu du département du Var? — Quelle est sa population? — Nommez les sous-préfectures, les autres villes importantes, les lieux remarquables.

Où est située l'île de Corse? — Quel est le chef-lieu de ce département? — Quelle est sa population? — Sous quel rapport est-il remarquable? — Nommez les sous-préfectures et les autres villes importantes.

CHAPITRE X.

Belgique. — Hollande. — Suisse.

Belgique.

Superficie. 29,625 kilomètres carrés.
Population. 4,100,000 habitants.

Position. Le royaume de Belgique, contrée de l'Europe centrale, est situé au nord de la France.

Bornes. Au N., la Hollande ; — à l'E., la Hollande et les États prussiens ; — au S., la France ; — à l'O., la France et la mer du Nord.

Division. La Belgique comprend les provinces de *Brabant*, d'*Anvers*, de *Flandre orientale*, de *Flandre occidentale*, de *Hainaut*, de *Liége*, de *Namur*, de *Limbourg*, et celle de *Luxembourg*.

Fleuves. Deux fleuves principaux et leurs affluents arrosent la Belgique : la *Meuse* vient de la France et entre en Hollande, après avoir reçu la *Sambre* et l'*Ourthe* ; — l'*Escaut*, qui a aussi sa source en France, y reçoit la *Lys*, la *Senne*, le *Rupel*, formé de la *Dyle* et de la *Nèthe*, et se rend également en Hollande.

Description générale. La Belgique est un pays de plaines, sans montagnes, entrecoupé de canaux et de chemins de fer, arrosé par un grand nombre de rivières. Ses collines sont couvertes de forêts, et ses vallées renferment d'excellents pâturages. Le sol, fertile de sa nature et habilement cultivé, produit des céréales, du lin, du chanvre et du tabac. On y trouve de riches mines de fer et de houille, et de belles carrières de marbre. Le climat, en général froid, est pur et sain, excepté dans les cantons où se trouvent des terrains marécageux, surtout près des rives de l'Escaut.

Industrie et commerce. L'industrie de la Belgique est très-florissante : ses produits sont les dentelles, les toiles, les cotons imprimés, les blanchisseries, les tapis, les livres et les gravures, les ouvrages en fer, en cuivre et en acier, la coutellerie, l'orfèvrerie, la brasserie. Les divers produits de l'industrie et de l'agriculture, le charbon de terre, les chevaux, les bestiaux, sont les principaux objets du commerce. Des chemins de fer multipliés, ainsi que de nombreux canaux, favorisent dans l'intérieur du pays le développement des relations commerciales.

Villes principales. *Bruxelles*, au centre, capitale de la Belgique, grande et belle ville, avec une industrie très-active et un commerce considérable, qui ont pour objets principaux les dentelles et la librairie, surtout la librairie de contrefaçon : 110,000 habit. — *Louvain*, ville très-florissante par ses établissements littéraires. — *Anvers*, au N., ville forte, sur l'Escaut, avec un vaste port, fait un immense commerce maritime. — *Malines*, importante par ses nombreuses fabriques de dentelles. — *Bruges*, grande ville importante par son industrie et son commerce. — *Ostende*, port sur la mer du Nord, très-commerçant. — *Gand*, au confluent de la Lys et de l'Escaut, la plus grande ville de la Belgique, et la plus importante par l'activité de son industrie et l'étendue de son commerce. — *Mons*, ville forte, importante par son industrie et surtout par l'exploitation de mines de houille. — *Liége*, à l'E., au confluent de l'Ourthe et de la Meuse, grande ville, très-importante par son industrie et son commerce, avec de nombreuses forges et des manufactures d'armes et de cristaux. — *Tournay*, sur l'Escaut, avec des fabriques de tapis renommés. — *Courtray*, sur la Lys, avec d'importantes manufactures de toiles. — *Verviers*, ville remarquable par ses florissantes manufactures de draps. — *Namur*, ville forte, sur la Meuse et la Sambre, importante par ses fabriques d'armes et sa coutellerie. — *Arlon*, chef-lieu de la province de Luxembourg.— *Seraing*, importante pour ses grandes fabriques de machines à vapeur.— *Spa*, renommée par ses eaux minérales. — *Waterloo* et *Jemmapes*, lieux célèbres par les batailles qui s'y sont livrées.

Notions historiques. La Belgique faisait anciennement partie de la *Gaule*. Les Belges habitaient depuis longtemps le nord-ouest de cette dernière contrée, lorsqu'ils furent soumis à la domination romaine par César. La Belgique, le nord de la France, la Hollande, ainsi que les pays situés près des rives du Rhin, reçurent alors le nom de *Gaule Belgique*. Clovis réunit la Belgique au domaine de la monarchie française, et après sa mort elle fut comprise dans le royaume d'Austrasie. Au dixième, au onzième et au douzième siècle, époque de la féodalité, des princes particuliers, sous le titre de ducs ou de comtes, gouvernèrent les provinces de la Belgique, qui fit ensuite partie du domaine de Charles le Téméraire, duc de Bourgogne, et passa plus tard sous la domination impériale. Après la mort de Charles-Quint, les rois d'Espagne devinrent possesseurs des Pays-Bas autrichiens. En 1713, par la paix d'Utrecht, la Belgique fut rendue aux empereurs d'Allemagne. En 1794, la Belgique fut réunie au territoire français. En 1814-1815, la Belgique et la Hollande réunies formèrent le royaume des Pays-Bas, et la couronne fut donnée au prince d'Orange. En 1830, la Belgique séparée de la Hollande s'est constituée en état indépendant, dont Léopold de Saxe-Cobourg est devenu roi.

Hollande.

Superficie. 35,550 kilomètres carrés.
Population. 2,800,000 habitants.

Position. Le royaume de Hollande est une contrée de l'Europe centrale, située au nord de la Belgique; il est aussi nommé royaume des

Pays-Bas, parce que quelques parties de ce pays sont situées au-dessous du niveau de la mer.

Bornes. Au N., la mer du Nord; — à l'E., les Etats prussiens et le royaume de Hanovre; — au S., la Belgique; — à l'O., la mer du Nord.

Division. La Hollande comprend les provinces de *Hollande*, de *Zélande*, de *Brabant*, d'*Utrecht*, de *Gueldre*, d'*Over-Yssel*, de *Drenthe*, de *Groningue*, de *Frise*, de *Limbourg* et le grand-duché de *Luxembourg*, qui fait partie de la Confédération germanique.

Iles. L'île *Texel*, au nord de la province de Hollande; — les îles *Walcheren*, *Thoren*, *Nord-Beveland* et *Sud-Beveland*, qui forment en grande partie la province de Zélande.

Fleuves. Trois fleuves importants arrosent la Hollande : le *Rhin*, qui vient d'Allemagne, la *Meuse* et l'*Escaut*, qui viennent de la Belgique, ont leurs embouchures dans la partie occidentale de la Hollande.

Golfes et lacs. Parmi les golfes nous nommerons le *Zuiderzée*, l'ancien lac Flevo, réuni à la mer en 1225 par une terrible inondation; et parmi les lacs, celui de *Harlem*, nommé aussi *mer de Harlem*.

Description générale. Le pays présente une vaste plaine, sillonnée par de nombreux canaux et que quelques collines coupent au sud du Zuiderzée. La partie septentrionale renferme un grand nombre de lacs et des marais connus sous le nom de *polders*. Quelques parties de la contrée se trouvant au-dessous des hautes marées, les habitants, pour se garantir des désastreuses invasions de la mer, ont élevé des digues, vrais chefs-d'œuvre d'art et de patience industrieuse. Le climat de la Hollande est généralement humide, froid dans quelques parties, malsain dans plusieurs autres. Le sol, peu fertile en général, produit des céréales, du tabac, de la garance.

Industrie et commerce. L'industrie des Hollandais est active et intelligente, et les produits de leurs manufactures sont très-estimés. Les principaux objets de l'industrie sont les toiles, la céruse, la cire, les couleurs, la papeterie, la raffinerie, le tabac, la tannerie, la pêche, la culture des fleurs, la construction des navires, les travaux des digues. Les principales branches du commerce sont le change, les diverses opérations de banque et l'exportation des produits de l'industrie. La pêche de la baleine et celle du hareng constituaient seules autrefois un immense commerce pour la Hollande.

Villes principales. La Haye, à l'O., près de la mer du Nord, capitale du royaume, siége des états généraux : 65,000 habit. — *Amsterdam*, à l'O., port près du Zuiderzée, la ville la plus importante de la Hollande, et l'une des plus belles et des plus commerçantes de l'Europe : 220,000 habit. — *Rotterdam*, port sur la Meuse, ville très-commerçante et la plus considérable après Amsterdam. — *Harlem*, près du lac de ce nom, ville remarquable par son industrie, fait un commerce de fleurs très-considérable. — *Leyde*, célèbre par son université et ses manufactures de draps. — *Bréda*, place forte, au milieu des marais. — *Utrecht*, sur le Rhin, ville commerçante et industrieuse, connue surtout par ses fabriques de velours. — *Nimègue*, place forte, sur la Meuse. — *Groningue*, ville forte, avec une université. — *Maëstricht*, sur la Meuse, importante par ses fortifications. — *Flessingue*, avec un vaste port dans l'île Walcheren. — *Luxembourg*, regardée comme une des plus fortes places de l'Europe, occupée par les troupes de la Confédération germanique.

Possessions hors de l'Europe. La Hollande, à laquelle est due la découverte de l'Australie (Océanie), possède, en Afrique, quelques établissements sur les côtes de la Guinée; en Amérique, plusieurs îles, entre autres Curaçao; dans l'Océanie, une grande partie des îles Sumatra, Java et Bornéo et les Moluques. La population de ces possessions s'élève à 9,500,000 habitants.

Notions historiques. La Hollande, comprise primitivement dans les *Gaules*, eut pour premiers habitants les Frisons et les Bataves, qui combattirent si courageusement contre les Romains. Le pays fut soumis par César, et fit partie de la *Gaule Belgique*. Les principales villes étaient: *Lugdunum Batavorum* (Leyde) et *Noviomagus* (Nimègue). Clovis, à son tour, fit la conquête de cette contrée, et Charlemagne la réunit à son empire. De 1380 à 1477, la Hollande appartint aux ducs de Bourgogne; vers cette dernière époque elle passa sous la domination de la maison d'Autriche, et, après la mort de Charles-Quint, sous celle de l'Espagne. En 1579, les Hollandais, fatigués du gouvernement du duc d'Albe, secouèrent le joug de l'Espagne et se déclarèrent indépendants; ils choisirent le prince d'Orange, Guillaume Ier, pour *stathouder*. L'indépendance de la Hollande fut reconnue à Munster, en 1648. En 1806, la Hollande fut érigée en royaume par Napoléon, en faveur d'un de ses frères; en 1810, elle fut réunie à la France. En 1814-1815, la Hollande, réunie à la Belgique, forma le royaume des Pays-Bas. Depuis 1830, époque de la séparation des deux pays, le roi des Pays-Bas ne règne plus que sur la Hollande.

Suisse.

Superficie. 31,600 kilomètres carrés.
Population. 2,080,000 habitants.

Position. La république suisse ou Confédération helvétique est une contrée de l'Europe centrale, située à l'est de la France.

Bornes. Au N., une partie de la France et une partie de l'Allemagne; — à l'E., une partie de l'Allemagne et une partie de l'Italie; — au S., l'Italie; — à l'O., la France.

Division. La république suisse se divise en vingt-deux cantons, dont les noms sont les suivants : *Bâle*, *Soleure*, *Argovie*, *Zurich*, *Schaffhouse*, *Thurgovie*, *Lucerne*, *Zug*, *Schwitz*, *Underwald*, *Uri*, *Appenzel*, *Saint-Gall*, *Glaris*, les *Grisons*, *Tessin*, *Valais*, *Berne*, *Fribourg*, *Neuchâtel*, *Vaud*, *Genève*. Ces cantons, indépendants les uns des autres, forment une ligue ou confédération pour leur défense commune. Zurich, Berne et Lucerne sont alternativement, de deux ans en deux ans, les capitales de la Confédération.

Montagnes. La Suisse forme un plateau élevé : elle est sillonnée par plusieurs branches qui font partie de la chaîne des Alpes. Les sommets les plus élevés sont : le *mont Rose*, le *Finster-Aarhorn*, la *Iungfrau*, le *Simplon*, le *Grand Saint-Bernard*, le *Saint-Gothard*.

Fleuves. Les montagnes de la Suisse donnent naissance à plusieurs fleuves. Le *Rhin* prend sa source dans les montagnes voisines du Saint-Gothard ; — le *Rhône* prend aussi sa source près du Saint-Gothard ; — l'*Aar*, grossie de la *Reuss* et de la *Limmat*, est un affluent du Rhin ; — le *Tessin* est un affluent du Pô, le plus grand fleuve de l'Italie.

Lacs. La Suisse renferme un grand nombre de lacs, dont les principaux sont : les lacs *Léman* ou de *Genève*, de *Neuchâtel*, de *Constance*, de *Zurich* et de *Lucerne* ou des *Quatre-Cantons*.

Description générale. La Suisse est un des pays les plus pittoresques de l'Europe. Elle renferme de nombreuses montagnes, dont plusieurs ont la cime toujours couverte de neiges ; des glaciers, c'est-à-dire des plaines de glaces très-élevées et soutenues par des rochers qu'elles dominent; des lacs considérables; des vallées où l'habitant cherche à vaincre les difficultés du sol pour étendre et perfectionner la culture. Le pays produit peu de grains, mais il possède d'excellents pâturages. Le climat varie suivant la position des lieux : sur les montagnes règne un hiver rigoureux, tandis qu'une douce température se fait sentir dans les vallées. Les productions minérales sont le fer, le plomb, le cuivre, l'argent, le zinc, le cobalt, l'arsenic, le soufre, le cristal, des carrières de marbre et d'albâtre. Parmi les productions végétales nous citerons les bois, les graines, les vins, les fruits, le chanvre et le lin, les plantes médicinales.

Industrie et Commerce. L'industrie est très-active dans quelques cantons, surtout dans ceux du nord. Elle s'exerce principalement sur l'horlogerie, la bijouterie, les étoffes et les rubans de soie, la draperie, les toiles, les mousselines, les papiers, les cuirs, les dentelles, les chapeaux de paille. Le commerce de transit est très-important. Les principaux articles d'exportation sont les bestiaux, les fromages, le beurre, les bois de construction, le charbon, les plantes médicinales et les divers produits de l'industrie, mais surtout l'horlogerie, qui en est une des branches les plus importantes.

Villes principales. *Genève*, au S.-O., sur le Rhône et près du lac de Genève, la ville la plus importante de la Suisse par les sciences, l'industrie

SUISSE.   137

et le commerce : 27,000 habit. — *Bâle*, au N.-O., sur le Rhin, importante par son commerce, ses fabriques de soie et ses papeteries. — *Berne*, sur l'Aar, belle ville très-commerçante. — *Fribourg*, remarquable par sa cathédrale et ses établissements littéraires. — *Lucerne*, jolie ville, près du lac des Quatre-Cantons. — *Neuchâtel*, sur le lac du même nom. — *Lausanne*, ville industrieuse, admirablement située près du lac de Genève. — *Zurich*, sur le lac du même nom, ville industrieuse et commerçante. — *Schaffhouse*, sur le Rhin, industrieuse et commerçante. — *Soleure*, sur l'Aar. — *Altorf*, près du lac des Quatre-Cantons, petite ville célèbre par le souvenir de Guillaume Tell. — *Porentruy*, sur la frontière de la France.

Notions historiques. La Suisse comprend aujourd'hui le pays appelé autrefois *Helvétie* et une partie de la *Rhétie*. Ces pays étaient habités par plusieurs nations belliqueuses que soumit Jules César. L'Helvétie appartint à la France, et plus tard elle fut réunie à l'Allemagne pendant plusieurs siècles. En 1308, les cantons de Schwitz, Uri et Underwald se révoltèrent contre l'autorité de l'empereur Albert Ier, représenté par Gessler, gouverneur. C'est le canton de Schwitz qui a donné son nom à la Suisse. Enfin, après une guerre avec la maison d'Autriche, treize cantons se réunirent et secouèrent entièrement le joug de l'Allemagne. En 1803, Bonaparte fit changer la constitution; plusieurs cantons furent réunis, et il se nomma protecteur

8

de la Confédération, qui comprenait dix-neuf cantons. En 1815, la Confédération suisse acquit trois nouveaux cantons, le Valais et Genève, qui appartenaient à la France, et Neuchâtel; ce dernier est une principauté appartenant au roi de Prusse. En Suisse la moitié à peu près de la population suit la religion catholique, l'autre moitié est protestante. On y parle trois langues, le français, l'allemand et l'italien, suivant la position des cantons.

Questionnaire.

Quelle est la position de la Belgique, sa superficie? sa population? — Quelles sont ses bornes? — Quelles provinces comprend-elle? — Quels sont ses fleuves? — Quel aspect présente le sol de cette contrée? — Quelles sont ses productions? — Quels sont les principaux objets de l'industrie et du commerce? — Quelle est la capitale de la Belgique? — Nommez les autres villes importantes. — N'y a-t-il pas quelques lieux célèbres? — De quelle contrée ancienne la Belgique faisait-elle partie? — Par qui les Belges furent-ils soumis? — Sous quelle domination passa successivement la Belgique? — A quelle époque s'est-elle séparée de la Hollande?

Quelle est la position de la Hollande? — Porte-t-elle un autre nom? — Dites sa superficie; sa population; ses bornes. — Comment se divise-t-elle? — Nommez les principaux fleuves. — Décrivez l'aspect général que présente la Hollande. — Quel est le climat de ce pays? Quels sont les principaux objets de l'industrie des Hollandais? — En quoi consiste leur commerce? — Quelles sont les villes importantes? — Les Hollandais ont-ils des possessions hors de l'Europe? — Quelle est la population de ces possessions? — Par qui furent-ils soumis à diverses époques? — A quelle puissance la Hollande appartint-elle plus tard?— A quelle époque secoua-t-elle le joug étranger? — Par qui fut-elle érigée en royaume?—Depuis quelle époque est-elle séparée de la Belgique?

Quelle est la position de la Suisse? sa superficie? sa population?— Quelles sont ses bornes? — Comment se divise la Suisse? —Nommez les montagnes, les fleuves, les lacs. — Quel aspect présente la Suisse? — Quelles sont ses productions diverses? — Quels sont les principaux objets de l'industrie et du commerce?—Quelles sont les villes principales de la Suisse? — Quel nom portait autrefois la Suisse? — Par qui fut-elle soumise? — A quelle époque devint-elle indépendante?— Quels changements a-t-elle éprouvés en 1803 et en 1815?

CHAPITRE XI.

Confédération germanique, — Allemagne propre,

Confédération germanique.

Superficie. 643,850 kilomètres carrés.
Population. 33,000,000 d'habitants.

Notions générales. La Confédération germanique se compose des 36 états qui forment l'Allemagne propre, de certaines parties de l'Autriche (page 155), et de la Prusse (page 154), du grand-duché de Luxembourg (Hollande, page 130), des duchés de Holstein et de Lauenbourg (Danemark, page 48).

Cette Confédération fut établie, en 1815, pour assurer le maintien et la sûreté intérieure et extérieure de l'Allemagne, ainsi que l'indépendance et l'inviolabilité des états confédérés, qui sont au nombre de trente-huit. Les affaires de la Confédération sont réglées dans une assemblée permanente appelée *diète fédérative*, à laquelle préside l'Autriche.

Allemagne propre.

Superficie. 276,500 kilomètres carrés.
Population. 14,000,000 d'habitants.

Position. L'Allemagne propre, composée de trente-six états indépendants les uns des autres, mais unis par la confédération, occupe une partie de l'Europe centrale, au nord-est de la France.

Bornes. Au N., la mer Baltique, la mer du Nord et le Danemark; — à l'E., la Prusse et l'Autriche; — au S., la Suisse et l'Autriche; — à l'O., la France, la Prusse rhénane et la Hollande.

Division. Les trente-six états dont se compose l'Allemagne propre sont :

Les royaumes de :

	Population.	Capitales.
BAVIÈRE	4,240,000	*Munich*
WURTEMBERG	1,650,000	*Stuttgart*
SAXE	1,560,000	*Dresde*
HANOVRE	1,590,000	*Hanovre*

ALLEMAGNE PROPRE.

Les grands-duchés de :

	Population.	Capitales.
BADE	1,230,000	*Carlsruhe.*
HESSE-DARMSTADT	750,000	*Darmstadt.*
HESSE-CASSEL	660,000	*Cassel.*
MECKLEMBOURG-SCHWERIN	451,000	*Schwerin.*
MECKLEMBOURG-STRÉLITZ	79,000	*Neu-Strélitz.*
OLDENBOURG	251,000	*Oldenbourg.*
SAXE-WEIMAR	235,000	*Weimar.*

Les duchés de :

NASSAU	370,000	*Wisbade.*
BRUNSWICK	254,000	*Brunswick.*
SAXE-COBOURG-GOTHA	155,000	*Gotha.*
SAXE-ALTENBOURG	119,000	*Altenbourg.*
SAXE-MEININGEN-HILDBOURGHAUSEN	140,000	*Meiningen.*
ANHALT-DESSAU	62,300	*Dessau.*
ANHALT-BERNBOURG	40,900	*Bernbourg.*
ANHALT-KOETHEN	37,000	*Kœthen.*

Les principautés de :

HOHENZOLLERN-HECHINGEN	22,000	*Hechingen.*
HOHENZOLLERN-SIGMARINGEN	43,000	*Sigmaringen.*
LICHTENSTEIN	6,200	*Lichtenstein.*
WALDECK	57,000	*Corbach.*
LIPPE-DETMOLD	80,800	*Detmold.*
LIPPE-SCHAUENBOURG	25,600	*Buckebourg.*
SCHWARZBOURG-RUDOLSTADT	63,000	*Rudolstadt.*
SCHWARZBOURG-SONDERSHAUSEN	53,200	*Sondershausen.*
REUSS-GREITZ	25,100	*Greitz.*
REUSS-SCHLEITZ	36,000	*Schleitz.*

EUROPE.

	Population.	Capitales.
REUSS-LOBENSTEIN-EBERSDORF.	29,000	*Lobenstein.*
LANDGRAVIAT DE HESSE-HOMBOURG.	23,000	*Hombourg.*
SEIGNEURIE DE KNIPHAUSEN	3,000	*Kniphausen.*

Les villes libres ou villes anséatiques, qui sont :

FRANCFORT	55,000	*Francfort-sur-le Mein.*
HAMBOURG	156,000	*Hambourg.*
BRÊME	61,000	*Brême.*
LUBECK	46,500	*Lubeck.*

Montagnes. Dans le royaume de Hanovre et le duché de Brunswick, les montagnes du *Hartz*, célèbres par leurs richesses minérales; — dans les duchés de Saxe, les montagnes du *Thuringerwald;* — dans le royaume de Saxe, les montagnes de l'*Ertz*, qui renferment d'abondantes mines de fer; — dans le royaume de Wurtemberg, les *Alpes de Souabe;* — dans le grand-duché de Bade, les montagnes de la *Forêt Noire*.

Fleuves. L'*Elbe*, qui sépare le royaume de Hanovre du Mecklembourg; l'*Ems*, qui arrose le royaume de Hanovre; le *Weser*, qui arrose plusieurs états de l'Allemagne septentrionale; le *Rhin*, qui sépare le grand-duché de Bade de la France, se jettent dans la mer du Nord; — le *Danube*, qui traverse les royaumes de Wurtemberg et de Bavière, se jette dans la mer Noire.

Lacs. Le lac de *Constance* étend sa belle nappe d'eau sur la frontière de l'Allemagne et de la Suisse; le lac de *Chiem*, au sud, verse ses eaux dans l'Inn, grand affluent du Danube.

Description générale. Les contrées du sud de l'Allemagne sont en général montagneuses et offrent des vallées fertiles. Celles du nord renferment beaucoup de landes et de marais, des plaines sablonneuses, et on n'y rencontre de terrains fertiles que par petites étendues et seulement le long des grands fleuves. D'immenses forêts, parmi lesquelles il faut remarquer la *Forêt Noire*, et des plaines riches de toutes sortes de productions occupent la partie centrale de l'Allemagne. Au nord, vers les côtes maritimes, le climat est froid et humide; dans les autres parties, il est en général tempéré et salubre. Les richesses minérales de l'Allemagne sont abondantes et variées : on y trouve de l'or, de l'argent, du vif-argent, du cuivre, du fer excellent, du plomb, du zinc, des pierres précieuses, des carrières d'albâtre, de jaspe, de marbre, d'ardoise. Ce pays n'est pas moins riche en végétaux. Il produit toutes les espèces de céréales, des fruits, des légumes, du lin, du chanvre, du tabac, de la garance, du safran, des herbes tinctoriales et médicinales. Dans quelques états, et notamment dans le grand-duché de Bade, la culture de la vigne donne des produits très-estimés.

Industrie et commerce. Les objets les plus importants de l'industrie allemande sont les toiles, les étoffes de laine, de soie, de coton; les dentelles, les tapisseries, les miroirs, la porcelaine, les ouvrages d'orfèvrerie, le fer et l'acier ouvrés. Le commerce se fait par terre et par mer, et son centre principal est le port maritime de Hambourg. On exporte des bois, des grains, de la toile, des minéraux et les divers produits de l'industrie. La Saxe fournit abondamment de la laine d'une qualité supérieure. Dans plusieurs états de l'Allemagne le commerce de la librairie est d'une grande importance.

Description des états de l'Allemagne.

Les divers états dont se compose l'Allemagne n'ayant pas tous la même importance, nous ne décrirons avec quelques détails que ceux qui occupent le premier rang.

Bavière.

Position. Le royaume de Bavière est situé dans la partie sud-est de l'Allemagne propre. Il se compose de deux parties distinctes, la *Bavière proprement dite* et la *Bavière rhénane*; cette dernière, située sur la rive gauche du Rhin, est séparée du reste de la Bavière par le royaume de Wurtemberg et le grand-duché de Bade.

Bornes. Au N., le royaume et les duchés de Saxe et les principautés de Reuss; — au S. et à l'E., l'Autriche; — à l'O., le royaume de Wurtemberg, les grands-duchés de Bade et de Hesse-Darmstadt.

ALLEMAGNE PROPRE.   145

Villes principales. BAVIÈRE PROPRE : *Mu-
NICH*, capitale du royaume, une des plus belles
villes de l'Allemagne, célèbre par ses divers
établissements et sa florissante industrie : 98,000
habit. — *Augsbourg*, ville importante par son
commerce et par ses établissements littéraires.
— *Nuremberg*, très-florissante par son industrie ; c'est dans cette ville que les montres ont
été inventées. — *Ratisbonne*, sur le Danube.
  BAVIÈRE RHÉNANE : *Spire*, sur le Rhin. —
Landau, ville forte. — *Deux-Ponts*, célèbre
par ses publications littéraires.

Royaume de Wurtemberg.

Position. Le royaume de Wurtemberg est
situé dans la partie sud-ouest de l'Allemagne
propre.
  Bornes. Au N., la Bavière et le grand-duché de Bade ; — à l'E., la Bavière ; — au S., la
Suisse, le grand-duché de Bade et la Bavière ;
— à l'O., le grand-duché de Bade.
  Villes principales. *STUTTGART*, capitale
du royaume, située au milieu d'une belle campagne : 32,000 habit. — *Tubingue*, avec une célèbre université. — *Ulm*, sur le Danube, ville
industrieuse et commerçante. — *Friedrichsha-
fen*, port de commerce sur le lac de Constance.

Royaume de Saxe.

Position. Le royaume de Saxe est situé dans
la partie orientale de l'Allemagne propre. Ce

5. *Géographie.*   9

pays est riche en minéraux, surtout en mines d'argent; ses toiles, connues sous le nom de *toiles de Saxe*, sont très-renommées.

Bornes. Au N., la Prusse; — au S., l'Autriche et une partie de la Bavière; — à l'E., la Prusse et une petite partie de l'Autriche; — à l'O., la Bavière et les duchés de Saxe.

Villes principales. DRESDE, sur l'Elbe, capitale du royaume, avec de magnifiques établissements publics : 72,000 habit. — *Leipsick*, une des villes les plus commerçantes de l'Europe, surtout pour la librairie; ses foires annuelles sont comptées parmi les plus riches du monde. — *Bautzen*, ville industrieuse et commerçante. — *Zittau*, renommée par ses manufactures de toiles et d'étoffes de laine.

Royaume de Hanovre.

Position. Le royaume de Hanovre est situé dans la partie nord-ouest de l'Allemagne propre. Ce pays élève un grand nombre de chevaux très-estimés.

Bornes. Au N., la mer du Nord, le Danemark, le grand-duché d'Oldenbourg et les grands-duchés de Mecklenbourg; — à l'E., la Prusse et le duché de Brunswick; — au S., la Prusse, la Hesse électorale et les principautés de Lippe; — à l'O., la Hollande.

Villes principales. HANOVRE, capitale du royaume : 32,000 habit. — *Emden*, la ville la plus commerçante du royaume, avec un port, à l'embouchure de l'Ems. — *Gœttingue*, célèbre par ses établissements publics et surtout par son université. — *Lunebourg*, remarquable par ses salines. — *Goslar*, importante par sa riche mine de cuivre.

Grand-duché de Bade.

Description générale. Le grand-duché de Bade est situé dans la partie sud-ouest de l'Allemagne propre, le long de la rive droite du Rhin, qui le sépare de la Suisse, de la France et de la Bavière rhénane. Les villes principales sont : CARLSRUHE, capitale du grand-duché, belle ville moderne, régulièrement bâtie : 20,000 habit.; *Fribourg en Brisgau*, avec une magnifique cathédrale gothique ; *Manheim*, grande ville, sur le Rhin ; *Heidelberg*, célèbre par son université ; *Constance*, sur le lac de ce nom ; *Bade*, renommée pour ses eaux minérales ; *Kehl*, sur le Rhin, en face de Strasbourg.

Grand-duché de Hesse-Darmstadt.

Description générale. Le grand-duché de Hesse-Darmstadt est situé dans la partie centrale de l'Allemagne, au nord du grand-duché de Bade. Les villes principales sont : DARMSTADT, capitale du grand-duché : 23,000 habit.; *Mayence*, ville forte, sur le Rhin, patrie de Guttenberg, inventeur de l'imprimerie ; *Worms*, ville très-ancienne ; *Offenbach*, ville industrieuse.

Grand-duché de Hesse-Cassel.

Description générale. Le grand-duché de Hesse-Cassel ou Hesse électorale est également situé dans la partie centrale de l'Allemagne, au nord du grand-duché de Hesse-Darmstadt. Les villes principales sont : CASSEL, capitale du grand-duville remarquable par ses édifices : 28,000 habit.; *Hanau*, ville industrieuse et commerçante; *Fulde*, avec une belle cathédrale.

Grand-duché de Mecklenbourg-Schwerin.

Description générale. Le grand-duché de Mecklenbourg-Schwerin est situé dans la partie septentrionale de l'Allemagne, le long de la mer Baltique, au nord-ouest de la Prusse. Ce pays fait un grand commerce de chevaux estimés. Les villes principales sont : SCHWERIN, capitale du grand-duché, sur le lac de son nom : 14,000 habit.; *Rostock*, ville maritime, industrieuse et commerçante; *Ludwigslust*, avec un magnifique château ducal.

Villes anséatiques et états secondaires.

Villes principales. FRANCFORT-SUR-LE-MEIN, à l'O., capitale de toute la Confédération et de la république de même nom, ville remarquable par son industrie et son commerce; il s'y tient chaque année deux foires célèbres : 47,000 habit. — *Hambourg*, au N., port maritime sur l'Elbe, une des villes les plus commerçantes de l'Europe, importante par ses opérations de banque, capitale de la république de même nom : 123,000 habit. — *Lubeck*, capitale de la république de même nom, à peu de distance de la Baltique, fait un commerce très-étendu; elle est l'entrepôt des produits de la Russie septentrionale. — *Brême*, sur le Weser, ville industrieuse et très-commerçante, capitale de la république de même nom. — *Wisbaden*, capitale du duché de Nassau, jolie ville renommée pour ses eaux minérales. — *Brunswick*, capitale du duché du même nom. — *Weimar*, capitale du grand-duché de Saxe-Weimar, avec des établissements scientifiques renommés. — *Gotha*, capitale du duché de Saxe-Cobourg-Gotha, ville industrieuse et commerçante, renommée pour ses porcelaines. — *Oldenbourg*, capitale du grand-duché du même nom, assez commerçante.

Notions historiques sur l'Allemagne propre en général. La plupart des états dont se compose aujourd'hui l'Allemagne, et surtout les pays du nord, sont compris dans la contrée appelée autrefois *Germanie*. Une partie de la Bavière et du grand-duché de Bade correspond aussi à la *Vindélicie*, et une autre partie de la Bavière au *Norique*. La Germanie était habitée par un grand nombre de peuples, parmi lesquels il faut remarquer les Francs, les Suèves, les Saxons, les Marcomans, les Vandales et les Sicambres, qui ne furent jamais entièrement soumis aux Romains. Charlemagne employa vingt ans à dompter les Saxons, et se rendit maître de la contrée. Après avoir subi des changements divers à différentes époques, l'empire d'Allemagne passa dans la maison d'Autriche, qui l'a conservé jusqu'à l'époque où Napoléon vint changer la constitution du pays. Depuis 1512, l'Allemagne était divisée en neuf cercles; cette ancienne division fut alors abolie et remplacée, en 1806, par la Confédération du Rhin. A la même époque, le Wurtemberg, la Bavière et la Saxe furent érigés en royaumes. L'empereur d'Allemagne renonça à ce titre pour prendre celui d'empereur d'Autriche. En 1815 s'est établie la Confédération germanique telle qu'elle existe aujourd'hui.

Questionnaire.

Quels sont les états que comprend la Confédération germanique? — Quel est le but de cette confédération? — Où se règlent ses affaires? — Quelle est la superficie et la population de toute la Confédération?

Où est située l'Allemagne propre? — Quelle est sa superficie? sa population? — Quelles sont ses bornes? — Nommez les montagnes, les principaux fleuves, les lacs. — Quel aspect présente le sol de l'Allemagne? — Quel est le climat de cette contrée? — Quelles sont ses productions minérales? ses productions végétales? — Quels sont les objets les plus importants de l'industrie? — Dites les principaux articles d'exportation. — Quelle est sa division ?— Quelles sont la position et les bornes du royaume de Bavière ?—Nommez la capitale. — Dites les villes principales et ce qu'elles offrent de remarquable.—Mêmes questions pour les royaumes de Wurtemberg, de Saxe, etc., etc. — Quelles sont les villes anséatiques ?— Quelles sont les villes principales des états secondaires ? — Quel nom portait autrefois l'Allemagne ? — Quels peuples l'habitaient ? — Quels sont les divers changements qu'a subis cette contrée ? — A quelle époque s'est établie la Confédération germanique ?

CHAPITRE XII.

Prusse. — Autriche.

Prusse.

Superficie. 276,500 kilomètres carrés.
Population. 13,800,000 habitants.

Position. Le royaume de Prusse, contrée de l'Europe centrale, est situé au nord-est de l'Allemagne propre.

Bornes. Au N., la mer Baltique et les grands-duchés de Mecklenbourg ; — à l'E., la Russie et la Pologne ; — au S., l'Autriche et la Saxe ; — à l'O., le royaume de Hanovre, la Hollande et la Belgique.

Division. Le royaume de Prusse, formé de deux parties distinctes, la partie orientale et la partie occidentale, comprend huit provinces, qui sont : le *Brandebourg*, la *Poméranie*, la *Prusse* proprement dite, le grand-duché de *Posen*, la *Silésie*, la province de *Saxe*, la *Westphalie*, et le grand-duché du *Bas-Rhin* ou la *Prusse rhénane*, située au nord-est de la France et séparée du reste de la Prusse, par le duché de Brunswick. Ces pays, excepté la Prusse proprement dite et le grand-duché de Posen, font partie de la Confédération germanique. La Prusse possède de plus le canton de Neuchâtel, en Suisse, lequel a une administration particulière.

Iles. Dans la mer Baltique, l'île *Rugen*, et les îles *Usedom* et *Wollin*, situées à l'embouchure de l'*Oder*.

Montagnes. Les monts *Sudètes* séparent en partie la Prusse de l'Autriche ; — les montagnes des *Géants* se rattachent vers l'est aux monts Sudètes.

Fleuves. Le *Niémen* ou *Memel*, le *Prégel*, la *Vistule* et l'*Oder* se jettent dans la mer Baltique; — l'*Elbe*, le *Weser*, l'*Ems* et le *Rhin* se jettent dans la mer du Nord.

Description générale. Les pays situés à l'est et au nord, la Silésie exceptée, offrent en général des plaines peu productives, des bois, des marais et des lacs. Vers le sud, le sol est fertile en productions diverses, et riche en pâturages qui nourrissent de nombreux bestiaux. La contrée de l'ouest renferme de belles forêts, des plaines fertiles et de riches vallons. Le climat est froid et humide au nord et à l'ouest, doux et sain au sud et à l'est. Les productions principales du royaume sont le fer, le zinc, le plomb, le soufre, la houille, les grains, le chanvre, le lin, les fruits, les bois, le tabac. La Prusse rhénane produit d'excellents vins.

Industrie et commerce. Parmi les articles principaux de l'industrie, nous citerons les toiles, surtout celles de Silésie et de Westphalie, les draps, les tissus de coton, les soieries, la tannerie, les ouvrages d'or et d'argent, les voitures, les armes, la porcelaine, la librairie. On exporte des grains, des toiles, du fil, des draps, du zinc, des ouvrages en fer et en cuivre, de la porcelaine, des bois, de la quincaillerie, des armes, des vins du Rhin, des jambons, des voitures, des montres, des instruments de musique. La Prusse rhénane est le principal centre de l'industrie. La Prusse n'a pas de possessions hors de l'Europe.

Villes principales. BRANDEBOURG : *BERLIN*, sur la Sprée, capitale de toute la Prusse, ville importante par son commerce, son industrie, ses monuments, ses établissements scientifiques ; 260,000 habit. — *Brandebourg*, ville importante par son commerce et son antiquité. — *Potsdam*, avec un magnifique château royal. — *Francfort-sur-l'Oder*, ville très-commerçante et célèbre par ses trois foires annuelles.

POMÉRANIE : *Stettin*, ville forte, sur l'Oder, capitale de la Poméranie. — *Stralsund*, port très-commerçant, sur la mer Baltique.

PRUSSE PROPREMENT DITE : *Kœnigsberg*, sur le Prégel, près de son embouchure, capitale de la Prusse proprement dite, grande ville très-commerçante. — *Dantzick*, sur l'un des bras de la Vistule, près de son embouchure, ville forte et le principal port maritime de toute la Prusse. — *Memel*, port commerçant, sur la mer Baltique. — *Thorn*, sur la Vistule, patrie de Copernic, célèbre astronome. — *Tilsit*, sur le Niémen.

GRAND-DUCHÉ DE POSEN : *Posen*, capitale du grand-duché, florissante par son commerce. — *Bromberg*, ville industrieuse.

SILÉSIE : *Breslau*, sur l'Oder, capitale de la Silésie, belle ville, la seconde du royaume. — *Glogau*, ville commerçante.

PROVINCE DE SAXE : *Magdebourg*, sur l'Elbe, capitale de la province, une des plus fortes places de l'Europe. — *Erfurt*, importante par ses établissements littéraires.

WESTPHALIE : *Munster*, capitale de la Westphalie, fait un grand commerce de jambons très-estimés. — *Minden*, sur le Weser, importante par ses nombreuses fabriques.

PROVINCE RHÉNANE : *Cologne*, ville forte, sur le Rhin, capitale de la province du Rhin, industrieuse et commerçante. — *Dusseldorf*, belle ville, sur le Rhin. — *Coblentz*, ville forte, au confluent du Rhin et de la Moselle. — *Aix-la-Chapelle*, célèbre par ses eaux thermales et par les événements historiques dont elle a été le théâtre. — *Trèves*, sur la Moselle, ville très-ancienne. — *Elberfeld*, ville très-industrieuse. — *Bonn*, sur le Rhin, avec une célèbre université.

Notions historiques. La Prusse comprend une partie des anciennes contrées appelées *Sarmatie* et *Germanie*. Parmi les peuples qui habitaient cette contrée, on distinguait les Porusses, qui lui ont laissé leur nom. Les Prutzi ou Prussiens, nation longtemps barbare et idolâtre, furent convertis au christianisme dans le treizième siècle. Les grands-maîtres de l'ordre Teutonique devinrent souverains du pays de Brandebourg. Frédéric-Guillaume, connu dans l'histoire sous le nom du Grand Electeur, accrut la puissance de sa maison, et son fils, Frédéric III, prit le titre de roi en 1701. Ses successeurs ajoutèrent d'importantes conquêtes à ses états héréditaires.

La province rhénane comprend certaines parties de la *Gaule*, appelées *Germanie supérieure*, *Germanie inférieure* et *Belgique première*. Les villes principales étaient : *Confluentes* (Coblentz), *Colonia Agrippina* (Cologne), *Augusta Trevirorum* (Trèves).

Autriche.

Superficie. 671,500 kilomètres carrés.
Population. 33,000,000 d'habitants.

Position. L'empire d'Autriche occupe une grande partie de l'Europe centrale, à l'est.

Bornes. Au N., la Prusse, la Saxe, la Pologne et une partie de la Russie ; — à l'E., la Russie et la Turquie ; — au S., la Turquie, la mer

Adriatique et l'Italie; — à l'O., le royaume de Sardaigne, la Suisse et la Bavière.

Division. L'empire d'Autriche est divisé en douze parties principales, qui sont : l'*archiduché d'Autriche*, le *Tyrol*, l'*Illyrie*, la *Styrie*, la *Bohême*, la *Moravie* avec la *Silésie*, compris en Allemagne et faisant partie de la Confédération germanique; la *Galicie*, la *Hongrie* avec la *Croatie* et l'*Esclavonie*, la *Transylvanie*, la *Dalmatie*, le gouvernement des *Confins militaires*, et le royaume *Lombard-Vénitien*, situé en Italie.

Iles. Dans la mer Adriatique, le long de la côte d'Illyrie et de la Dalmatie, les *îles Illyriennes*, dont les principales sont *Veglia*, *Cherso* et *Ossaro*.

Montagnes. Les *Alpes*, qui prennent le nom d'*Alpes rhétiques* dans le Tyrol et d'*Alpes noriques* dans l'archiduché d'Autriche; — les *Sudètes*, dans la Moravie; — les monts *Carpathes* ou *Krapacks*, dans la Galicie, la Hongrie et la Transylvanie.

Fleuves. Le *Danube*, dont les principaux affluents sont la *Morava*, l'*Ens*, l'*Inn*, la *Drave*, la *Save*, la *Theiss* et le *Pruth*, se jette dans la mer Noire, ainsi que le *Dniester*; — la *Vistule* et l'*Oder* se jettent dans la mer Baltique; — l'*Elbe* se rend dans la mer du Nord; — le *Pô* et l'*Adige* se jettent dans la mer Adriatique.

Description générale. Une partie de l'empire d'Autriche est couverte de hautes montagues; une autre renferme de vastes plaines entrecoupées de landes et de marais ou de forêts d'une étendue considérable. Mais en général le sol, arrosé par des cours d'eau nombreux et importants, est d'une fertilité remarquable. Le climat varie suivant la position des différentes contrées : il est tempéré dans les plaines des provinces centrales et septentrionales, chaud en Dalmatie, en Illyrie et au sud du royaume Lombard-Vénitien, malsain dans quelques cantons de la Bohême et de la Hongrie, humide sur les bords du Danube, froid près des montagnes. L'Autriche est une des contrées les plus riches en minéraux : on y trouve des mines d'or, d'argent, de cuivre, d'étain, de fer, de vif-argent, de zinc, d'arsenic, des pierres précieuses, du marbre, de la terre à porcelaine, de la houille, du soufre, du sel. Les productions végétales sont les céréales de toute espèce, le maïs, le riz, les fruits, l'huile, les vins, le houblon, le safran, le tabac, le chanvre, le lin.

Industrie et commerce. L'industrie est très-florissante et a fait de grands progrès dans les divers états de l'empire d'Autriche. Parmi les produits principaux de l'industrie, nous citerons les draps, les toiles, les étoffes de soie et de coton, les dentelles, les ouvrages en fer et en acier, l'orfèvrerie, la quincaillerie, la verrerie, les glaces, les papiers. Le commerce a pris aussi un grand développement, grâce à de belles routes bien entretenues, à des canaux importants et à un grand nombre de fleuves navigables. Outre les produits variés du règne minéral et de l'industrie, le commerce exporte des toiles, des draps, des soieries, des grains, des vins, des glaces et des verres, de la porcelaine et des papiers. L'Autriche n'a pas de possessions hors de l'Europe.

Villes principales. ARCHIDUCHÉ D'AUTRICHE : *VIENNE*, sur le Danube, capitale de l'empire, une des villes les plus remarquables de l'Europe par les établissements qu'elle renferme : 310,000 habit. — *Lintz*, sur le Danube, avec de grandes manufactures de draps, de canons et d'armes. — *Steyer*, sur l'Ens, importante par ses fabriques d'objets en fer et en acier. — *Neustadt*, avec une célèbre école militaire et des fabriques très-florissantes.

TYROL : *Inspruck*, capitale du Tyrol, sur l'Inn, célèbre par son université. — *Trente*, sur l'Adige, célèbre par le fameux concile de 1545.

ILLYRIE : *Laybach*, capitale de l'Illyrie, petite ville très-commerçante. — *Klagenfurt*, avec des fabriques importantes de soie et de draps. — *Trieste*, sur la mer Adriatique, fait un commerce très-étendu. — *Idria*, très-importante par ses riches mines de mercure.

STYRIE : *Grœtz*, capitale de la Styrie, ville d'une grande importance industrielle et commerçante. — *Eisenerz*, remarquable par ses riches mines d'excellent fer.

BOHÊME : *Prague*, capitale de la Bohême, ville grande et forte, avec de beaux établissements et un commerce très-actif. — *Carlsbad* et *Tœ-*

plitz, petites villes renommées pour leurs eaux minérales.

MORAVIE et SILÉSIE : *Brunn*, capitale de ces deux provinces, ville fort importante par ses manufactures de laine ; dans les environs est *Austerlitz*, célèbre par la victoire qu'y remporta Napoléon en 1805. — *Olmutz*, ville forte.

GALICIE : *Lemberg*, capitale de la Galicie ou Pologne autrichienne, ville remarquable par son industrie et son commerce étendu. — *Brody*, entrepôt d'un commerce considérable, surtout avec la Turquie et la Russie. — *Wieliczka*, petite ville très-importante par ses célèbres mines de sel.

HONGRIE : *Bude* ou *Ofen*, capitale de la Hongrie, sur le Danube. — *Pesth*, sur le Danube, en face de Bude, ville très-commerçante. — *Presbourg*, sur le Danube, ancienne capitale de la Hongrie. — *Debretzin*, ville importante par ses manufactures et son commerce. — *Schemnitz*, renommée par ses mines d'or et d'argent. — *Tokay*, connue par ses vins. — *Agram*, ville de la Croatie. — *Eszek*, ville de la Slavonie ou Esclavonie.

TRANSYLVANIE : *Klausenbourg*, capitale de la Transylvanie. — *Hermanstadt*. — *Cronstadt*.

DALMATIE : *Zara*, capitale de la Dalmatie, sur la mer Adriatique. — *Spalatro*. — *Raguse*.

CONFINS MILITAIRES : On appelle *Confins militaires* une étendue de mille kilomètres de long sur quelques kilomètres seulement de large, et qui comprend les parties les plus méridionales de la Transylvanie, de la Hongrie, de l'Esclavonie et de la Croatie. Des troupes autrichiennes y forment un cordon sur la frontière de la Turquie et ont leurs quartiers généraux à *Peterwardein*, ville forte sur le Danube, à *Hermanstadt* et à *Agram*.

Royaume Lombard-Vénitien : *MILAN*, capitale du royaume Lombard-Vénitien, la ville la plus importante de toute l'Italie septentrionale : 150,000 habit. — *Côme*, sur le lac de même nom. — *Pavie*, sur le Tésin, ancienne capitale du royaume des Lombards. — *Bergame*, avec d'importantes manufactures de soieries. — *Crémone*, sur le Pô. — *Mantoue*, ville forte, sur le lac de même nom. — *Venise*, près de la mer Adriatique, seconde capitale du royaume Lombard-Vénitien, une des villes les plus belles et les plus commerçantes de l'Europe. Bâtie sur pilotis, au milieu des lagunes de l'Adriatique, elle se compose d'un grand nombre d'îlots divisés par des canaux et réunis par un grand nombre de ponts : 120,000 habit. — *Padoue*, célèbre par son université. — *Vérone*, sur l'Adige. — *Vicence*, ville forte. — *Lodi*, *Rivoli*, *Arcole*, lieux célèbres par les victoires des Français en 1796.

Notions historiques. L'empire d'Autriche (le royaume Lombard-Vénitien excepté) comprend en totalité ou en partie les pays appelés anciennement *Rhétie* (Tyrol), *Norique* (Autriche propre), *Pannonie* (Autriche propre et Hongrie), *Dacie* (Hongrie et Transylvanie), *Illyrie* (Dalmatie et Croatie), *Germanie* (Bohême et Moravie).

Les principales villes étaient : *Vindobona* (Vienne), *Tridentum* (Trente), *Iadera* (Zara). Tous ces pays furent soumis aux Romains. Après la chute de l'empire, différents peuples s'établirent dans les provinces qui forment aujourd'hui l'empire d'Autriche. Au commencement du neuvième siècle, Charlemagne forma de l'archiduché d'Autriche une province qu'il nomma Avarie orientale. Plusieurs successeurs de Charlemagne furent chefs de l'empire germanique jusqu'en 982. Puis la possession de cet empire passa successivement dans les maisons de Bamberg et de Habsbourg, et en 1740 dans la maison de Lorraine, par le mariage de Marie-Thérèse avec François de Lorraine, duc de Toscane. En 1526, l'empereur Ferdinand Ier réunit à ses états héréditaires la Hongrie, la Bohême, la Moravie et la Silésie. La Galicie, qui faisait partie de la Pologne, a été successivement réunie à l'empire d'Autriche en 1772 et en 1795. Dans ses guerres contre la France, l'Autriche perdit une partie de ses états ; mais en 1814 et 1815 elle a recouvré toutes ses possessions et acquis de plus l'Illyrie, la Dalmatie, et la partie de l'Italie dont on a formé le royaume Lombard-Vénitien.

La contrée qui forme aujourd'hui le royaume Lombard-Vénitien, habitée d'abord par les Etrusques et les Gaulois, fut soumise par les Romains et reçut le nom de *Gaule cisalpine*. Ce pays, situé au nord de l'Italie, comprenait quatre parties, savoir : la *Gaule transpadane*, la *Gaule cispadane*, la *Ligurie* et la *Vénétie*. Les villes principales étaient : *Mediolanum* (Milan), *Mantua* (Mantoue), *Parma* (Parme), *Patavium* (Padoue), *Vérona* (Vérone). Après la chute de l'empire Romain, les Lombards et les Vénètes s'emparèrent du pays et y fondèrent des états. Charlemagne détruisit le royaume des Lombards, et après les successeurs de ce prince, le Milanais eut ses ducs particuliers. Venise fut pendant plusieurs siècles la reine du commerce et la première puissance de l'Occident. C'est en 1712 que l'Autriche acquit le Milanais, et en 1814 les Etats vénitiens.

Questionnaire.

Quelle est la position de la Prusse ? sa superficie ? — sa population ? — Quelles sont ses bornes ? — Comment se divise-t-elle ? — Dites les îles, les montagnes, les fleuves. — Quel est l'aspect de cette contrée ? — Quels sont les principaux objets de l'industrie et du commerce ? — Quelle est la capitale de la Prusse ? — Quelles sont les autres villes importantes ? — A quelles contrées anciennes correspond la Prusse ? — Sous quels princes la Prusse s'est-elle agrandie ? — A quelle contrée ancienne correspond la province rhénane ?

Quelle est la position de l'Autriche ? — Dites sa superficie ; sa population. — Quelles sont ses bornes ? — Quels sont les pays que comprend l'Autriche ? — Quels sont ceux qui font partie de la Confédération germanique ? — Quelles sont les îles qui dépendent de l'empire d'Autriche ? — Quelles montagnes y trouve-t-on ? — Quels sont les principaux fleuves ? — Quel est l'aspect général de cette contrée? — Quel est son climat dans ses diverses parties? — Enumérez les productions minérales et végétales. — L'industrie est-elle active? — Quels sont ses produits principaux? — Quelle est la capitale de l'empire? — Quelles sont les principales villes de l'Autriche? — Dites ce qu'elles offrent de remarquable. — A quelles contrées anciennes correspondent les provinces de l'empire autrichien? — Les pays qui forment aujourd'hui l'empire d'Autriche ont-ils été soumis aux Romains? — Quelles sont les diverses maisons qui ont régné sur l'Autriche? — A quelles époques cette puissance s'est-elle accrue des divers états qui la composent? — Quel nom portait anciennement le royaume Lombard-Vénitien? — Que devint cette contrée après la chute de l'empire romain?

CHAPITRE XIII.

Portugal. — Espagne.

Portugal.

Superficie. 102,700 kilomètres carrés.
Population. 3,700,000 habitants.

Position. Le royaume de Portugal occupe la partie la plus occidentale de l'Europe méridionale.

Bornes. Au N. et à l'E., l'Espagne; — au S. et à l'O., l'océan Atlantique.

Division. Le Portugal est divisé en six parties principales ou provinces qui sont: *Entre-*

Douro-et-Minho, Béira, Tras-os-Montes, Estrémadoure, Alem-Téjo, Algarve.

Iles. Les côtes du Portugal n'offrent que des îlots, dont les plus remarquables sont le groupe des *Berlingues*. Mais au milieu de l'océan Atlantique et à 977 kilomètres environ des côtes du Portugal, s'élève l'important archipel des îles *Açores*, qui sont au nombre de neuf. Les principales sont : l'île de *Terceire*, dont la capitale est *Angra*, et l'île *St-Michel*, dont la capitale est *Punta-Delgada*. Ces îles sont fertiles et produisent des vins, des fruits et des épices.

Montagnes. Le Portugal n'a que deux chaînes de montagnes : la *Serra da Estrella*, dans la province de Béira, et la *Serra de Monchique*, dans la province d'Algarve.

Fleuves. Les fleuves les plus importants viennent de l'Espagne et se rendent dans l'Océan : le *Minho*, le *Douro*, le *Tage* et la *Guadiana*; — le *Mondégo* arrose la province de Béira et se jette dans l'Océan.

Description générale. Le Portugal offre peu de plaines étendues : le sol, entrecoupé de montagnes, de collines et de vallées, et favorisé par la douceur du climat, produit des céréales, des vins estimés, des oranges, des citrons. Le règne minéral donne de l'or, de l'argent, du plomb, de l'étain, du fer, de la houille, du granit, du marbre, du cristal.

Industrie et commerce. Les principaux objets de l'industrie sont les armes, les draps, la faïence, la bijouterie, les toiles, la tannerie, les soieries. Le commerce du Portugal a beaucoup perdu de l'importance qu'il avait autrefois. Ce pays exporte surtout des fruits, des vins, du liége, de la laine, et réexporte les denrées qu'il tire de ses colonies.

Villes principales. LISBONNE, à l'O., port sur le Tage, près de son embouchure, capitale de tout le royaume, grande et belle ville très-commerçante : 260,000 habit. — *Sétuval*, port de mer commerçant. — *Braga*, ville forte. — *Porto* ou *Oporto*, à l'O., port sur le Douro, près de son embouchure, la seconde ville du royaume sous le rapport de l'industrie et du commerce, renommée pour ses vins. — *Bragance*, au N. — *Coïmbre*, sur le Mondégo. — *Evora*, remarquable par ses antiquités romaines. — *Tavira*, au S., port très-commerçant. — *Faro*, port de mer.

Possessions hors de l'Europe. Le Portugal a, en Afrique, des établissements dans la Sénégambie, dans la Guinée, dans le Mozambique, l'île de Madère, les îles du Cap-Vert et quelques autres îles; en Asie, des possessions dans l'Hindoustan et Macao en Chine. La population de ces diverses possessions est de 1,700,000 habit.

Notions historiques. Le Portugal comprend une grande partie de l'ancienne *Lusitanie*; c'était une province de l'*Hispanie*. Les villes principales étaient : *Olisippo* (Lisbonne), *Conimbriga* (Coïmbre) et *Calle Portus* (Porto), qui a donné son nom au Portugal. Ce pays ne fut soumis aux

Romains que cent ans environ avant J.-C. Il fut conquis par les Maures de 712 à 715. En 1580, le Portugal, après avoir eu ses rois particuliers, passa sous la domination espagnole; mais les Portugais, fatigués du joug étranger, se révoltèrent, et nommèrent roi le duc de Bragance, sous le nom de Jean IV. Dans le quinzième siècle, les Portugais se sont rendus célèbres par leurs découvertes et leurs conquêtes. En 1498, sous la conduite de Vasco de Gama, ils doublèrent les premiers le cap de Bonne-Espérance et ouvrirent ainsi aux Européens la route des Indes. Ils ont possédé de grandes contrées en Asie, en Afrique et en Amérique; mais ils ont perdu successivement leurs possessions les plus importantes. En 1807, une armée française envahit le Portugal et obligea la famille royale à se retirer au Brésil, d'où elle n'est revenue qu'après la chute de Napoléon. En 1822, le Brésil devint indépendant, et don Pédro, fils de Jean VI, proclamé empereur de cette contrée, abdiqua en 1826 la couronne de Portugal en faveur de sa fille dona Maria.

Espagne.

Superficie. 474,000 kilomètres carrés.
Population. 14,800,000 habitants.

Position. Le royaume d'Espagne, contrée de l'Europe méridionale, est situé au sud de la France.

Bornes. Au N., la France et l'océan Atlantique; — à l'E., la Méditerranée; — au S., la

Méditerranée et l'océan Atlantique ; — à l'O., l'océan Atlantique et le Portugal.

Division. L'Espagne est divisée en douze capitaineries générales ou divisions militaires, qui sont celles de *Galice*, des *Asturies*, de *Guipuscoa*, de *Navarre*, de *Léon* et *Vieille-Castille*, d'*Aragon*, de *Catalogne*, d'*Estrémadoure*, de *Nouvelle-Castille*, de *Valence* et *Murcie*, d'*Andalousie*, de *Grenade*. Il faut y ajouter les îles *Baléares*, qui forment une capitainerie particulière.

Iles. Les îles *Baléares*, qui forment la capitainerie de Majorque, sont situées dans la Méditerranée. Les principales sont : *Majorque*, dont la capitale est *Palma*, et *Minorque*, dont la ville principale est *Mahon* ou *Port-Mahon*. Les îles Baléares, surtout Majorque, produisent des céréales, des fruits, des vins, du safran.

Montagnes. L'Espagne entière forme un vaste plateau dont la plus grande élévation se trouve vers le centre. Les montagnes sont très-nombreuses dans cette contrée ; les principales chaînes sont : les *Pyrénées*, entre la France et l'Espagne ; — les monts *Cantabres* et *Asturiques* ; — les monts *Ibériques*.

Fleuves. Parmi les fleuves qui arrosent l'Espagne il faut citer : la *Bidassoa*, qui sépare sur un point la France de l'Espagne ; le *Minho*, qui sépare le Portugal de l'Espagne ; le *Douro*, le *Tage*, la *Guadiana* et le *Guadalquivir*, qui se jettent dans l'Océan ; — l'*Ebre*, le *Guadalaviar*, le

Xucar et la *Segura*, qui se rendent dans la Méditerranée.

Description générale. L'Espagne est traversée dans toutes ses parties par des chaînes de montagnes, dont les flancs, en général escarpés et taillés à pic, présentent une sauvage aridité; mais elle renferme aussi des vallées agréables et fertiles, d'excellents pâturages, des bois et de riches vignobles. Le sol est partout fertile, mais presque partout mal cultivé. Au nord, le long du golfe de Biscaye, le climat est un peu froid; il s'adoucit vers le centre, et devient très-chaud vers les régions du sud. Les productions végétales de la région tempérée sont le blé, l'orge, l'avoine, le chanvre, les fruits et les vins. Dans la région chaude on recueille moins de grains, mais de l'huile en abondance, du riz, du sucre, du coton, du tabac, du safran, des fruits délicieux et des vins très-renommés. L'éducation du bétail, mais surtout des moutons, forme la principale richesse des provinces de l'ouest et du centre; leurs produits ont acquis une réputation justement méritée. L'Espagne renferme d'importantes richesses minérales : on n'exploite plus aujourd'hui les mines d'or et d'argent d'où les Carthaginois et les Romains tirèrent de si grandes richesses; mais cette contrée donne abondamment du cuivre, du plomb, du fer, du mercure, de l'étain et du sel.

Industrie et commerce. Si l'industrie est très-arriérée dans certaines parties de l'Espagne, quelques provinces de cette contrée présentent l'aspect des pays les plus industrieux de l'Europe. Les principaux objets de l'industrie sont les draps fins ou ordinaires, les toiles, les étoffes de soie, les dentelles, la fabrication des savons, les armes, le travail du fer, l'exploitation des mines. Pour que le commerce de l'Espagne, soit intérieur, soit extérieur, prît un plus grand développement, il faudrait que les voies de communication fussent plus nombreuses, mieux entretenues, et que les canaux commencés sous divers règnes fussent achevés. On exporte surtout les produits du sol. L'importance de son commerce maritime a beaucoup diminué avec la perte d'une partie de ses colonies.

Villes principales. *MADRID*, au centre, capitale de l'Espagne et de la Nouvelle-Castille: 203,000 habitants; dans les environs de Madrid se trouvent: *Aranjuez*, sur le Tage, avec une belle résidence royale; *Almaden*, importante par ses riches mines de mercure; *l'Escurial*, avec un magnifique monastère bâti par Philippe II; *St-Ildéphonse* ou *la Granja*, remarquable par son palais royal et sa manufacture de glaces. — *Tolède*, sur le Tage. — *Santiago* ou *Saint-Jean-de-Compostelle*, au N. O., capitale de la Galice. — *La Corogne*, port sur l'Océan, ville industrieuse et commerçante. — *Le Ferrol*, magnifique port militaire sur l'Océan. — *Oviédo*, au N., capitale des Asturies. — *Léon*, au N., capitale de la province du même nom, ville fort ancienne. — *Salamanque*, autrefois célèbre par son université. — *Valladolid*, ville autrefois très-florissante. — *Burgos*, au N., capitale de la Vieille-Castille. — *Ségovie*, renommée pour ses draps. — *St-Sébastien*, au N., port sur l'Océan, ville forte et très-commerçante, capitale du Guipuscoa. — *Bilbao*, au N., une des villes les plus commerçantes du royaume, à peu de distance de l'Océan, capitale de la Biscaye. — *Pampelune*, au N., place forte, capitale de la Navarre. — *Saragosse*, au N. E., sur l'Ebre, capitale de l'Aragon, ville célèbre dans l'histoire contemporaine par la résistance héroïque qu'elle opposa aux Français en 1808. — *Tarragone*, sur la Méditerranée, ville la plus considérable de toute l'Espagne sous les Romains. — *Barcelone*, au N. E., port sur la Méditerranée, capitale de la Catalogne, grande et belle ville très-commerçante et la plus industrieuse du royaume. — *Badajoz*, à l'O., sur la Guadiana, capitale de l'Estrémadoure. — *Valence*, à l'E., sur le Guadalaviar, grande et belle ville, aussi importante par son industrie que par son commerce, capitale de Valence et Murcie. — *Murcie*, sur la Segura. — *Alicante*, port sur la Méditerranée, renommé pour ses vins. — *Carthagène*, port militaire sur la Méditerranée. — *Murviedro*, l'ancienne Sagonte. — *Séville*, au S., sur le Guadalquivir, une des villes les plus riches et les plus importantes de l'Espagne, capitale de l'Andalousie. — *Cadix*, au S., port militaire et de commerce sur l'Océan. — *Cor-

douc, sur le Guadalquivir. — *Xérès*, renommée pour ses vins. — *Grenade*, au S., au milieu d'une plaine d'une admirable fertilité, capitale de la capitainerie de Grenade : cette grande et belle ville, renommée par ses monuments, surtout par l'Alhambra, palais des Maures, comptait, sous la domination arabe, 400,000 habitants. — *Malaga*, port sur la Méditerranée, renommé pour ses vins. — *Gibraltar*, au S., sur le détroit de ce nom qu'elle domine, forteresse qui appartient aux Anglais. Cette ville est le centre d'un commerce considérable d'objets provenant des manufactures anglaises.

Possessions hors de l'Europe. L'Espagne possède, en Afrique, Ceuta et les îles Canaries ; en Amérique, les îles Cuba et Porto-Rico : dans l'Océanie, les Philippines et les Mariannes. La population de ces possessions est de 3,600,000 habitants.

Notions historiques. L'Espagne portait anciennement le nom d'*Hispanie* ou *Ibérie*. A une époque très-reculée, les Phéniciens établirent des colonies dans l'Hispanie : on cite entre autres Gadès, aujourd'hui Cadix. Les Carthaginois suivirent les Phéniciens, et peu à peu devinrent les maîtres d'une grande partie du pays. Les Romains à leur tour succédèrent aux Carthaginois, et ils ont laissé dans cette contrée de nombreux monuments dont on voit encore les restes, surtout des ponts, des aqueducs, etc. Sous Auguste, l'Espagne fut divisée en trois parties ; la *Tarraconaise*, au N. E., la *Lusita-*

nie, à l'O., la *Bétique*, au S. O. et au S. Les villes principales de l'ancienne Espagne étaient: *Numantia*, détruite par Scipion, *Tarraco* (Tarragone), *Saguntus*, détruite par Annibal, *Carthago nova* (Carthagène), *Corduba* (Cordoue), *Hispalis* (Séville), *Gadès* (Cadix). A l'époque de la décadence de l'empire, les Francs, les Suèves, les Vandales, les Goths, se disputèrent la possession de l'Hispanie. Les Arabes envahirent l'Espagne vers la fin du sixième siècle; la soumirent presque entièrement et y fondèrent un puissant royaume. Ils y ont cultivé avec beaucoup d'éclat les arts et les sciences, et ont élevé dans un grand nombre de villes des monuments qui sont encore admirés. En 1492, sous le règne de Ferdinand, roi d'Aragon, et d'Isabelle, reine de Castille, l'Amérique fut découverte par Christophe Colomb. Cette découverte donna à l'Espagne d'immenses richesses, avec la possession de grandes contrées, telles que le Mexique, la Colombie, le Pérou, qu'elle a perdues depuis. En 1807, sous le règne de Charles IV, les Français pénétrèrent dans cette contrée, qui devint le théâtre d'une guerre longue et sanglante. En 1808, Napoléon donna la couronne à son frère Joseph. C'est vers cette époque que les colonies espagnoles de l'Amérique secouèrent le joug de la métropole. En 1814, Ferdinand VII, fils de Charles IV, rentra en Espagne.

ESPAGNE. 173

République d'Andorre.

Description générale. La république d'Andorre, située dans les Pyrénées, entre la France et l'Espagne, est sous la protection de ces deux états. C'est l'évêque d'Urgel qui exerce le protectorat au nom de l'Espagne. La population de ce petit pays est de 15,000 habitants; la capitale est *Andorre*.

Questionnaire.

Quelle est la population du Portugal? — Dites sa superficie; sa population. — Quelles sont ses bornes? — Comment se divise-t-il? — Quelles îles s'y rattachent? — Dites les principales montagnes; les principaux fleuves. — Quel aspect présente le Portugal? — Quelles sont ses productions? — Énumérez les principaux objets de l'industrie et du commerce. — Quelle est la capitale du Portugal? — Dites les autres villes importantes. — Le Portugal a-t-il des possessions hors de l'Europe? — Quel nom portait autrefois le Portugal? — Donnez quelques notions historiques sur le Portugal.

Quelle est la position de l'Espagne? — Dites sa superficie; sa population. — Quelles sont ses bornes? — Comment est-elle divisée? — Quelles sont les principales montagnes; les principaux fleuves. — Quel est l'aspect général que présente l'Espagne? — Dites ses productions; ses richesses minérales. — Donnez quelques détails sur son commerce et sur son industrie. — Quelle est la capitale de l'Espagne? — Dites les autres villes importantes. — L'Espagne a-t-elle des possessions hors de l'Europe? — Quel nom portait autrefois l'Espagne ? — Quels sont les peuples anciens qui firent la conquête de cette contrée ? — Comment fut-elle divisée sous Auguste ? — Quels sont les peuples qui, après les Romains, ont occupé l'Espagne ? — Par quel grand événement fut marquée l'année 1492 ? — Que donna à l'Espagne la découverte de l'Amérique ? — Quels sont les principaux événements de 1807 à 1814 ?

Où est située la république d'Andorre ? — Quelle est sa population ? sa capitale ?

CHAPITRE XIV.

Italie.

Superficie. 296,250 kilomètres carrés.
Population. 21,000,000 d'habitants.

Position. L'Italie est une contrée de l'Europe méridionale, composée d'une grande presqu'île et de plusieurs îles, et renfermant divers états tous indépendants les uns des autres.

Bornes. Au N., l'Autriche et la Suisse ; — à l'E., la mer Adriatique et une partie de l'empire d'Autriche ; — au S., la Méditerranée ; — à l'O., la France et la Méditerranée.

Division. L'Italie comprend dix états : le royaume de *Sardaigne*, la principauté de *Monaco*, le royaume *Lombard-Vénitien*, le duché de *Parme*, le duché de *Modène*, le duché de *Lucques*, le grand-duché de *Toscane*, les états de l'*Eglise*, la république de *Saint-Marin* et le royaume des *Deux-Siciles*.

Iles. Dans la mer Méditerranée : la *Sardaigne* et la *Sicile*, comptées parmi les plus grandes îles de l'Europe ; — l'île d'*Elbe*, dépendante de la Toscane et riche en mines de fer, exploitées même du temps des Romains ; — les îles *Ischia* et *Capri* (l'ancienne Caprée) ; — les îles de *Lipari* ou d'*Eole* ; — l'île de *Malte*, appartenant à l'Angleterre. — Dans la mer Adriatique : les îles *Tremiti*.

Montagnes. L'Italie renferme deux grandes chaînes de montagnes, les *Alpes* et les *Apennins*. La chaîne des Alpes prend successivement les noms d'*Alpes maritimes* au nord-ouest, d'*Alpes cottiennes* et d'*Alpes grecques* au nord, d'*Alpes pennines* et d'*Alpes lépontiennes* au nord-est ; les sommets principaux de cette grande chaîne sont : le mont *Blanc*, le mont *Iseran*, le mont *Cenis*. La chaîne des Apennins, qui traverse l'Italie à l'est et au sud-est, a pour points principaux le mont *Corno* et le mont *Velino*.

Volcans. Le mont *Vésuve*, près de Naples ; — le mont *Etna* ou *Gibel*, en Sicile.

Fleuves. L'*Adige*, qui arrose le royaume Lombard-Vénitien ; le *Pô*, qui traverse le royaume de Sardaigne ; la *Brenta*, la *Piave* et le *Tagliamento*, qui arrosent le royaume Lombard-Vénitien, se jettent dans la mer Adriatique ; — l'*Arno* et l'*Ombrone*, qui arrosent le grand-duché de Toscane ; le *Tibre*, qui parcourt les états de l'Eglise ; le *Volturno*, qui baigne le royaume de Naples, se jettent dans la mer Tyrrhénienne, partie de la Méditerranée.

Lacs. Les lacs de *Garde*, d'*Iseo* et de *Côme*, dans le royaume Lombard-Vénitien; — le lac *Majeur*, entre ce royaume et celui de Sardaigne; — le lac de *Lugano*, entre la Suisse et le royaume Lombard-Vénitien; — les lacs de *Bolsène* et de *Pérouse* (ancien lac Trasimène), dans les états de l'Eglise.

Description générale. L'Italie, avec ses montagnes, ses lacs, les rivages de ses mers, son doux climat, ses vallées riantes et fertiles, est une des plus belles contrées du monde. Cette terre, qui est couverte des restes précieux d'antiques monuments, rappelle à notre souvenir de grands événements historiques. Elle est la patrie de Raphaël et de Michel-Ange, peintres célèbres, et d'une foule de grands hommes qui ont produit des chefs-d'œuvre dans tous les genres; encore aujourd'hui elle est regardée à juste titre comme la patrie des beaux-arts. Le sol de l'Italie est remarquable, dans presque toutes ses parties, par la richesse et la variété de sa végétation. Il produit toutes sortes de grains, des vins renommés, le riz, le maïs, le safran, le coton, le chanvre, le lin, le tabac et des fruits excellents; l'olivier, le myrte, l'oranger, le grenadier, le mûrier propre aux vers à soie, y sont communément répandus. Ses principales richesses minérales sont l'or, l'argent, le fer, le cuivre, le plomb, le soufre, de beaux marbres et des pierres précieuses.

Industrie et commerce. L'industrie n'a pas pris dans les états italiens les grands développements qu'elle a en France, en Angleterre, en Allemagne ou en Belgique, mais elle est très-florissante dans certaines villes. Ses principaux objets sont les étoffes de soie, les velours, les gants, les blondes, les fleurs artificielles, les fruits confits, les liqueurs, les savons. Les principaux états de l'Italie font un commerce assez étendu ; outre les produits variés de leur industrie, ils exportent du blé, des fruits, du riz, du sel, des vins, du corail, des marbres, des tableaux, des sculptures et d'autres objets d'art.

Description des états de l'Italie.

Royaume de Sardaigne.

Superficie. 73,075 kilomètres carrés.
Population. 4,500,000 habitants.

Position. Le royaume de Sardaigne est situé dans la partie nord-ouest de l'Italie.
Division. Ce royaume comprend la *Savoie*, le *Piémont*, l'état de *Gênes* et l'île de *Sardaigne*, et est divisé en dix intendances générales. L'île de Sardaigne est située dans la Méditerranée, au sud de la Corse.
Villes principales. TURIN, sur le Pô, ancienne capitale du Piémont, capitale du royaume de Sardaigne, grande ville, ornée de beaux monuments : 120,000 habitants. — *Alexandrie*, ville forte ; non loin est *Marengo*, célèbre par

une victoire de Napoléon en 1800. — *Novare*, ville industrieuse. — *Nice*, port de mer commerçant, sur la Méditerranée, célèbre par la douceur de son climat. — *Port-Maurice*, port sur la côte dite rivière de Gênes, fait un commerce considérable d'huile d'olives. — *Gênes*, au fond du golfe du même nom, sur la Méditerranée, la ville la plus industrieuse et la plus commerçante du royaume; elle fut, au moyen âge, une des plus grandes puissances maritimes; cette ville est la patrie de Christophe Colomb, qui a découvert l'Amérique. — *Chambéry*, ancienne capitale du duché de Savoie. — *Aix*, célèbre par ses eaux minérales. — *Chamouny*, dans la haute vallée de ce nom, au pied du mont Blanc. — *Cagliari* et *Sassari*, villes principales de l'île de Sardaigne.

Notions historiques. La Savoie, autrefois *pays des Allobroges*, fit partie de la *Gaule viennoise* après la conquête des Romains. L'état de Gênes formait une partie de la *Ligurie*. Le Piémont faisait partie de la *Gaule transpadane*, comprise dans la *Gaule cisalpine*. L'île de Sardaigne, successivement occupée par les Lydiens et les Carthaginois, tomba sous la domination romaine 231 avant J.-C. Après la chute de l'empire Romain, les états du royaume de Sardaigne, excepté l'île de ce nom, suivirent le sort de l'Italie septentrionale. L'île de Sardaigne a été cédée par l'Autriche aux ducs de Savoie, en 1720, avec le titre de royaume.

ITALIE.

Principauté de Monaco.

Description générale. La principauté de Monaco, enclavée dans le royaume de Sardaigne, et placée sous la protection du roi de cette contrée, a 118 kilomètres carrés de superficie, 8,000 habit., et pour capitale MONACO, petite ville près de la Méditerranée. La ville principale est *Menton*.

Royaume Lombard-Vénitien.

Description générale. Le royaume Lombard-Vénitien, qui dépend de l'Autriche, est situé dans la partie septentrionale de l'Italie et divisé en deux gouvernements, celui de *Milan* et celui de *Venise*. Il a été décrit dans l'empire d'Autriche (page 155).

Duché de Parme.

Description générale. Le duché de Parme est situé dans la partie nord de l'Italie, et au sud-ouest du royaume Lombard-Vénitien. Sa superficie est de 5,628 kilomètres carrés, et sa population de 450,000 habitants. Il comprend trois divisions principales, les duchés de *Parme*, de *Plaisance* et de *Guastalla*. Ses villes pruicipales sont : PARME, capitale de l'état, grande et belle ville ; 31,000 habit.; *Plaisance*, sur le Pô ; *Guastalla*, près du Pô.

Duché de Modène.

Description générale. Le duché de Modène est situé dans la partie nord de l'Italie, et au sud du royaume Lombard-Vénitien. Il a 5,430 kilomètres carrés de superficie, et 390,000 habitants. Ses villes principales sont : *MODÈNE*, capitale du duché : 29,000 habitants ; *Reggio* ; *Carrare*, petite ville importante par les beaux marbres que fournissent les carrières de ses environs.

Duché de Lucques.

Description générale. Le duché de Lucques, situé dans la partie centrale de l'Italie, a 987 kilomètres carrés de superficie et 145,000 habitants. *LUCQUES* est la capitale de ce duché : 22,000 habitants. Il s'y fait un assez grand commerce en étoffes de soie et en huile d'olives.

Grand-duché de Toscane.

Position. Le grand-duché de Toscane est situé dans la partie centrale de l'Italie, le long de la Méditerranée, à l'ouest. Il a une superficie de 24,737 kilomètres carrés et une population de 1,288,000 habitants.

Division. Outre la partie continentale, divisée en 5 provinces, le grand-duché comprend l'île d'*Elbe*, située dans la mer Méditerranée, et qui, en 1814, fut donnée à Napoléon.

ITALIE.

Villes principales. *Florence*, sur l'Arno, capitale du grand-duché, l'une des plus belles villes de l'Italie, importante par sa florissante industrie, remarquable par ses monuments, surtout par le magnifique palais grand-ducal, où sont réunis les chefs-d'œuvre des beaux-arts anciens et modernes ; cette ville est la patrie du grand peintre Michel-Ange et d'Améric Vespuce, célèbre cosmographe qui a donné son nom à l'Amérique : 85,000 habitants. — *Sienne*, belle ville, bien déchue de son ancienne splendeur, avec une magnifique cathédrale. — *Pise*, sur l'Arno, à peu de distance de la mer, grande ville, très-importante jadis, avec de beaux monuments, dont les plus remarquables sont la vaste cathédrale, la tour penchée et le Campo-Santo. — *Livourne*, port sur la Méditerranée, centre du commerce de cette contrée avec le Levant : 78,000 habit. — *Porto-Ferrajo*, ville principale de l'île d'Elbe.

Notions historiques. La Toscane portait anciennement le nom d'*Etrurie*. Ses premiers habitants connus sont les Etrusques. L'Etrurie fut soumise aux Romains, et après la chute de l'empire, elle éprouva le sort des autres états de l'Italie. Au moyen âge, quelques-unes de ses villes, entre autres Florence et Pise, se constituèrent en républiques, qui devinrent riches, puissantes et célèbres, soit par leur commerce, soit par les guerres qu'elles eurent à soutenir.

6. *Géographie.*

États de l'Église.

Position. Les états de l'Eglise ou du pape, situés dans la partie centrale de l'Italie, à l'est et au sud de la Toscane, ont 44,437 kilomètres carrés de superficie et 2,860,000 habitants.

Division. Ces états sont divisés en quatorze provinces qui portent les noms de leurs chefs-lieux.

Villes principales. ROME, sur le Tibre, capitale des états de l'Eglise, résidence du pape, chef de l'Eglise catholique, la ville du monde la plus remarquable par ses monuments antiques ou modernes : 156,000 habit. — *Tivoli*, *Albano*, *Frascati*, *Ostie*, lieux célèbres. — *Civita-Vecchia*, port commerçant, sur la Méditerranée. — *Pérouse*, près du Tibre. — *Ancône*, port sur la mer Adriatique. — *Rimini*, avec de beaux restes d'antiquités. — *Ravenne*, dont de magnifiques monuments rappellent la grandeur. — *Bologne*, ville industrieuse et commerçante. — *Ferrare*, près du Pô, ville grande et fortifiée. — *Bénévent* et *Ponte-Corvo*, enclavées dans le royaume de Naples.

Notions historiques. Les états de l'Eglise comprennent une partie des contrées appelées anciennement *Gaule cispadane*, *Etrurie*, *Ombrie*, *Picenum* et *Latium*. C'est dans le Latium que se trouvait *Rome*, qui devint plus tard la capitale de l'univers. Ces contrées furent, comme le reste de l'Italie, la proie des barbares qui renversèrent l'empire d'Occident ; à ceux-ci

ITALIE.   183

succédèrent les Lombards, qui voulurent s'emparer de Rome. Mais Pepin, roi de France, arrêta leurs progrès, et accorda au chef spirituel de l'Eglise catholique *l'exarcat de Ravenne*, avec un territoire considérable. Charlemagne confirma cette donation, et ces deux princes fondèrent ainsi la puissance temporelle des papes.

République de St = Marin.

Description générale. La république de Saint-Marin, enclavée dans les états de l'Eglise, a une superficie de 79 kilomètres carrés et une population de 7,000 habitants. Sa capitale est *Saint-Marin*, située sur une montagne : 5,500 habitants.

Royaume des Deux-Siciles.

Position. Le royaume de Naples ou des Deux-Siciles occupe toute la partie méridionale de l'Italie. Il a une superficie de 108,625 kilomètres carrés et une population de 7,600,000 hab.

Division. Ce royaume comprend deux parties, savoir : les *domaines en deçà du Phare* ou la *partie continentale*, les *domaines au delà du Phare* ou la *Sicile*, grande île située dans la mer Méditerranée.

Villes principales. ROYAUME DE NAPLES : *Naples*, admirablement située sur le golfe de son nom, capitale du royaume des Deux-Siciles, une des plus belles villes de l'Europe : 365,000 habit. — *Pouzzoles*, avec de précieux restes d'antiquités. — *Portici*, bâtie au pied du Vésuve, près de l'ancienne Herculanum. — *Bayes* (Baïa), ville autrefois célèbre. — *Capoue*, remarquable par ses antiquités. — *Salerne*, sur le golfe de même nom. — *Aquila*, importante par ses fortifications et son commerce. — *Tarente*, port sur le golfe de ce nom, ville célèbre dans l'antiquité. — *Brindes*, ville très-ancienne. — *Reggio*, sur le détroit de Messine.

SICILE : *Palerme*, sur la côte septentrionale, grande et belle ville, ancienne capitale de l'île : 176,000 habit. — *Messine*, sur le détroit qui porte son nom, avec un port magnifique et un commerce très-important. — *Catane*, port non loin du mont Etna, grande ville industrieuse. — *Syracuse*, port sur la côte orientale, avec de magnifiques restes qui attestent son ancienne splendeur. — *Girgenti*, port sur la côte méridionale, l'ancienne célèbre Agrigente.

Notions historiques. La partie continentale du royaume des Deux-Siciles s'appelait autrefois *Grande Grèce*, à cause du grand nombre de colonies grecques qui s'y étaient établies ; elle comprenait la *Lucanie*, l'*Apulie*, le *Brutium* et quelques autres pays.

La Sicile s'appelait *Sicanie*. Les Romains s'emparèrent de la première de ces parties après en avoir vaincu les habitants, et ils conquirent la seconde sur les Carthaginois, vers l'an 240 avant J.-C. Après la chute de l'empire romain d'Occident, le pays de Naples et la Sicile appartinrent encore pendant plusieurs siècles aux empereurs d'Orient.

ITALIE.

Groupe de Malte.

Description générale. Ce groupe, formé des îles de *Malte*, *Gozzo* et *Comino*, et situé dans la Méditerranée, appartient à l'Angleterre. La capitale est *la Valette*, place forte, bon port sur la côte N. E., entrepôt considérable de marchandises pour le Levant et port de station.

Notions historiques sur l'Italie en général. Les Sabins, les Volsques, les Rutules, les Samnites, les Etrusques et quelques peuples venus de l'Asie Mineure, sont les plus anciens peuples qui ont successivement habité les diverses parties de l'Italie. Vers l'an 753 avant J.-C., Romulus fonda la ville de Rome, qui devint plus tard la capitale du plus grand empire qui ait jamais existé. L'Italie ancienne comprenait, outre les îles, trois grandes parties, savoir : la *Gaule cisalpine*, au N., l'*Italie proprement dite*, au centre, la *Grande Grèce*, au sud. Les villes principales étaient, dans la Gaule cisalpine : *Mediolanum* (Milan), *Ticinum* (Pavie), *Mutina* (Modène), *Patavium* (Padoue); dans l'Italie proprement dite : *Rome*, *Ariminium* (Rimini), *Ostie*, le port de Rome, *Tibur* (Tivoli), *Capoue*, *Neapolis* ou *Parthénope* (Naples); dans la Grande Grèce, *Tarente*, *Cannes*, *Rhegium* (Reggio). Cet empire, qui comprenait presque tout le monde connu, fut divisé au quatrième siècle en deux parties, l'empire d'Orient, dont Byzance (Constantinople) fut la capitale, et l'empire d'Occident, qui renfermait l'Italie. Au cinquième siècle, des peuples barbares, les Vandales, les Suèves, les Goths, les Hérules, envahirent l'Italie et s'en disputèrent la possession. Les Hérules restèrent les maîtres, et furent vaincus à leur tour par les Ostrogoths. A ceux-ci succédèrent les Lombards, vaincus plus tard par Charlemagne, qui, en 800, se fit proclamer, à Rome, empereur d'Occident. En 900, les empereurs d'Allemagne firent la conquête du royaume d'Italie et en conservèrent la souveraineté jusque vers la fin du douzième siècle. Au treizième siècle se formèrent les divers états de l'Italie. Ce fut vers la fin du dix-huitième que la souveraineté de cette contrée fut partagée entre les maisons de Savoie et d'Autriche, la branche espagnole des Bourbons, le pape et les républiques de Gênes, de Venise et de Lucques. En 1805, Napoléon devint maître de toute l'Italie : il donna la couronne de Naples, d'abord à son frère Joseph, ensuite à son beau-frère Murat ; il incorpora à l'empire Français la Savoie, le Piémont, Gênes, Rome, et créa un royaume composé du Milanais et de la république de Venise, dont il fut roi jusqu'en 1815. A cette époque, l'Italie subit les divisions que nous avons indiquées.

ITALIE. 187

Questionnaire.

Quelle est la position de l'Italie? — Dites sa superficie; sa population. — Quelles sont ses bornes? — Combien d'états l'Italie comprend-elle? — Quelles sont les îles principales? — Par quelles chaînes de montagnes l'Italie est-elle traversée? — Quels sont les volcans?— Nommez les principaux fleuves; les lacs. — Quel est l'aspect général de l'Italie?— Parlez de ses productions et de son climat. — Dites les principaux objets de son commerce et de son industrie.

Où est situé le royaume de Sardaigne? — Quelle est sa superficie? sa population? — Quels pays comprend-il? — Quelle est la capitale? —Nommez les autres villes importantes. — Donnez des notions historiques sur les divers pays de ce royaume.

Donnez quelques détails sur la principauté de Monaco.

Où est situé le royaume Lombard-Vénitien? — Comment se divise-t-il? — Où est situé le duché de Parme? — Quelle est sa superficie? sa population? — Quelles sont les villes principales? — Où est situé le duché de Modène? — Quelle est sa superficie; sa population? — Quelles sont les villes principales? — Où est situé le duché de Lucques? — Quelle est sa superficie? sa population? — Quelles sont les villes principales?

Où est situé le grand-duché de Toscane? — Quelle est sa superficie? sa population? — Comment se divise-t-il?— Quelles sont les villes principales?—Qu'offrent-elles de remarquable? — Quel nom portait autrefois la Toscane? — Donnez quelques notions historiques sur ce pays.

Où sont situés les états de l'Eglise? — Dites leur superficie; leur population. — Comment sont-ils divisés? —Quelle est la capitale? — Qu'offre-t-elle de remarquable? — Quelles sont les autres villes principales?— Quelles contrées comprenaient autrefois ces états? — Donnez quelques notions historiques sur ces pays.

Où est situé le royaume des Deux-Siciles? — Dites sa superficie; sa population. — Quelles parties comprend-il? — Quelle est la capitale? — Nommez les villes principales du royaume de Naples. — Nommez les villes principales de la Sicile. —Comment s'appelait autrefois la partie continentale du royaume des Deux-Siciles? — Quels pays comprenait-elle? — Quel nom portait la Sicile? — Par quels peuples anciens fut-elle conquise? —Quel fut le sort de ces contrées après la chute de l'empire romain?

Quels furent les premiers peuples de l'Italie? — A quelle époque fut fondée Rome? — Quelle était la division de l'Italie ancienne? — Quelles étaient les villes principales? — Comment fut divisé l'empire Romain au quatrième siècle? — Racontez les principaux événements historiques depuis l'invasion des barbares jusqu'à nos jours.

CHAPITRE XV.

Turquie d'Europe. — Grèce.

Turquie d'Europe.

Superficie. 395,000 kilomètres carrés.
Population. 6,600,000 habitants.

Position. La Turquie d'Europe, contrée de l'Europe méridionale, est située à l'est. Elle ne forme, comme la Russie d'Europe, qu'une partie du vaste empire ottoman, qui s'étend aussi en Asie et en Afrique.

TURQUIE. 189

Bornes. Au N., les empires de Russie et d'Autriche; — à l'E., la mer Noire et la mer de Marmara; — au S., l'Archipel et le royaume de Grèce; — à l'O., la mer Ionienne, la mer Adriatique et l'empire d'Autriche.

Division. La Turquie d'Europe comprend : la *Romélie*, la *Bulgarie*, la *Bosnie*, l'*Albanie*, la *Thessalie* et la *Macédoine*, auxquelles il faut ajouter la *Moldavie*, la *Valachie* et la *Servie*. Ces trois dernières provinces, situées au nord, sont des principautés tributaires, qui ont un gouvernement particulier. Le souverain de la Turquie, appelé *Sultan* ou *Grand Seigneur*, réunit les pouvoirs spirituel et temporel, et exerce un despotisme absolu. Les Turcs suivent la religion mahométane ou l'islamisme.

Iles. Plusieurs îles importantes sont à nommer. Dans l'Archipel : *Tasso*, *Samotraki*, *Imbro*, *Lemno*. — Dans la Méditerranée : *Candie*, l'ancienne Crète, grande île dont la capitale est *Candie*; dans cette île, remarquable par la fertilité du sol, s'élève le mont *Psiloriti*, l'ancien Ida.

Montagnes. Deux principales chaînes de montagnes parcourent cette contrée. Les monts *Krapacks* séparent la Valachie de la Transylvanie. — Les monts *Balkans* ou chaîne de l'*Hémus* parcourent de l'ouest à l'est le centre de la Turquie d'Europe.

Fleuves. Les principaux fleuves sont : la *Maritza*, le *Karasou* ou *Strouma* et la *Salembria*, qui se rendent dans l'Archipel; — le *Drin* et la

*11

Narenta, qui se jettent dans la mer Adriatique; — le *Danube*, qui arrose les principautés tributaires et entre dans la mer Noire par plusieurs embouchures.

Description générale. La Turquie d'Europe, dont les côtes, comme celles de la Turquie d'Asie, sont baignées par plusieurs mers importantes, la mer Noire, la mer de l'Archipel, la mer de Marmara, se trouve dans la plus heureuse situation du monde. Le sol de cette contrée offre un aspect très-varié; il est entrecoupé de montagnes, de vallées fertiles, de belles plaines bien arrosées. Il produit du riz, du maïs, du vin, des olives, du coton, du tabac et toutes sortes de fruits délicieux; mais cette terre, favorisée par la douceur du climat, donnerait de grandes richesses, si l'agriculture était l'objet de soins plus actifs et plus intelligents.

Industrie et commerce. Les mêmes causes qui arrêtent dans cette contrée les progrès de l'agriculture s'opposent au développement de son industrie, qui est encore aujourd'hui fort arriérée. Ses produits principaux, et particuliers seulement à quelques villes, sont les maroquins et les cuirs, les tissus de coton, les soieries, les ouvrages en acier et les armes. Le commerce de la Turquie est important, mais il est fait en grande partie par des Grecs, des Arméniens, des Juifs et d'autres étrangers. Outre les divers produits de l'industrie, on exporte des chevaux, des laines, du coton, des vins, de l'huile, du tabac, des fruits, du miel, des tapis, des essences.

Villes principales. TURQUIE PROPRE : *CONSTANTINOPLE*, à l'E., dans la Romélie, capitale de l'empire Ottoman, admirablement située entre la mer Noire et celle de Marmara, avec un magnifique port sur le canal de Constantinople (Bosphore de Thrace); cette ville, l'ancienne Byzance, est nommée par les Turcs *Islamboul* (ville de l'islamisme) ou *Stamboul* : 600,000 habit. — *Andrinople*, près de la Maritza, grande ville très-florissante par son industrie et son commerce. — *Gallipoli*, avec un port très-commerçant à l'entrée du détroit des Dardanelles. — *Salonique*, au S., port sur le golfe du même nom, capitale de la Macédoine, ville importante par son industrie et par son commerce. — *Sophie*, capitale de la Bulgarie, ville industrieuse et commerçante. — *Varna*, avec un excellent port sur la mer Noire. — *Bosna-Seraï*, capitale de la Bosnie, le centre d'un commerce considérable qui se fait par des caravanes. — *Ianina*, sur le lac de ce nom, capitale de l'Albanie. — *Tricala*, capitale de la Thessalie. — *Larisse*, au centre de la Thessalie. — *Pharsale*, célèbre dans l'histoire romaine par une bataille livrée entre Pompée et César.

PRINCIPAUTÉS TRIBUTAIRES : *Iassy*, capitale de la Moldavie. — *Galatz*, sur le Danube, entrepôt de la Moldavie. — *Boukharest*, avec un commerce très-actif, capitale de la Valachie. — *Semendria*, sur le Danube, capitale de la Servie.

— *Belgrade*, sur le Danube, la plus grande ville de la Servie, entrepôt de commerce entre la Turquie et l'Autriche.

Possessions hors de l'Europe. La Turquie possède en Asie l'Asie Mineure ou Anatolie, la Mésopotamie ou Al-Djézireh, la Syrie, etc.; en Afrique, elle étend sa domination sur l'Egypte. La population de ses possessions en Asie s'élève à 11,500,000 habitants.

Notions historiques. La contrée appelée aujourd'hui Turquie d'Europe comprenait autrefois la *Mœsie* (Servie et Bulgarie), la *Thrace* et la *Macédoine* (Romélie et Macédoine), l'*Epire* (Albanie), la *Thessalie* et la *Grèce septentrionale*. Les villes principales étaient : *Byzantium* (Byzance, ensuite Constantinople), *Thessalonica* (Salonique), *Singidunum* (Belgrade). Alexandre, roi de Macédoine, se rendit maître de presque tous ces petits états, qui, plus tard, ainsi que le reste de la Grèce, furent soumis à l'empire Romain. En 329, Constantin fixa sa résidence à Byzance, ancienne capitale de la Thrace, et qui prit alors le nom de Constantinople. En 366, l'empire Romain est partagé, et Valens devient empereur d'Orient. Au onzième siècle, l'empire d'Orient prend le nom d'empire Grec. Sous le règne de Constantin Paléologue, en 1453, Mahomet II, souverain des Turcs, s'empare de Constantinople et en fait la capitale de son empire. Pendant plusieurs siècles, les empereurs turcs, presque toujours favorisés par la victoire dans leurs guerres, accrurent leur puissance, qui depuis deux cents ans a constamment décliné. Plusieurs provinces leur ont été enlevées par la Russie ou par l'Autriche, et quelques autres se sont rendues à peu près indépendantes.

Grèce.

Superficie. 47,400 kilomètres carrés.
Population. 810,000 habitants.

Position. Le royaume de Grèce, contrée de l'Europe méridionale, est situé au sud de la Turquie d'Europe.

Bornes. Au N., la Turquie d'Europe et une partie de la mer de l'Archipel; — à l'E., la mer de l'Archipel; — au S., partie de la mer Ionienne, partie de la mer de l'Archipel et la Méditerranée; — à l'O., la mer Ionienne.

Division. Le royaume de Grèce comprend trois parties principales : la *Grèce propre* ou *Livadie* au nord, la *Morée* au sud, et les *îles de l'Archipel*, qui se divisent en dix nomes.

Iles. Dans l'Archipel, *Négrepont*, l'ancienne Eubée, près de la côte orientale de la Livadie, dont elle n'est séparée que par l'Euripe, détroit de peu d'étendue; — *Skiro*, à l'est de l'île de Négrepont; — les *Cyclades*, au sud-est de la Grèce propre, dont les principales sont : *Syra*, *Naxie*, *Paro*, *Sdili* (l'ancienne Délos), *Andro*, *Milo*, *Santorin*. — Dans le golfe d'Athènes, *Colouri* (l'ancienne Salamine); — *Egine*; — *Hydra*.

Montagnes. Dans la Grèce propre sont : le *Pinde*, le *Liakoura* ou *Parnasse*, l'*Hélicon*, le *Cythéron*, l'*Œta*, célèbres dans la mythologie de la Grèce; l'*Hymette*, connu par l'excellence de son miel. Dans la Morée sont : le *Cyllène*, le *Taygète*, le *Lycée*, si célèbres aussi dans l'ancienne Grèce.

Fleuves. L'*Iri* se rend dans la Méditerranée; — l'*Aspro-Potamo* se jette dans le golfe de Patras; — le *Mavro-Potamo* se perd dans un gouffre qui communique avec la mer de l'Archipel; — l'*Asapo* se jette dans le canal de Négrepont.

Description générale. La Grèce, dont la mer découpe les rivages escarpés en golfes si nombreux, est une contrée couverte de montagnes séparées par des plateaux plus ou moins élevés. Le sol est presque partout d'une grande fertilité, et ne demande, pour donner ses richesses avec plus d'abondance, que d'être cultivé avec plus de soin. Il produit des céréales en petite quantité, du riz, du coton, des vins et des raisins renommés, de l'huile, des amandes, des figues, des oranges, des citrons, des cédrats, et toutes sortes de fruits excellents. On trouve dans différentes parties de la Grèce du fer, du plomb, du zinc, du mercure, du cuivre; mais ces minéraux, excepté le fer, sont peu exploités. Cette contrée est particulièrement riche en albâtre et en beaux marbres; les plus célèbres sont ceux de Paros et du mont Pentélique. Le climat est généralement doux et sa-

GRÈCE. 195

lubre, dans l'Attique surtout et dans les îles.

Industrie et commerce. La Grèce a trop souffert dans ses dernières guerres contre la Turquie, elle est depuis trop peu de temps constituée en royaume, pour que l'industrie et le commerce aient pu prendre de grands développements. Mais elle est si heureusement située qu'elle peut devenir le centre de relations commerciales très-étendues. Aujourd'hui l'exportation se compose en grande partie de soie brute, de raisins de Corinthe, d'huile et de vins.

Villes principales. GRÈCE PROPRE : *ATHÈNES*, nommée aussi *Sétines*, à l'E., près du golfe de son nom, capitale du royaume, une des villes les plus célèbres des temps anciens : 25,000 habit. — *Thiva* ou *Thèbes*, sur l'emplacement de l'ancienne Thèbes. — *Lépante*, port de mer sur le golfe du même nom. — *Missolonghi*, petite ville célèbre par le siége qu'elle a soutenu contre les Turcs. — *Salona*, au pied du Liakoura. — *Castri*, sur l'emplacement de Delphes.

MORÉE : *Nauplie* ou *Napoli de Romanie*, ville forte, à l'E., au fond du golfe de même nom. — *Argo*, où les ruines de quelques monuments rappellent la splendeur de l'ancienne Argos. — *Corinthe*, à l'entrée de l'isthme de ce nom, ville fameuse dans l'antiquité. — *Patras*, près du golfe de même nom. — *Coron*, à l'ouest, à l'entrée du golfe de ce nom. — *Navarin*, à l'O., port sur la mer Ionienne, célèbre par la bataille navale qui porte ce nom. — *Mistra*, sur le penchant d'une colline; non loin se trouvent les ruines de Sparte. — *Vasilica*, sur l'emplacement de l'ancienne Sicyone. — *Napoli de Malvoisie* ou *Monembasie*, célèbre par ses vins.

Iles : *Négrepont*, chef-lieu de l'île de ce nom, ville forte. — *Syra*, chef-lieu de l'île de ce nom, entrepôt général de la Grèce. — *Naxie*, chef-lieu de l'île de ce nom, qui est la plus grande des Cyclades. — *Paro*, chef-lieu de l'île de ce nom, renommée pour ses beaux marbres.

Notions historiques. La Grèce ancienne, qu'il faut considérer comme le berceau de la civilisation européenne, comprenait la *Grèce propre*, le *Péloponnèse* (Morée) et les îles. La Grèce propre renfermait la *Thessalie*, l'*Acarnanie*, l'*Etolie*, la *Phocide*, la *Béotie* et l'*Attique*; le Péloponnèse renfermait l'*Achaïe*, l'*Elide*, l'*Arcadie*, l'*Argolide*, la *Messénie* et la *Laconie*. Parmi les villes célèbres de ces contrées nous nommerons *Athènes*, *Sparte*, *Thèbes*, *Delphes*, *Sicyone*, *Argos*, *Corinthe*, dont il ne reste plus aujourd'hui que des ruines. Vers l'an 342 avant J.-C., Philippe et Alexandre, son fils, rois de Macédoine, soumirent une grande partie de la Grèce, qui, en l'an 166, devint province romaine. Plus tard elle fit partie de l'empire d'Orient, et à la chute de cet empire, elle passa sous la domination des Turcs. Elle était asservie à ce peuple depuis près de quatre siècles, lorsqu'en 1821 elle se souleva contre ses oppresseurs, et après une lutte sanglante de plusieurs années, elle a fini par secouer le joug. En 1832, Othon, un des fils de Louis Ier, roi de Bavière, a été élu roi de la Grèce, sous la protection de la France, de la Russie et de l'Angleterre.

Iles Ioniennes.

Description générale. Les îles Ioniennes, situées pour la plupart dans la mer Ionienne, à l'ouest de la Grèce, sont au nombre de sept, et forment, depuis 1814, une république sous la protection de l'Angleterre. La population de ces sept îles est d'environ 200,000 habit. Le sol, généralement montagneux, est fertile en vins et en oliviers. Ces îles sont : *Corfou*, la plus importante, avec une capitale du même nom, qui est le siége du gouvernement : 14,000 habit. ; — *Paxo*, la plus petite ; — *Sainte-Maure*, près du continent, dont elle faisait autrefois partie ; — *Théaki*, l'ancienne Ithaque où régnait Ulysse, père de Télémaque ; — *Céphalonie*, la plus grande des îles Ioniennes ; — *Zante*, avec une capitale du même nom, la ville la plus grande et la plus commerçante de la république : 19,000 habit. ; — *Cérigo*, l'ancienne Cythère, dans la Méditerranée, au sud de la Grèce.

Questionnaire.

Quelle est la position de la Turquie d'Europe ? sa superficie ? sa population ? — Quelles sont ses bornes ? — Comment se divise-t-elle ? — Nommez les îles, les principales montagnes, les principaux fleuves. — Le sol de la Turquie est-il fertile? — Quelles sont ses productions? — Donnez quelques détails sur l'industrie et le commerce de cette contrée. — Quelles sont les principales villes de la Turquie propre? les villes principales des pays tributaires? — Dites ce que ces villes ont de remarquable. — Quels noms portaient anciennement les contrées que comprend la Turquie? — Quelles étaient les principales villes? — Sous quelle domination tombèrent ces divers pays? — A quelle époque les Turcs sont-ils devenus maîtres de Constantinople? — Leur puissance est-elle aussi grande aujourd'hui qu'elle l'a été pendant plusieurs siècles?

Quelle est la position de la Grèce? sa superficie? sa population? — Quelles sont ses bornes? — Comment se divise-t-elle? — Nommez les îles, les montagnes, les fleuves. — Quel aspect présente le sol de la Grèce? — Quel est son climat? — Quelles sont ses productions? — Donnez quelques renseignements sur son industrie et son commerce. — Quelle est la capitale du royaume? — Quelles sont les villes principales de la Grèce propre? — Les villes principales de la Morée? — Les villes principales des îles? — Comment la Grèce fut-elle d'abord divisée? — Quelle contrée comprenait-elle? — Quelles sont les villes anciennes les plus célèbres? — Par qui fut-elle conquise à diverses époques? — Sous quelle domination était-elle tombée en dernier lieu? — Qu'a-t-elle fait pour s'y soustraire? — A quelle époque la Grèce a-t-elle été érigée en royaume?

Où sont situées les îles Ioniennes? — Combien y en a-t-il? — Sous la protection de quelle nation sont-elles placées? — Quelle est leur population? — Nommez ces îles et dites ce qu'elles ont de remarquable.

CHAPITRE XVI.

Asie. — Généralités.

Superficie. 41,475,000 kilomètres carrés.
Population. 452,000,000 d'habitants.

Position. L'Asie, la plus étendue et la plus peuplée des cinq parties du monde, appartient à l'ancien continent, dont elle occupe toute la partie orientale.

Dimensions. La plus grande longueur de l'Asie, de l'est à l'ouest, depuis le cap Oriental, sur le détroit de Béring, jusqu'au cap Bab-el-Mandeb, en Arabie, est de 44,930 kilomètres, et sa plus grande largeur, du nord au sud, depuis le cap Sacré, dans la Russie d'Asie, jusqu'au cap Romania, dans l'Indo-Chine, est de 36,043 kilomètres.

Bornes. Au N., l'océan Glacial Arctique; — à l'E. les subdivisions du Grand Océan, telles que la mer de Béring, la mer de la Chine, etc.; — au S., la mer de la Chine et l'océan Indien; — à l'O., la Russie d'Europe, la mer Caspienne, la mer Noire, celle de Marmara, l'Archipel, la Méditerranée, l'Afrique et le golfe Arabique ou mer Rouge.

Division. L'Asie se divise en douze parties principales, dont une au nord, deux à l'ouest, cinq au centre, deux à l'est, deux au sud. —

Au N., la *Russie d'Asie* ou *Sibérie*, avec la *région du Caucase*. — A l'O., la *Turquie d'Asie*, comprenant la *Syrie; l'Arabie*. — Au centre, le *Turkestan* ou *Tartarie indépendante;* le royaume de *Perse; l'Afghanistan* ou royaume de *Kaboul;* le royaume de *Hérat;* le *Béloutchistan*. — A l'E., l'empire de *Chine;* l'empire du *Japon*, composé de plusieurs îles.— Au S., l'*Hindoustan* ou *Inde en deçà du Gange; l'Indo-Chine* ou *Inde au delà du Gange.*

Mers. L'Asie est baignée par quatre grandes mers et par plusieurs autres moins considérables que forment les quatre premières. — L'*océan Glacial Arctique* baigne l'Asie au nord. — Le *Grand Océan* forme la mer de *Béring*, entre la Russie d'Asie et l'Amérique russe; la mer d'*Okhotsk*, entre la Russie d'Asie et la Chine; la *Manche de Tartarie*, entre la Chine et l'île Sakhalien; la mer du *Japon*, entre la Chine et le Japon; la mer *Jaune* et la mer *Bleue*, sur les côtes de la Chine; la mer de la *Chine*, entre la Chine, l'Inde au delà du Gange et les côtes de la Malaisie. — La mer des *Indes* ou l'*océan Indien* baigne le sud de l'Asie et forme la mer *Rouge* ou golfe *Arabique*, entre l'Arabie et l'Afrique. — La mer *Méditerranée* forme l'*Archipel*, la mer de *Marmara* et la mer *Noire*, déjà nommées en Europe, ainsi que la mer *Caspienne*.

Golfes. Les principaux golfes de l'Asie sont: les golfes d'*Obi*, de *Kara* et de *Taïmourskaïa*, formés par la mer Glaciale sur les côtes de la

Sibérie; — le golfe d'*Anadir*, formé par la mer de Béring sur les côtes de la Sibérie; — les golfes de *Tonkin* et de *Siam*, formés par la mer de la Chine; — le golfe du *Bengale*, formé par la mer des Indes, entre les deux Indes; — le golfe d'*Oman*, formé par la même mer, entre l'Arabie, le Béloutchistan et l'Hindoustan; — le golfe *Persique*, entre la Perse et l'Arabie, et le golfe d'*Aden*, entre l'Arabie et l'Afrique, formés par le golfe d'Oman.

Détroits. Les détroits les plus remarquables de l'Asie sont : le détroit de *Béring*, entre l'océan Glacial Arctique et la mer de Béring, et qui sépare l'Asie de l'Amérique; — la *Manche de Tartarie* et le détroit de *La Pérouse*, entre la mer d'Okhotsk et celle du Japon; — le détroit de *Corée*, entre la mer du Japon et la mer Bleue; — le canal de *Formose*, entre la mer Bleue et la mer de la Chine; — le détroit de *Sincapour* et celui de *Malacca*, sur les côtes de la presqu'île de Malacca; — le détroit d'*Ormouz*, entre le golfe Persique et le golfe d'Oman; — le détroit de *Bab—el-Mandeb*, entre le golfe d'Oman et la mer Rouge.

Iles. Les îles principales de l'Asie sont : dans l'océan Glacial Arctique, l'archipel de la *Nouvelle-Sibérie* ou de *Liakhov*; l'archipel des *Ours*; l'île *Biéloï*. — Dans le Grand Océan et les mers qu'il forme, l'archipel des *Kouriles*; l'île *Sakhalien* ou *Tarrakaï*; les îles du *Japon*, dont la principale est *Niphon*; l'archipel de *Lieou-Kieou*; les îles *Haï-nan* et *Formose*. — Dans l'océan Indien, les *Laquedives*, les *Maldives*, les îles de *Ceylan*, *Andaman*, *Nikobar* et *Merghi*. — Dans la mer Méditerranée, l'île de *Chypre*, et plus à l'ouest les îles de *Rhodes*, de *Chio*, de *Samos* et de *Métélin*.

Presqu'îles. Parmi les presqu'îles de l'Asie, les principales sont : celle du *Kamtchatka*, dans la Russie d'Asie ; — celle de *Corée* en Chine ; — la presqu'île orientale des *Indes* ou l'*Indo-Chine*; — la presqu'île occidentale des *Indes* ou la partie méridionale de l'*Hindoustan*; — la presqu'île de *Malacca*, au sud de l'Indo-Chine ; — celle de *Goudjérate*, à l'ouest de l'Hindoustan ; — l'*Anatolie*, dans la Turquie d'Asie ; — l'*Arabie*, la plus grande de toutes les presqu'îles de l'Asie.

Caps. Les caps les plus remarquables de l'Asie sont : le cap *Sacré* ou *Severo-Vostotchnoï* et le cap *Olensk*, au nord de la Sibérie ; — le cap *Oriental*, sur le détroit de Béring ; — le cap *Lopatka*, au sud du Kamtchatka ; — le cap *Ava*, dans l'île de Niphon ; — la pointe de *Camboge*, sur le golfe de Siam ; — le cap *Romania*, sur le détroit de Sincapour ; — le cap *Comorin*, au sud de l'Inde en deçà du Gange ; — le cap *Mocendon*, sur le détroit d'Ormouz ; — le cap *Raz-el-Gat*, en Arabie, sur la mer d'Oman ; — le cap *Bab-el-Mandeb*, dans la même contrée.

Montagnes. Les principales montagnes de l'Asie sont : les monts *Ourals*, entre l'Europe et l'Asie ; — le petit *Altaï*, au sud de la Sibérie ; — le grand *Altaï*, au nord-ouest du plateau central ; — les monts *Stanovoï*, dans la Sibérie orientale ; — la longue chaîne du *Kamtchatka*, remarquable par ses nombreux volcans en activité ou éteints ; — les monts *Bélour*, entre la Tartarie et le Thibet ; — le *Caucase*, ancienne frontière de la Russie d'Europe ; — le *Taurus*, le *Liban*, dans la Turquie d'Asie ; — le mont *Ararat*, dans la Caucasie ; — le mont *Sinaï*, en Arabie ; — les monts *Hindou-Khouch*, au nord du royaume de Kaboul et du royaume de Hérat ; — les monts *Mogs*, les monts de *Siam*, dans l'Indo-Chine ; — les monts *Himalaya*, au nord de l'Inde en deçà du Gange ; — les *Ghattes*, non loin de la côte occidentale de cette contrée.

Fleuves. L'Asie est arrosée par un grand nombre de fleuves importants qui se distribuent de la manière suivante. — L'océan Glacial Arctique reçoit l'*Obi*, qui prend sa source dans les monts Altaï ; l'*Iéniséisk* et la *Léna*, qui arrosent la Sibérie. — Le grand Océan, l'océan Indien et les mers qui en dépendent reçoivent l'*Amour* ou *Sakhalian*, qui traverse la partie septentrionale de la Chine ; le *Hoang-Ho* ou fleuve *Jaune*, qui arrose la Chine et se jette dans la mer Jaune ; le *Kiang* ou fleuve *Bleu*, un des plus grands fleuves du monde, qui arrose la partie centrale de la Chine ; le *May-kang*, qui arrose l'Indo-Chine et se jette dans la mer de la Chine ; l'*Iraouaddy*, qui arrose l'Indo-Chine et se jette dans le golfe de Martaban ; le *Gange*, qui arrose les plus belles provinces de l'Hindoustan, et le *Brahmapoutre*, qui arrose une partie de l'Hindoustan et une partie de l'Indo-Chine, et qui se réunissent à leur embouchure dans le golfe du Bengale; le *Sind* ou *Indus*, qui parcourt le Kaboul, la partie occidentale de l'Hindoustan et se jette dans le golfe d'Oman. — Le golfe Persique reçoit le *Chat-el-Arab*, formé de l'*Euphrate* et du *Tigre*, qui arrosent la Turquie d'Asie. — La mer Caspienne reçoit l'*Oural*, qui prend sa source dans les monts du même nom, et le *Kour*, grossi de l'*Aras*, qui arrose la Perse septentrionale.

Lacs. L'Asie est baignée, comme l'Europe, par le lac le plus considérable du globe, la mer *Caspienne;* ses eaux sont salées comme celles de l'Océan, avec lequel elle n'a pas de communication visible. Les autres lacs remarquables de l'Asie sont: le lac *Baïkal*, dans la Russie d'Asie; — le lac *Aral*, nommé aussi mer d'*Aral*, dans la Tartarie indépendante; — le lac *Asphaltite* ou *mer Morte;* — le lac de *Van*, dans la Turquie d'Asie; — le lac *Ourmiah*, dans la Perse; — les lacs *Lob-noor* et *Pho-yang*, dans la Chine.

Description générale. L'Asie présente une grande variété dans ses climats et dans ses productions. La région septentrionale ne présente dans presque toute son étendue qu'une affreuse aridité et des glaces amoncelées le long des côtes et à l'embouchure des fleuves. La région centrale de cette contrée est sujette à des froids excessifs; elle offre de vastes chaînes de montagnes, dont quelques-unes sont toujours cou-

GÉNÉRALITÉS. 205

vertes de neiges. La région méridionale renferme les contrées les plus riches et les plus fertiles. On trouve dans l'Asie tous les minéraux utiles ou précieux. L'Inde, la Perse, la Russie d'Asie, renferment des mines plus ou moins riches de diamants et d'autres pierres précieuses. Des mines d'or, d'argent, de cuivre, de fer, sont répandues dans le Japon, en Chine, dans la Perse, la Russie d'Asie, la Turquie d'Asie. La plupart des contrées de l'Asie offrent une végétation aussi riche que variée. Dans les régions tout à fait septentrionales, où règne un hiver perpétuel, on voit à peine quelques touffes d'herbes et de mousses. Dans l'Asie centrale, les steppes salées et les déserts de sable succèdent alternativement aux plus belles plaines du monde. Les pays de l'Asie méridionale, vivifiés par une chaleur constante, arrosés par de nombreux et larges fleuves, étalent toutes les richesses et toutes les magnificences naturelles : c'est là que croissent en abondance les arbres à épices, le muscadier, le giroflier, les lauriers qui fournissent la cannelle et le camphre, les diverses espèces de palmiers, le caféier, l'arbre à thé. Presque tous les arbres à fruits que l'Europe possède sont originaires de la Perse et de la Syrie. L'Asie possède la plupart des animaux qu'on trouve en Europe, et un grand nombre qui lui sont particuliers. Les vastes forêts de la Sibérie sont habitées par des troupes innombrables de rennes, d'élans, de renards et de martres ; les chevaux y vivent à l'état sauvage.

Le dromadaire ou chameau à une bosse est répandu dans toute l'Arabie, où il est regardé comme un présent du Ciel. Dans l'Arabie et la Perse, nous trouvons les lions, les panthères et les chacals; dans les deux Indes, le tigre, l'éléphant, le rhinocéros, les nombreuses familles des singes; puis, dans diverses contrées, la chèvre angora, le musc, la zibeline, le chamois, la gazelle, sans parler encore d'une foule d'oiseaux au riche plumage, de reptiles gigantesques et d'insectes brillants.

Industrie et commerce. Les productions du sol de l'Asie, aussi précieuses que variées et abondantes, et les produits de l'industrie, ont attiré depuis la plus haute antiquité les nations commerçantes dans cette partie du monde, qui a toujours été le centre d'un grand commerce. Aujourd'hui le commerce maritime de certaines contrées de l'Asie, et surtout de l'Inde, se trouve presque entièrement entre les mains des peuples européens, parmi lesquels il faut nommer les Anglais, les Français, les Hollandais, les Danois et les Portugais. On exporte de diverses contrées de l'Asie des quantités immenses de thé, de café, de riz, de coton et d'autres objets importants.

Gouvernement. Toutes les nuances possibles de gouvernement se trouvent en Asie, depuis le gouvernement pastoral ou patriarcal chez les peuples nomades, et entre autres les tribus arabes, jusqu'au despotisme le plus absolu, qui existe dans plusieurs contrées et principalement dans la Turquie d'Asie, en Chine et au Japon.

Religions. Le christianisme, avec ses grandes et éternelles vérités, est né en Asie; mais en revanche il est peu de croyances absurdes, peu de superstitions qui n'y aient été vénérées. Les chrétiens d'Asie appartiennent aux églises catholique romaine, grecque et arménienne. L'islamisme ou la religion mahométane est professée par les Turcs, les Arabes, les Persans, et la plupart des peuples de la région du Caucase. Le brahmanisme et le bouddhisme, deux cultes mêlés des cérémonies les plus bizarres et des coutumes les plus cruelles, dominent dans les Indes, en Chine et au Japon. Dans ces deux dernières contrées règne aussi la religion de Confucius ou la doctrine des lettrés, ainsi nommée parce qu'elle est généralement suivie par les hommes instruits de ces deux empires. Le judaïsme, qui comptait jadis tant de disciples dans l'Asie occidentale, où les Juifs avaient fondé un royaume florissant, n'est plus dominant dans aucun état; néanmoins c'est dans la Turquie d'Asie et dans l'Arabie que les Juifs sont le plus nombreux.

Peuples. Parmi les peuples répandus dans les diverses parties de l'Asie, nous nommerons les *Samoyèdes*, les *Yakoutes*, les *Kamtchadales*, remarquables par la petitesse de leur taille, et habitant les régions polaires; les *Arméniens*, les *Tartares*, les *Perses*, les *Afghans*, les habitants du *Caucase*, qui se distinguent tous par la régularité des formes; enfin les *Mongols*, les

Chinois, les *Japonais*, qui ont la peau d'une teinte jaunâtre.

Possessions européennes en Asie. Certains états de l'Europe possèdent des contrées importantes en Asie. A la Russie d'Europe appartiennent la *Sibérie* et la *région du Caucase;* à la Turquie d'Europe, l'*Asie Mineure*, la *Mésopotamie*, la *Syrie*, etc.; l'Angleterre domine dans l'*Hindoustan*, où la France, le Portugal et le Danemark ont aussi des territoires plus ou moins importants.

Notions des Anciens. Les Anciens ne connaissaient pas les bornes de l'Asie au nord et à l'est. Elle était bornée au sud par la mer *intérieure* (mer Méditerranée) et l'*océan Indien;* — à l'ouest par le *Tanaïs* (Don), le *Palus-Méotide* (mer d'Azof), le *Pont-Euxin* (mer Noire), le *Bosphore de Thrace* (canal de Constantinople), la *Propontide* (mer de Marmara), l'*Hellespont* (détroit des Dardanelles) et le golfe *Arabique* ou mer *Rouge*.

Les contrées que comprenait l'Asie ancienne étaient : au nord, la *Sarmatie* et la *Scythie* (Sibérie, région du Caucase et Tartarie indépendante);—à l'est, l'*Inde* (Hindoustan, Afghanistan et Thibet) et le *pays des Sines* (Thibet, royaume de Siam et empire d'An-nam);—au centre, la *Colchide* (Géorgie et Mingrélie); l'*Arménie*, la *Mésopotamie*, l'*Assyrie*, la *Babylonie* (Turquie d'Asie); la *Médie*, la *Perse*, la *Susiane*, la *Carmanie*, l'*Hyrcanie* (royaume de Perse); l'*Arie* (royaume de Hérat); la *Gédrosie* (Béloutchistan); la *Sog-*

diane (Grande-Boukharie), la *Bactriane* (Afghanistan); — à l'ouest, l'*Asie Mineure*, la *Syrie*, la *Phénicie*, la *Palestine* (Turquie d'Asie); l'*Arabie*.

L'Asie nous présente les premières antiquités du monde; c'est en Asie que les saintes Ecritures placent le paradis terrestre, que l'arche de Noé s'est arrêtée, et que le genre humain a pris connaissance du vrai Dieu. Toute l'histoire ancienne est l'histoire des différents empires de l'Asie où se sont accomplis les principaux faits de l'antiquité, et le plus grand fait de tous les temps, la divine mission de Jésus-Christ. Le langage, les arts, les sciences, le commerce, ont pris naissance en Asie, et c'est de là que la civilisation s'est répandue dans le monde entier.

Questionnaire.

Où est située l'Asie? — Quelles sont ses dimensions? sa superficie? sa population? — Quelles sont ses bornes? — En combien de parties se divise l'Asie? — Quelles sont les mers qui baignent l'Asie? — Quelles mers forma l'océan Glacial Arctique? — Quelles mers forme le Grand Océan? — Quelles mers forme l'océan Indien? — Quelles mers forme la Méditerranée? — Dites les principaux golfes; les principaux détroits. — Nommez les principales îles; les mers dans lesquelles elles sont situées. — Dites les principales presqu'îles; les principaux caps. — Quelles sont les principales montagnes de l'Asie? — Où sont-elles situées? — Quels sont les principaux fleuves? — Dites quels pays ils arrosent et dans quelles mers ils se jettent. — Nommez les principaux lacs de l'Asie. — Quel est l'aspect du sol et le climat dans les diverses parties de l'Asie? — Quels sont les minéraux qu'on trouve en Asie? — Quelles sont les productions végétales les plus importantes? — Quels sont les animaux particuliers à l'Asie? — Quelles sont les principaux objets de l'industrie et du commerce? — Quelles formes de gouvernement remarquez-vous en Asie? — Quelles sont les diverses religions professées en Asie? — Quels sont les divers peuples qui habitent l'Asie? — Quelles sont les principales possessions des Européens en Asie? — Les Anciens connaissaient-ils entièrement l'Asie? — Quelles étaient les bornes de l'Asie ancienne? — Quelles sont les diverses contrées que comprenait l'Asie ancienne? — Quels événements mémorables se sont passés en Asie?

CHAPITRE XVII.

Russie d'Asie. — Turquie d'Asie. Arabie.

Russie d'Asie.

Superficie. 13,355,925 kilomètres carrés.
Population. 2,900,000 habitants.

Position. La Russie d'Asie, dépendante de la Russie d'Europe, est une vaste contrée qui occupe toute la partie septentrionale de l'Asie.

Bornes. Au N., l'océan Glacial Arctique et la Russie d'Europe; — à l'E., les parties du Grand Océan qui prennent le nom de mer de Béring et de mer d'Okhotsk; — au S., l'empire chinois, le Turkestan, la mer Caspienne, la Perse, la mer Noire et la Turquie d'Asie ; — à l'O., la mer Noire et la Russie d'Europe.

Division. La Russie d'Asie comprend deux parties principales : la *Sibérie*, au nord et à l'est, et la *Caucasie* ou *région du Caucase*, à l'ouest. La Sibérie est divisée en Sibérie occidentale et en Sibérie orientale, et en huit gouvernements et provinces. La Caucasie est divisée en deux parties par la chaîne du Caucase. Les principales provinces de cette région sont : la *Géorgie*, le *Chirvan*, l'*Arménie* et l'*Imérethie*, qui comprend la *Grande-Abasie*, la *Gourie* et la *Mingrélie*.

Iles. Les îles de la *Nouvelle-Sibérie*, dans l'océan Glacial Arctique ; — les *Kouriles*, au sud-ouest du Kamtchatka, entre la mer d'Okhostk et le Grand Océan.

Montagnes. Les monts *Ourals* séparent la Sibérie de l'Europe ; — les monts *Stanovoï* parcourent la Sibérie orientale. — Dans la région du Caucase s'élève le *Caucase*, dont les sommets sont couverts de neiges éternelles ; — le mont *Ararat*, sur lequel s'arrêta l'arche de Noé, est dans l'Arménie.

Fleuves. Dans la Sibérie, l'*Obi*, l'*Iéniséi* et la *Léna* se jettent dans l'océan Glacial Arctique ; — l'*Anadyr* et le *Kamtchatka* se jettent dans la mer de Béring. — Dans la région du Caucase, le *Kour*, qui reçoit l'*Aras*, se jette dans la mer Caspienne ; — le *Rion* (l'ancien *Phase*) se rend dans la mer Noire.

Presqu'île et détroit. La presqu'île de *Kamtchatka*, couverte de montagnes volcaniques ; — le détroit de *Béring*, qui sépare l'extrémité orientale de la Sibérie de l'extrémité nord-ouest de l'Amérique.

Description générale. De vastes plaines, nommées *steppes*, différentes de nature et d'aspect, occupent une grande partie de la Sibérie, et renferment beaucoup de lacs, dont la plupart sont salés. Les trois cinquièmes du sol de la Sibérie ne sont susceptibles d'aucune culture, mais quelques parties situées au sud et à l'ouest sont d'une fertilité remarquable. Dans presque toute l'étendue de la Sibérie, l'hiver dure neuf ou dix mois. Les chaleurs de l'été sont courtes, mais fortes et subites. Cette contrée est riche en productions minérales : on y trouve des mines d'or, d'argent, de platine, de cuivre et de fer, des diamants et d'autres pierres précieuses. Parmi les animaux domestiques de la Sibérie, le renne est le plus remarquable et sans contredit le plus utile. Les martres, les hermines et les zibelines donnent des fourrures très-recherchées. La région du Caucase offre deux parties bien distinctes : d'un côté, de hautes montagnes en partie couvertes de forêts et où règne un froid rigoureux, à cause des neiges qui y sont sans cesse amoncelées ; de l'autre, des plaines et des vallées remarquables par la douceur du climat et la fertilité du sol, qui produit des graines, des fruits, des vins, du coton et de belles fleurs. L'industrie de la Sibérie consiste surtout dans l'exploitation des mines et dans les manufactures de fer, de cuivre et de cuirs. Elle fait un commerce important soit avec la Russie d'Europe, soit avec la Turquie, la Perse et la Chine. Elle y porte une grande quantité de pelleteries et les produits de ses mines abondantes. L'industrie de la région du Caucase ne s'exerce que sur quelques objets de peu d'importance. Tiflis et quelques autres villes sont l'entrepôt général du commerce qui se fait par terre entre la Russie, la Perse et l'Inde.

Villes principales. SIBÉRIE : *Tobolsk*, à l'O., capitale de la Sibérie occidentale, l'entrepôt du commerce entre l'Europe et l'Asie : 27,000 habit. — *Tomsk*, ville commerçante. — *Irkoutsk*, au S., capitale de la Sibérie orientale, entrepôt du commerce que la Russie fait avec la Chine. — *Iakoutsk*, importante par son grand commerce de fourrures. — *Nertchinsk*, le lieu d'exil le plus affreux après le Kamtchatka. — *Okhotsk*, à l'E., port assez important sur la mer de ce nom. — *Petropavlosk*, bon port, principal établissement de la presqu'île du Kamtchatka.

RÉGION DU CAUCASE : *Tiflis*, au N., sur le Kour, chef-lieu de la Géorgie, centre du commerce entre l'Europe et l'Asie : 35,000 habit. — *Bakou*, port commerçant du Chirvan, sur la mer Caspienne. — *Erivan*, chef-lieu de l'Arménie, ville forte.

Notions historiques. La Sibérie, autrefois la *Scythie*, était peu connue des Anciens. Plus tard elle fut habitée par les Mongols. La première expédition des Russes dans ce pays ne date que de la fin du quinzième siècle ; ensuite ils l'ont soumise.

La région du Caucase répond en partie à la *Colchide*, à l'*Ibérie*, à l'*Albanie*, et surtout à la *Sarmatie asiatique* des Anciens. Cette contrée, divisée en plusieurs petits états et protégée par les montagnes, échappa à l'ambition des conquérants qui, à diverses époques, ont ravagé l'Asie et l'Europe. La Géorgie, après avoir eu ses rois particuliers, fut conquise par les Persans et en partie par les Turcs. C'est à ces peuples que la Russie a enlevé les provinces qu'elle possède aujourd'hui.

Turquie d'Asie.

Superficie. 1,185,000 kilomètres carrés.
Population. 11,500,000 habitants.

Position. La Turquie d'Asie, dépendante de la Turquie d'Europe, est une grande contrée située dans l'Asie occidentale.

Bornes. Au N., la mer Noire et une partie de la Russie ; — à l'E., la Russie et la Perse ; — au S., l'Arabie, la mer Méditerranée ; — à l'O., la Méditerranée et l'Archipel.

Division. La Turquie d'Asie se divise en cinq parties principales : l'*Asie Mineure* ou *Anatolie*, avec la *Caramanie*; l'*Arménie turque*; le *Kourdistan turc*; la *Mésopotamie* ou *Al-Djézireh*, avec l'*Irac-Arabi*, et la *Syrie*.

Iles. Dans la mer de Marmara, les îles des *Princes* et de *Marmara*; — dans l'Archipel, les îles *Ténédo*, *Métélin* (Lesbos), *Chio*, *Samos*; — dans la mer Méditerranée, l'île de *Chypre*, la plus considérable de toutes et ayant pour capitale *Nicosie*; les îles *Sporades*, dont les principales sont : *Cos*, *Rhodes*, avec une capitale de même nom.

Montagnes. Le *Taurus* traverse, de l'ouest à l'est, le centre de la Turquie d'Asie, et a pour branche principale l'*Anti-Taurus*; — le *Liban* parcourt, du nord au sud, la partie occidentale de la Syrie, et a pour branche principale l'*Anti-Liban*; — les monts *Thabor* et *Carmel* sont en Syrie.

Fleuves. La *Sakaria* et le *Kizil-Ermak*, qui arrosent l'Anatolie, se jettent dans la mer Noire; — le *Meïnder*, qui arrose aussi l'Anatolie, se jette dans l'Archipel; — le *Sihoun*, le *Djihoun*, qui arrosent l'Anatolie, et l'*Aasi*, qui parcourt la Syrie, se jettent dans la Méditerranée; — le *Chat-el-Arab*, formé par l'*Euphrate* et le *Tigre*, et qui parcourt une grande partie de la Turquie d'Asie, se jette dans le golfe Persique; — le *Kour* arrose l'Arménie et se jette dans la mer Caspienne; — le *Charia* ou *Jourdain*, si célèbre dans l'histoire sainte, se rend dans le lac Asphaltite, après avoir arrosé une partie de la Syrie.

Lacs. Le lac de *Van*, dans l'Arménie; — le lac *Asphaltite* ou *mer Morte*, dans la Syrie; — le lac d'*Antakiéh*, dans la Syrie; — le lac de *Taba-*

riéh ou de *Tibériade*, appelé aussi *mer de Galilée*, dans la Syrie.

Description générale. La Turquie d'Asie offre tour à tour d'immenses plaines d'une affreuse aridité, des déserts sablonneux, puis des vallées d'une admirable fertilité, de belles forêts, des prairies bien arrosées et couvertes de pâturages abondants. Le climat est en général d'une douceur remarquable. Il devient variable dans les montagnes, et très-chaud au sud et à l'est. Les céréales, le riz, le coton, la gomme, les oranges, les citrons, les cédrats, toutes sortes de fruits, les vins, surtout dans les îles, sont les productions principales de la Turquie, qui possède aussi des mines de fer, de cuivre, d'or et d'argent. L'industrie est très-active dans quelques grandes villes, et consiste surtout dans les étoffes de soie et de coton, les châles, les tapis, les maroquins, etc. Outre les produits de cette industrie, le commerce exporte de la soie, des laines, du tabac, du cuivre, de l'opium, du safran. Le commerce maritime se fait presque entièrement par les Européens, dans quelques villes situées le long des côtes et qu'on appelle *Echelles du Levant*.

Villes principales. ASIE MINEURE OU ANATOLIE : *KUTAHIEH*, à l'O., capitale de l'Anatolie, résidence du beylerbey ou gouverneur général de cette province : 60,000 habitants. — *Smyrne*, à l'O., port sur un golfe de l'archipel, le centre de tout le commerce du Levant, la ville la plus importante et la plus commerçante de la Turquie d'Asie; les Européens, désignés sous le nom de *Francs*, habitent un quartier séparé dans cette ville : le français est la langue universellement adoptée dans cette espèce de petite république fédérative. — *Brousse*, au pied du mont Olympe, ville très-importante par son industrie et son commerce. — *Scutari*, grande et belle ville en face de Constantinople. — *Trébizonde*, au N. E., port sur la mer Noire. — *Angora*, célèbre par ses tissus. — *Tokat*, grande ville, industrieuse et commerçante. — *Koniéh*, avec de nombreuses manufactures. — *Kaïsarich*, l'ancienne Césarée de Cappadoce.

ARMÉNIE : *Erzeroum*, près de l'Euphrate, ville très-commerçante, entrepôt des caravanes de la Perse et des Indes : 80,000 habitants. — *Van*, sur le vaste lac du même nom. — *Diarbékir*, ou *Amid*, sur le Tigre. — *Djézireh*, sur le même fleuve.

KOURDISTAN : *Bitlis*, ville forte. — *Mossoul*, sur le Tigre, ville florissante par son commerce et par ses fabriques d'étoffes, qui ont donné le nom à la mousseline ; dans les environs se trouvent les ruines de l'ancienne Ninive.

MÉSOPOTAMIE ou AL-DJÉZIRÉH et IRAC-ARABI : *Orfa*, l'ancienne Édesse. — *Bagdad*, sur le Tigre, autrefois la résidence des califes, une des villes les plus industrieuses et les plus commerçantes de la Turquie d'Asie ; c'est dans la contrée qui avoisine Bagdad que s'élevait autrefois la célèbre Babylone, dont il reste à peine quelques débris. — *Bassora*, sur le Chat-el-Arab, ville très-commerçante.

Syrie : *Alep*, ville très-commerçante et très-peuplée avant le tremblement de terre qui l'a détruite en partie en 1822. — *Antakiéh*, l'ancienne Antioche, célèbre dans l'antiquité et au temps des croisades. — *Tripoli*, port sur la Méditerranée. — *Damas*, l'une des plus anciennes villes du monde, et l'une des plus belles et des plus florissantes de l'Orient, renommée pour ses tissus de soie et ses sabres. — *Acre* ou *Saint-Jean-d'Acre*, l'ancienne Ptolémaïs, port sur la Méditerranée. — *Sour*, la célèbre Tyr de l'antiquité. — *Jérusalem*, capitale de la Palestine, la plus célèbre ville du monde, le berceau du christianisme. — *Bethléem*, petite ville où N. S. Jésus-Christ vint au monde. — *Jaffa*, port sur la Méditerranée.

Notions historiques. La Turquie d'Asie correspond aux anciennes contrées appelées *Asie Mineure* (Anatolie), *Syrie*, *Phénicie* et *Palestine* (Syrie). Les principaux pays renfermés dans l'Asie Mineure étaient la *Lydie*, le *Pont*, la *Bithynie*, la *Phrygie*, la *Cappadoce*, etc. Les villes principales étaient, dans l'Asie Mineure, *Smyrna* (Smyrne), *Prusa* (Brousse), *Trapezus* (Trébisonde); dans la Syrie, *Antiochia* (Antakiéh), *Damasius* (Damas); dans la Phénicie, *Tyrus* (Sour); dans la Palestine, *Hierosolyma* (Jérusalem), *Joppe* (Jaffa). Dans ces contrées ont existé autrefois de puissants empires et de nombreux royaumes. Plusieurs villes célèbres dont on parle encore avec admiration, et parmi lequelles nous nommerons Jérusalem, Babylone, Ninive, Troie, Tyr, Sidon, Damas, Palmyre, y ont brillé jadis par leur grandeur, leurs richesses, ou par les faits mémorables dont elles ont été le théâtre. Les Assyriens, les Perses, les Grecs après les conquêtes d'Alexandre, et plus tard les Romains, ont tour à tour exercé leur domination dans ces pays. Au septième siècle, les Arabes subjuguèrent en partie la contrée et fixèrent à Bagdad le siège de l'empire des califes. Les Turcs, sortis de la Tartarie, pénétrèrent à leur tour dans cette contrée, et peu à peu s'en rendirent entièrement les maîtres. Les guerres qu'ils ont eu à soutenir depuis près de cent ans contre les Persans et les Russes leur ont fait perdre plusieurs provinces importantes.

Arabie.

Superficie. 2,370,000 kilomètres carrés.
Population. 12,000,000 d'habitants.

Position. L'Arabie, située dans la partie occidentale de l'Asie, forme une grande presqu'île au sud-ouest, située le long de la mer Rouge et unie à l'Afrique par l'isthme de Suez.

Bornes. Au N., la Turquie d'Asie et l'Egypte; — à l'E., le golfe Persique et le golfe d'Oman; — au S., le golfe d'Oman; — à l'O, le golfe Arabique ou mer Rouge.

Division. L'Arabie comprend six parties principales : l'*Hedjaz*, l'*Yémen*, l'*Hadramaout*, l'*Oman*, le *Lahsa* ou *Hadjar*, et le *Barria*, où se trouve le *Nedjed*, pays des Wahabites.

Iles. Dans le golfe Persique, les îles *Bahréin*, célèbres par la pêche des perles.

Montagnes. Les monts *Sinaï* et *Horeb*, situés au milieu d'un désert et si célèbres dans l'histoire sainte.

Description générale. Tout le centre de l'Arabie n'est qu'une suite de déserts arides constamment échauffés par un soleil brûlant, et produisant seulement quelques plantes salines et grasses que broutent les chameaux, ces animaux si utiles, et sans le secours desquels il serait impossible de traverser ces mers de sables. Les côtes, surtout celles du sud-ouest, sont entrecoupées de vallées et de plaines agréables et fertiles. Le café, le froment, le riz, la canne à sucre, le coton, la gomme, la myrrhe, le baume, les bois odoriférants, les fruits des pays méridionaux, sont les productions principales de l'Arabie, qui renferme aussi des pierres précieuses. L'industrie est à peu près nulle en Arabie. Le commerce est assez actif dans plusieurs ports de mer; il se fait aussi par caravanes. Les principaux objets d'exportation sont le café, les perles, les dattes, la gomme, l'indigo, l'encens, la myrrhe et les chevaux arabes si renommés.

Villes principales. LA MECQUE, à l'O., dans un vallon stérile, au milieu des montagnes, patrie de Mahomet : 60,000 habitants. — *Médine*, située entre des montagnes arides, et où se trouve le tombeau de Mahomet. — *Moka*, port commerçant sur la mer Rouge, l'entrepôt du commerce de l'Yémen, qui produit du café si recherché. — *Mascate*, port très-commerçant, sur le golfe d'Oman. — *Aden*, ville autrefois très-florissante, aux Anglais.

Notions historiques. L'Arabie a conservé le nom qu'elle portait anciennement. Elle était divisée en trois parties : l'*Arabie Pétrée*, l'*Arabie Déserte* et l'*Arabie Heureuse*. Il paraît que les Arabes ont toujours été divisés en plusieurs tribus ou petites nations qui sont restées longtemps indépendantes. Au commencement du septième siècle, Mahomet, célèbre imposteur, fonda tout à la fois dans cette contrée une religion et un empire dont la puissance s'étendit au loin. Les Arabes, gouvernés par des califes, firent des conquêtes à l'ouest de l'Asie, au nord de l'Afrique, au midi de l'Europe, et ils y introduisirent les sciences et les arts qu'ils n'avaient pas cessé de cultiver depuis la chute de l'empire Romain. Plus tard les Turcs soumirent l'Arabie. Aujourd'hui cette contrée, divisée en plusieurs états, est gouvernée par des chefs, nommés imans, dont les uns sont indépendants et les autres tributaires de la Turquie d'Europe. Les Arabes nomades, connus sous le nom de Bédouins, vivent dans l'intérieur de l'Arabie.

Questionnaire.

Quelle est la position de la Russie d'Asie? — Dites sa superficie; sa population; ses bornes. — Comment se divise la Russie d'Asie? — Quelles sont ses îles? ses montagnes? — Quels sont ses fleuves? — Quel est l'aspect général de cette contrée? — Quelles sont ses productions?—Nommez les villes principales de la Sibérie; celles de la région du Caucase. — Donnez quelques notions historiques sur la Sibérie et sur la région du Caucase.

Quelle est la position de la Turquie d'Asie? — Dites sa superficie; sa population; ses bornes. — Quelles contrées comprend la Turquie d'Asie?— Dites les îles; les montagnes principales; les fleuves principaux; les lacs. — Quel aspect présente cette contrée? — Quelles sont ses productions? — Parlez de son commerce et de son industrie. — Nommez les villes principales. — A quelles contrées anciennes correspond la Turquie d'Asie? — Quelles étaient les principales provinces de l'Asie Mineure? — Quelles étaient les villes principales de ces contrées? — Quels sont les peuples anciens et les peuples modernes qui ont tour à tour dominé dans cette contrée?

Quelle est la position de l'Arabie? sa superficie? sa population? — Quelles sont ses bornes? — Comment se divise-t-elle?—Quelles sont ses îles? ses montagnes? — Quel aspect présente l'Arabie? — Quelles sont ses productions principales? — Quels sont les animaux les plus utiles dans cette contrée? — Quels objets le commerce exporte-t-il?—Quelles sont les villes principales de l'Arabie? — Quel nom portait anciennement cette contrée? — Comment était-elle divisée? — Donnez quelques notions historiques.

CHAPITRE XVIII.

Turkestan. — Perse. — Afghanistan. — Hérat. — Béloutchistan.

Turkestan.

Superficie. 1,975,000 kilomètres carrés.
Population. 4,300,000 habitants.

Position. Le Turkestan ou Tartarie indépendante est situé dans la partie centrale de l'Asie, au sud-ouest de la Sibérie.

Bornes. Au N., la Sibérie et la Russie d'Europe; — à l'E., l'empire Chinois; — au S., la Perse; — à l'O., la mer Caspienne.

Division. Le Turkestan comprend deux grandes divisions : le *Turkestan propre*, renfermant plusieurs *khanats*, dont les principaux sont ceux de *Boukhara* (Boukharie), de *Khiva* et de *Khokand*, au sud; le *pays des Kirghis*, au nord, divisé en grande et en petite horde.

Description générale. Dans le Turkestan, tantôt le sol s'étend en plaines immenses, tantôt il est coupé de rivières et de collines. Les forêts sont rares. Le vaste territoire situé au nord, et occupé par les hordes des Kirghis, n'offre qu'une suite de steppes sablonneuses remplies d'un grand nombre de lacs salés; seulement dans quelques parties se trouvent de bons pâturages où les Kirghis nourrissent des chevaux, des brebis, des chèvres et des chameaux. Les provinces du sud, occupées par les Turkomans, sont d'une fertilité remarquable et produisent en abondance du blé, du riz, toutes sortes de fruits délicieux, du vin, du coton. L'industrie, assez active dans les grandes villes, s'exerce principalement sur les étoffes de coton et de soie. Outre les produits de l'industrie, le commerce exporte du coton, des peaux, des chevaux, des fruits secs, de la poudre d'or et des pierres précieuses.

Villes principales. BOUKHARA, au S., dans une plaine fertile, ville remarquable par le grand nombre de ses mosquées et de ses célèbres écoles : 80,000 habit. — *Samarkande*, ville autrefois florissante et ancienne capitale de l'empire fondé par Tamerlan. — *Balk,* l'ancienne Bactres.—*Khokand*, ville commerçante.—*Khiva*, principal marché d'esclaves du Turkestan.

Notions historiques. Les Anciens donnaient à une grande partie du Turkestan le nom de *Scythie asiatique en deçà de l'Imaüs:* c'est aujourd'hui le pays des Kirghis. La Grande-Boukharie répond à la *Sogdiane* des Anciens, dont la ville principale était *Maracanda* (Samarkande). Après les conquêtes d'Alexandre, la Sogdiane fit partie du royaume grec de la Bactriane. Plus tard, des peuples guerriers, parmi lesquels on distingue les Turcs proprement dits, s'emparèrent du Turkestan.

Perse.

Superficie. 1,185,000 kilomètres carrés.
Population. 11,600,000 habitants.

Position. Le royaume de Perse ou d'Iran est situé dans la partie centrale de l'Asie, au sud du Turkestan.

Bornes. Au N., l'empire Russe, la mer Caspienne et le Turkestan ; — à l'E., le Hérat, l'Afghanistan, le Béloutchistan ; — au S., le golfe d'Oman et le golfe Persique ; — à l'O., la Turquie d'Asie.

Division. La Perse se partage en onze provinces, dont les plus importantes sont : l'*Irak-Adjémi*, l'*Aderbaïdjan*, le *Khoraçan* et le *Farsistan*.

Description générale. Toute la Perse est en quelque sorte un vaste plateau occupé en partie par des déserts d'une nature saline plutôt que sablonneuse. Mais cette contrée renferme aussi des vallées et des plaines dont l'admirable fertilité contraste avec l'aridité des montagnes et des déserts. Les meilleurs fruits de l'Europe sont originaires de la Perse, qui produit aussi des grains divers, du riz, du lin, du chanvre, du coton, du tabac, des vins et une grande quantité de soie. Le règne minéral y donne du fer, du cuivre, du plomb et des pierres précieuses. L'industrie est assez active et assez développée dans quelques parties de la Perse, et s'exerce principalement sur les étoffes de soie et de coton, les velours, les tapis, les cuirs, les maroquins, les ouvrages en cuivre et les armes. Presque tout le commerce se fait par terre et par caravanes avec le Turkestan, la Turquie, la Russie, l'Inde et la Chine. La Perse exporte dans ces diverses contrées non-seulement les produits de son industrie, mais des perles, des pierres précieuses, de la soie, du coton, du safran, du tabac, des chevaux.

Villes principales. *TÉHÉRAN*, au N., capitale de la Perse : 140,000 habit. — *Ispahan*, au centre, ancienne capitale de la Perse, encore florissante par son industrie et surtout par son commerce, quoique bien déchue de sa splendeur : 200,000 habit. — *Hamadan*, l'ancienne Ecbatane. — *Kazbin*, importante par son commerce. — *Balfrouch*, près de la mer Caspienne, l'une des villes les plus importantes de la Perse par son commerce et son industrie. — *Tauris*, grande ville, importante par ses fabriques de soie et de coton. — *Chiraz*, dans une vallée très-fertile, surtout en vins estimés : près de Chiraz se trouvent les ruines de Persépolis. — *Chouster*, dans les environs de laquelle on voit les ruines de Suze. — *Abouchehr* et *Bender-Abbassy*, ports sur le golfe Persique.

Notions historiques. La Perse portait le même nom chez les Anciens et correspond aussi aux anciennes contrées appelées *Médie, Susiane, Carmanie* et *Hyrcanie*. Vers l'an 559 avant J.-C., sous le règne de Cyrus, la Perse forma un grand empire qui dura jusqu'en 328, époque de la conquête d'Alexandre le Grand. La Perse devint ensuite tributaire de la Grèce. Le royaume de Syrie et celui des Parthes remplacèrent la domination grecque. Les Parthes résistèrent longtemps à la puissance romaine. Conquise à diverses époques et par différents peuples, la Perse a été, dans les temps modernes, constamment déchirée par des guerres civiles et a perdu plusieurs provinces importantes. Cette contrée a produit des hommes remarquables par leurs œuvres littéraires, surtout des poëtes. Le souverain de la Perse porte le titre de chah.

Afghanistan.

Superficie. 370,312 kilomètres carrés.
Population. 5,000,000 d'habitants.

Position. L'Afghanistan, ou royaume de Kaboul, est situé dans la partie centrale de l'Asie, à l'est de la Perse.

Bornes. Au N., le Turkestan, le Hérat et l'empire Chinois; — à l'E., l'Hindoustan; — au S., le Béloutchistan; — à l'O., la Perse.

Description générale. L'Afghanistan fait partie d'un grand plateau très-élevé, traversé par des chaînes de montagnes dont les sommets sont constamment couverts de neige. Quelques parties n'offrent qu'une suite de plaines sablonneuses et absolument stériles, tandis que d'autres renferment des plaines fertiles, qui, favorisées par la douceur du climat, produisent du blé, du riz, du chanvre, du coton, du tabac, de la garance, des cannes à sucre.

Villes principales. *KABOUL*, au N. E., sur la rivière de même nom, capitale de l'Afghanistan : 80,000 habit. — *Kandahar*, dans une plaine fertile, la ville la plus industrieuse et la plus commerçante de l'Afghanistan. — *Ghiznéh*, autrefois capitale de l'empire des Ghaznévides, sultans très-puissants.

Notions historiques. L'Afghanistan répond en partie à l'ancienne *Bactriane*. Après avoir été successivement soumis aux Persans et aux Mongols, ce pays se rendit indépendant vers 1740 et devint assez puissant, sous le nom d'empire des Afghans; mais depuis il a déchu, et il a perdu ses plus belles provinces.

Hérat.

Superficie. 167,875 kilomètres carrés.
Population. 1,500,000 habitants.

Position. Le royaume de Hérat est situé dans la partie centrale de l'Asie, au nord et à l'ouest de l'Afghanistan.

Bornes. Au N., le Turkestan; — à l'E. et au S., l'Afghanistan; — à l'O., la Perse.

Description générale. Le sol de cette contrée est un plateau très-élevé, renfermant une grande étendue de montagnes, mais aussi des plaines fertiles. Les productions principales sont les céréales, le chanvre, le lin, le safran, la soie.

Villes principales. *HÉRAT*, au S., au milieu d'une vallée fertile, capitale du royaume; ville très-importante; 100,000 habit.—*Bamiam*, près d'une ancienne ville de même nom, consistant en 12,000 excavations faites dans le roc.

Notions historiques. Le royaume de Hérat répond à l'ancienne *Arie*, province de la Perse et dont la ville principale était *Alexandrie* (Hérat). Il est tributaire de la Perse.

Béloutchistan.

Superficie. 355,500 kilomètres carrés.
Population. 3,000,000 d'habitants.

Position. Le Béloutchistan ou Confédération des Béloutchis est situé dans la partie sud-ouest de l'Asie, au sud de l'Afghanistan.

Bornes. Au N., l'Afghanistan; — à l'E., l'Hindoustan; — au S., le golfe d'Oman; — à l'O., la Perse.

Description générale. Le Béloutchistan est un pays très-élevé, arrosé par un petit nombre de cours d'eau, traversé par de grandes chaînes de montagnes, et renfermant des déserts sablonneux ou des plaines stériles. Quelques vallées, couvertes d'une belle végétation, produisent du riz, du blé, du maïs, du coton, de l'indigo, des dattes, des cannes à sucre.

Villes principales. *KÉLAT*, au N., sur une hauteur, capitale du Béloutchistan : 20,000 habitants.—*Gandava*, ville aussi grande que Kélat.

Notions historiques. Le Béloutchistan répond à l'ancienne *Gédrosie*, province de l'empire des Perses. Les Béloutchis, peuples nomades, obéissent à des chefs particuliers, nommés khans, qui reconnaissent l'autorité du khan de Kélat.

Questionnaire.

Où est situé le Turkestan? — Dites sa superficie; sa population. — Quelles sont ses bornes? — Comment se divise-t-il? — Décrivez l'aspect général de cette contrée; ses productions; son industrie; son commerce. — Quelles sont les villes principales? — A quelles contrées anciennes répond le Turkestan? — Donnez quelques notions historiques sur cette contrée?

Où est située la Perse? — Quelle est sa superficie? sa population? — Quelles sont ses bornes? — Combien de provinces comprend-elle? — Quel est l'aspect général de cette contrée? — Quelles sont ses productions? son industrie? son commerce? — Quelle est la capitale de la Perse? — Nommez les autres villes importantes. — Quel nom portait anciennement la Perse? — A quelles contrées répond-elle?

Où est situé l'Afghanistan? — Dites sa superficie; sa population; ses bornes. — Quel est l'aspect général de cette contrée? — Que produit-elle? — Quelles sont les villes principales? — A quelle ancienne contrée répond l'Afghanistan?

Où est situé le Hérat? — Quelle est sa superficie? sa population? — Quelles sont ses bornes? — Quel est l'aspect général de cette contrée? — Quelles sont les villes principales?

Où est situé le Béloutchistan? — Dites sa superficie; sa population; ses bornes. — Quel aspect présente-t-il? — Quelles sont les villes principales? — A quelle ancienne contrée répond le Béloutchistan?

CHAPITRE XIX.

Chine. — Japon.

Empire chinois.

Superficie. 13,331,250 kilomètres carrés.
Population. 180,000,000 d'habitants.

Position. L'empire chinois est une vaste contrée située dans la partie centrale et surtout dans la partie orientale de l'Asie.

Bornes. Au N., la Sibérie; — à l'E., les subdivisions du Grand Océan, nommées mer d'Okhotsk, mer du Japon, mer Bleue et mer de la Chine; — au S., la mer de la Chine, l'Indo-Chine et l'Hindoustan; — à l'O., l'Hindoustan et le Turkestan.

Division. L'empire chinois comprend : 1° les pays entièrement soumis, renfermant la *Chine proprement dite*, à l'est, la *Mandchourie* ou le *pays des Mandchoux*, au nord-est, le *Turkestan chinois* comprenant la *Petite-Boukharie* et la *Dzoungarie*, au nord-ouest; 2° les pays tributaires, renfermant la *Mongolie*, au nord; 3° les pays vassaux ou protégés, renfermant le royaume de *Corée*, à l'est, le *Grand-Tibet* et le *Petit-Tibet*, ainsi que le *Boutan*, au sud-ouest.

Iles. L'île *Formose*, dont la partie orientale est indépendante; — l'île *Haï-Nan*, riche en bois précieux et en mines d'or; — la partie septentrionale de la grande île de *Sakhalien*, nommée *Tchoka* ou *Tarrakaï*; — l'archipel de *Lieou-Kieou*, formant un royaume particulier tributaire de la Chine.

Montagnes. Les monts *Himalaya*, entre l'Hindoustan et le Tibet ; — les monts *Hindou-Khouch*, entre une partie du Tibet et l'Afghanistan ; — les *Pe-Ling* (monts du nord) et les *Nan-Ling* (monts du sud), dans la Chine proprement dite.

Fleuves. Le *Hoang-Ho* ou fleuve *Jaune*, ainsi nommé de la couleur de ses eaux, arrose la Chine proprement dite, ainsi que la Mongolie, et se jette dans la mer Jaune ; — le *Kiang* ou fleuve par excellence, nommé par les Européens fleuve *Bleu*, arrose la Chine proprement dite et se rend dans la mer Bleue ; — l'*Amour* ou *Sakhalien* arrose la Mandchourie et se jette dans la mer d'Okhotsk ; — le *May-Kang*, l'*Iraouaddy* et l'*Indus* prennent leur source dans le Tibet ; — le *Ya-Lou* arrose le royaume de Corée et se rend dans la mer Jaune ; — l'*Ili* arrose la Dzoungarie et se jette dans le lac Balkha.

Description générale. Le Tibet et la Corée sont remplis en grande partie de hautes montagnes dont la neige couvre constamment les principaux sommets. La Mongolie et la Petite-Boukharie, qui occupent le vaste plateau de l'Asie centrale, renferment plusieurs montagnes, mais surtout une suite non interrompue de plaines sablonneuses imprégnées de sel : c'est l'immense désert de Cobi, que les Chinois appellent Chamo, c'est-à-dire mer de sable. Excepté quelques parties incultes situées à l'ouest, la Chine proprement dite offre presque partout des plaines fertiles et bien arrosées. L'empire Chinois, dans sa vaste étendue, réunit les températures les plus opposées. Les productions principales de la Chine propre sont le thé, le riz, l'indigo, des fruits divers, des plantes médicinales et le coton jaune qui sert à fabriquer les étoffes connues sous le nom de nankin. Le ver à soie est originaire de la Chine. Dans la Chine croissent aussi le mûrier, l'oranger, les cannes à sucre, le camphrier, le bananier et les bambous. La rhubarbe est une production des plaines de la Mongolie. L'empire Chinois renferme dans diverses parties des mines de cuivre, d'étain, de fer et de mercure; les montagnes du Tibet, et surtout celles de la Corée, sont riches en mines d'or et d'argent. Les chèvres du Tibet donnent un poil très-soyeux employé pour la fabrication des châles. L'industrie active et variée de la Chine a pour aliments principaux la filature de la soie et du coton, les étoffes de soie et de coton, la porcelaine, les meubles, les châles. Outre les produits divers de cette industrie, le commerce chinois exporte une immense quantité de thé, des étoffes de nankin, de la soie, de la rhubarbe, de la nacre de perle, de la porcelaine, l'encre connue sous le nom d'*encre de Chine*, et la laque dont on fait un beau vernis. Le commerce intérieur de la Chine est très-actif. Les Chinois ont su réunir les fleuves et les rivières qui sillonnent la surface de leur empire par de nombreux canaux, dont le plus célèbre est le canal Impérial, qui a plus de 880 kilomètres de longueur, et qui, moyennant plusieurs fleuves navigables, établit une communication entre Canton et Péking, les deux villes les plus importantes.

Villes principales. CHINE PROPREMENT DITE : *PÉKING*, à l'E., capitale de l'empire Chinois, immense ville divisée en deux parties distinctes, l'une habitée par les Mongols, l'autre par les Chinois : 1,300,000 habit. — *Nanking* ou *Kiang-Ning*, à l'E., sur le Kiang ou fleuve Bleu, ancienne capitale de la Chine, ville très-industrieuse et très-commerçante. — *Canton* ou *Kouang-Tcheou*, au S., sur la mer de Chine, une des villes les plus commerçantes de toute l'Asie, le seul port de la Chine ouvert aux nations maritimes de l'Europe. — *Fo-Chan*, bourg immense, qui n'a pas le titre de ville parce qu'il n'est pas entouré de murs, et auquel on donne 1,000,000 d'habitants; on y fabrique une prodigieuse quantité d'étoffes de soie et de coton. — *Sou-Tcheou*, sur le canal Impérial, une des villes les plus florissantes de la Chine. — *Sakhalian-Ghirin* et *Tsitsikhar*, villes principales de la Mandchourie. — *Ili*, capitale de la Dzoungarie. — *Yarkand*, ville principale de la Petite-Boukharie. — *Macao*, ville fortifiée et port commerçant, sur une petite île, dans la partie méridionale de la Chine proprement dite : les Portugais y ont un établissement important.

Pays tributaires et vassaux : *Ourga*, capitale de la Mongolie. — *Han-Yang*, capitale de la Corée. — *Lassa* et *Ladak*, capitales du Tibet. — *Tas-isudon*, capitale du Boutan.

Notions historiques. Les Anciens, c'est-à-dire les Grecs et les Romains, n'avaient qu'une idée très-confuse de la Chine. Les Romains désignaient cette contrée sous le nom de *Sérique*, du nom d'une étoffe. Les conquêtes de Gengis-khan, à la fin du douzième siècle, et les voyages de Marco-Polo, Vénitien, à la fin du treizième, ont fait connaître aux Européens l'existence de la Chine. Mais ce sont surtout les travaux des missionnaires qui nous ont donné sur ce vaste pays les renseignements les plus étendus et les plus positifs. Les Chinois font remonter leur histoire à une époque très-reculée : leur empire est le plus anciennement civilisé, et ils ont devancé les autres peuples dans les sciences, dans les arts, dans les découvertes importantes ; mais, vivant isolés des autres peuples et ne permettant pas aux étrangers l'accès de leur contrée, ils n'ont pas fait dans la civilisation les progrès qui distinguent les nations européennes. Vers l'an 200 avant J.-C., les Chinois, pour opposer une barrière aux invasions des Tartares, construisirent une muraille qui a une étendue de 2,200 kilomètres ou 500 lieues. En 1640, les Mandchoux firent une expédition en Chine. Quoique vainqueurs, ils se confondirent avec le peuple vaincu, dont ils adoptèrent les mœurs et les usages, et, depuis cette époque, les empereurs de la Chine descendent du chef de ces étrangers. Les Chinois suivent la religion de Fod ou le bouddhisme. L'empereur, ainsi que les classes les plus élevées, professe la religion de Confucius ou la doctrine des lettrés. Les gouverneurs des villes et des provinces de l'empire portent le titre de mandarins.

Empire du Japon.

Superficie. 553,000 kilomètres carrés.
Population. 28,000,000 d'habitants.

Position. L'empire du Japon, situé à l'est de l'Asie, dont il est séparé par la mer à laquelle il donne son nom, se compose de plusieurs îles.

Bornes. Au N., la mer d'Okhotsk et les îles Kouriles russes; — à l'E. et au S., le Grand Océan; — à l'O., la mer du Japon et la Manche de Tartarie.

Division. L'empire du Japon comprend quatre grandes îles, *Niphon*, *Yéso*, *Kiou-Siou* et *Sikokf*, la partie méridionale de l'île *Sakhalien*, les *Kouriles méridionales* et quelques autres îles moins importantes, parmi lesquelles nous citerons *Sado* et *Tsousima*.

Description générale. Les îles qui composent l'empire du Japon sont couvertes de montagnes, dont quelques-unes renferment des volcans. Le travail seul et l'industrie des habitants ont pu rendre fertile le sol, naturellement aride. Au Japon, comme en Chine, l'agriculture est considérée par les lois comme la première occupation du peuple : aussi il n'y a de terrains incultes que les montagnes les plus impraticables. Le climat est très-variable dans les îles du Japon, qui éprouvent tour à tour les extrêmes de la chaleur et du froid. Elles sont fréquemment bouleversées par des tempêtes, des ouragans et des tremblements de terre. Elles renferment d'abondantes mines d'or, d'argent, de cuivre, et produisent du thé, du riz, du blé, du millet, des cannes à sucre, du coton, de l'indigo, du camphre, des fruits divers. L'industrie des Japonais, comme celle des Chinois, est depuis longtemps, et sous certains rapports, portée à un haut degré de perfection. Les ouvrages en cuivre, en fer, en acier et en laque, les armes blanches, la porcelaine, les étoffes de soie et de coton, le papier fait avec l'écorce du mûrier, sont les principaux objets de l'industrie. Le commerce intérieur est très-actif et très-florissant. Le commerce extérieur est nécessairement limité, puisqu'il est défendu aux Japonais de voyager hors de leur pays, et qu'un seul de leurs ports, celui de Nangasaki, est ouvert à trois nations étrangères, les Chinois, les Coréens et les Hollandais.

Villes principales. YÉDO, dans l'île Niphon, à l'E., capitale de l'empire, résidence du Ségoun ou empereur civil, une des villes les plus grandes et les plus peuplées du monde : 1,200,000 habit. — *Miako* ou *Kio*, dans l'île Niphon, résidence du Daïri ou chef de la religion, ville très-florissante par son commerce et son industrie, et surtout par ses vastes fabriques de porcelaine et ses manufactures d'étoffes d'or, de soie et d'argent. — *Osaka*, dans l'île Niphon, port de mer, important par son commerce et son industrie. — *Nangasaki*, dans l'île Kiou-Siou, à l'O., le seul port où les vaisseaux hollandais soient admis. — *Ava*, dans l'île Sikokf, port de mer. — *Matsmaï*, dans l'île Yéso, port de mer très-commerçant.

Notions historiques. Le Japon n'était pas connu des Anciens. Le voyageur Marco-Polo, qui visita ce pays vers 1295, est le premier qui nous en ait donné quelques notions; en 1542, les Portugais parvinrent à établir des relations commerciales avec cette contrée. Le Japon doit à sa position la paix dont il a presque constamment joui. L'autorité suprême est partagée entre le Daïri, grand-pontife, et le Koubo ou Ségoun, qui commande les armées et administre civilement l'empire.

Questionnaire.

Où est situé l'empire Chinois? — Quelle est sa superficie? sa population? — Quelles sont ses bornes? — Comment est divisé l'empire Chinois? — Nommez les îles principales, les montagnes et les fleuves. — Quel aspect présente le sol? — Dites les productions diverses de la Chine. — Donnez quelques détails sur l'industrie et le commerce de cette contrée. — Quelle est la capitale de l'empire Chinois? — Quelle est la population de Péking? — Quelles sont les autres villes importantes de la Chine propre ? — Dites les villes principales des pays tributaires et vassaux. — La Chine était-elle bien connue des Anciens ? — A qui devons-nous les premiers renseignements positifs sur cette contrée ? — Par qui la Chine a-t-elle été conquise ?

Où est situé l'empire du Japon ? — Dites sa superficie ; sa population ; ses bornes. — De quoi se compose l'empire du Japon ? — Quel aspect présentent les îles principales ? — Quelles sont les productions diverses du Japon ? — Donnez quelques détails sur l'industrie et le commerce. — Quelle est la capitale du Japon ? — Nommez les autres villes. — Le Japon était-il connu des Anciens ?

CHAPITRE XX.

Hindoustan. — Indo-Chine.

Hindoustan.

Superficie. 3,258,750 kilomètres carrés.
Population. 134,000,000 d'habitants.

Position. L'Hindoustan, aussi nommé presqu'île occidentale de l'Inde ou Inde en deçà du Gange, est situé dans la partie méridionale de l'Asie. On donne à la côte occidentale de la presqu'île le nom de *côte de Malabar*, et à la côte orientale celui de *côte de Coromandel*.

Bornes. Au N., l'empire Chinois ; — à l'E., l'Indo-Chine et le golfe du Bengale ; — au S., l'océan Indien ; — à l'O., le golfe d'Oman, le Béloutchistan et l'Afghanistan.

Division. L'Hindoustan comprend quatre parties principales : les *états indépendants ;* les *possessions anglaises* [1] ; les *états tributaires ou alliés des Anglais ;* les *possessions françaises, portugaises* et *danoises.*

Iles. *Ceylan,* île considérable, l'ancienne *Taprobane,* située au sud-est de la pointe de l'Hindoustan, appartient au Gouvernement anglais ; elle est très-fertile et produit des pierres précieuses. — Les *Laquedives,* à l'ouest de la côte occidentale ou de Malabar, composées de trente-deux îlots, et gouvernées par un prince vassal des Anglais. — Les *Maldives,* au sud des Laquedives, composées de plusieurs milliers d'îlots et gouvernées par un roi indépendant.

Montagnes. Les monts *Himalaya,* dont les sommets sont couverts de neiges éternelles et qui forment la plus haute chaîne du globe, séparent l'Hindoustan du Tibet ; — les *Gattes orientales,* au sud-est de l'Hindoustan, et les *Gattes occidentales,* à l'ouest ; — le pic d'*Adam,* dans l'île de Ceylan.

Fleuves. Le *Gange* se jette par plusieurs branches dans le golfe du Bengale ; — le *Brahmapoutre,* la *Krichna* et le *Godavery* se jettent également dans le golfe du Bengale ; — l'*Indus* ou *Sind,* le *Tapty* et le *Nerbouddah* se jettent dans le golfe d'Oman.

---

1. Les possessions anglaises ne dépendent pas immédiatement du Gouvernement britannique, mais d'une compagnie de négociants anglais privilégiés, connue sous le nom de *compagnie des Indes-Orientales.*

Description générale. Le sol de l'Hindoustan, son climat, la nature de ses productions, offrent la plus grande variété. Au nord s'élèvent de hautes montagnes couvertes de neiges. Quelques parties de cette contrée sont occupées par des savanes, ou traversées par des chaînes considérables de rochers et des collines sablonneuses. A l'exception de ces terrains incultes, l'Hindoustan offre partout de belles prairies, d'excellents pâturages, des champs couverts d'abondantes moissons, des vallées où la végétation la plus active étale toutes ses richesses. Au nord, le climat est tempéré par le voisinage des montagnes, mais il est très-chaud dans les provinces méridionales. Le sol de l'Hindoustan, arrosé par un grand nombre de rivières qui le fertilisent de leur limon, favorisé par la douceur du climat, produit abondamment du riz, du coton, de la soie, des cannes à sucre, des épices, des aromates, divers bois précieux, des plantes à teinture. Tous les arbres à fruits de l'Europe, et de plus toutes les espèces de palmiers, les arbres à pain, prospèrent dans les diverses parties de l'Hindoustan, qui renferme aussi des mines d'or, d'argent, de cuivre, de fer, de diamants et d'autres pierres précieuses. Les perles que l'on pêche sur les côtes, et surtout près de Ceylan, sont très-recherchées dans le commerce. Les indiennes, les étoffes de coton et de soie, les draps, les châles, les tapis, les nattes, les armes blanches, sont les principaux objets de l'industrie renommée des habitants, et forment, avec les produits si riches et si variés du sol, l'objet d'un commerce actif et étendu. Le commerce maritime est presque tout entier entre les mains des Anglais.

Description des états de l'Hindoustan.

Etats indépendants.

Notions générales. Les états indépendants comprennent : le *Pendjab* ou royaume de *Lahore* ou ancienne confédération des *Seikhs*, au nord-ouest ; les royaumes de *Sindhya* et de *Neypâl*, au nord, et la principauté de *Sindhy*, à l'ouest. Leur population est évaluée à 14,000,000 d'habitants.

Villes principales. *Lahore*, capitale du Pendjab, fondé par Runjet-Sing. — *Cachemire*, dans le même royaume, renommée par la douceur de son climat et par les beaux châles qu'on y fabrique. — *Goualior* et *Oudjéin*, villes principales du royaume de Sindhya. — *Catmandou*, capitale du royaume de Neypâl. — *Haïder-Abad*, sur l'Indus, capitale de la principauté de Sindhy.

Possessions anglaises.

Notions générales. Les possessions anglaises comprennent : 1° le territoire de la compagnie anglaise des Indes orientales, formé des plus belles provinces de l'ancien empire du Grand-Mogol et divisé en trois présidences ou grands gouvernements ; 2° l'île de Ceylan ou la partie administrée directement par le Gouvernement britannique. La population totale de ces possessions est de 83,000,000 d'habitants.

Villes principales. *Calcutta,* port maritime, sur l'Hougly, une des branches du Gange, en face du golfe du Bengale, chef-lieu d'une présidence, capitale de toute l'Inde anglaise; cette ville possède une célèbre société savante et fait un commerce immense : 200,000 habit. — *Bénarès*, sur le Gange, ville considérée comme le centre de la religion et très-importante par son commerce. — *Dehly,* grande et belle ville, autrefois capitale de l'empire du Grand-Mogol. — *Madras*, près de la mer, chef-lieu d'une présidence, principale ville de la côte orientale ou de Coromandel : 400,000 habit. — *Mazulipatam*, port commerçant sur la même côte, ville importante par ses grandes manufactures de tissus de coton. — *Bombay*, chef-lieu d'une présidence, port militaire et de commerce, principale ville de la côte occidentale ou de Malabar : 200,000 habit. — *Surate*, port fréquenté, sur la même côte. — *Calicut*, port commerçant sur la même côte. — *Pounah*, ancienne capitale de l'empire des Mahrattes. — *Colombo*, capitale de l'île de Ceylan et résidence du gouverneur anglais : 50,000 habit.

États tributaires ou alliés des Anglais.

Notions générales. Les états tributaires ou alliés des Anglais se composent du royaume d'*Oude*, au nord; des états des *Radjepoutes*, parmi lesquels il faut citer ceux de *Djeypour*, de *Djoudpour* et d'*Odeypour*, au nord-ouest; des états des *Mahrattes*, dont les plus importants sont ceux de *Nagpour* et du *Nizam* ou du *Dékhan*, à l'ouest et au centre; des royaumes de *Maïssour* et de *Travancore*, au sud. Leur population est de 40,000,000 d'habitants.

Villes principales. *Luknau* ou *Laknau*, grande ville, capitale de l'état d'Oude. — *Djeypour*, une des plus belles villes de l'Inde, capitale de l'état du même nom, un des plus puissants de la confédération des Radjepoutes. — *Djoudpour* et *Odeypour*, capitales des états de même nom. — *Baroda*, capitale de l'état de Baroda. — *Nagpour*, grande ville, capitale de l'état du même nom. — *Haïder-Abad*, capitale de l'état du Nizam. — *Golconde*, dans le même état, ville célèbre par ses mines de diamants. — *Maïssour* ou *Mysore*, capitale de l'état de Maïssour. — *Trivandérum*, capitale de l'état de Travancore.

Possessions françaises, portugaises, danoises.

Description générale. POSSESSIONS FRANÇAISES : ces possessions, divisées en cinq districts, comptent 200,000 habitants et se composent de quelques villes situées dans diverses provinces de l'Hindoustan : *Pondichéry*, port de mer, sur la côte de Coromandel, chef-lieu des possessions françaises : 40,000 habit. ; — *Chandernagor*, ville très-commerçante, sur l'Hougly, au nord de Calcutta ; — *Mahé*, sur la côte de Malabar, port de mer important, fait un grand commerce de poivre ; — *Yanaon*, ville importante par son commerce de coton ; — *Karikal*, port, fait un commerce considérable en toiles.

POSSESSIONS PORTUGAISES : ces possessions ont 50,000 habitants et se composent des villes suivantes : *Nouveau-Goa*, au sud, dans une petite île, près de la côte, chef-lieu des possessions portugaises ; — *Daman*, port de mer, au sud-ouest de Surate ; — *Diu*, port de mer assez important dans l'île de ce nom.

POSSESSIONS DANOISES : ces possessions ont 35,000 habitants et se composent des villes suivantes : *Sérampour*, chef-lieu des possessions danoises, près de Calcuta ; — *Tranquebar*, sur la côte de Coromandel.

Notions historiques sur l'Hindoustan en général. L'Inde portait le même nom chez les Anciens. L'histoire rapporte que Sémiramis fit une expédition dans l'Inde, et soumit quelques-uns des peuples qui l'habitaient. Plus tard, Alexandre le Grand pénétra dans cette contrée, qui fut peu connue des Romains. Longtemps soumis aux Afghans, l'Hindoustan passa, dans le seizième siècle, sous la domination des successeurs de Tamerlan, qui y fondèrent le puissant empire mogol. En 1738, Thamas-Kouli-khan, devenu roi de Perse, envahit l'empire Mogol, que les Mahrattes affaiblirent ensuite par des guerres continuelles. Enfin les Anglais, après avoir détruit entièrement l'empire Mogol en 1803, soumis les Mahrattes en 1812, et rendu tributaires ou vassaux d'autres princes puissants, ont établi dans cette vaste et belle contrée une domination générale. Parmi les peuples qui habitent l'Hindoustan, il faut surtout distinguer les Hindous; ils professent la religion de Brahma, et sont divisés en quatre castes qui ne se confondent jamais : celle des brahmes ou des prêtres, celle des guerriers, celle des agriculteurs, celle des artisans; la dernière est la caste des Parias, l'objet du mépris de toutes les autres.

Indo-Chine.

Superficie. 2,073,750 kilomètres carrés.
Population. 40,000,000 d'habitants.

Position. L'Indo-Chine, aussi nommée presqu'île orientale de l'Inde ou Inde transgangétique (au delà du Gange), est située dans la partie méridionale de l'Asie.

Bornes. Au N., l'empire Chinois; — à l'E., l'empire Chinois et la mer de la Chine; — au S., la mer de la Chine; — à l'O., le détroit de Malacca, le golfe du Bengale et l'Hindoustan.

Division. L'Indo-Chine comprend cinq parties principales : les *possessions anglaises*, l'empire *Birman*, le royaume de *Siam*, le *Malacca indépendant*, l'empire d'*An-Nam*.

Îles. Les îles *Andaman* et les îles *Nicobar*, à l'ouest, dans le golfe du Bengale. — Les îles des *Pirates*, à l'est, dans le golfe du Tonquin.

Fleuves. Le *Brahmapoutre*, le *Ténasserim* et l'*Irraouaddy* se jettent dans le golfe du Bengale ; — le *Meïnam* ou fleuve de *Siam* et le *May-Kang* ou fleuve de *Cambodge*, se rendent dans la mer de la Chine.

Description générale. L'Indo-Chine offre, dans ses diverses parties, de grandes chaînes de montagnes encore peu connues, des terrains plats et marécageux, de vastes forêts, des plaines et des vallées fertiles. Le climat de cette contrée est en général très-chaud, tempéré dans quelques parties, humide et malsain près des grands fleuves, surtout à leur embouchure. L'Indo-Chine renferme des mines d'or, d'argent, de fer, d'étain et de pierres précieuses. Elle produit en abondance le riz, l'indigo, le coton, la soie, le tabac, les cannes à sucre, les bambous, des fruits nombreux et variés, des épices, des plantes aromatiques, des bois de sandal et d'ébène. L'industrie, peu développée dans les pays que comprend l'Indo-Chine, n'a pour objet que des ouvrages d'or et d'argent, quelques tissus en soie et en coton, et la construction des canots. Le commerce, qui est entre les mains des Anglais, exporte du coton, de la soie, de l'ivoire, les diverses productions du sol.

Description des états de l'Indo-Chine.
Possessions anglaises.

Description générale. Les possessions anglaises, situées à l'ouest et réunies sous le nom d'*Indo-Chine anglaise*, ont une population de 2,500,000 habitants. — Les villes principales sont : *Djorhat*, capitale de l'ancien royaume d'Assam ; — *Aracan*, capitale de l'ancien royaume de ce nom ; — *Malacca*, port à l'extrémité de la presqu'île de ce nom ; — *Singhapour*, dans l'île de ce nom, port à la pointe de la presqu'île de Malacca, centre d'un grand commerce entre les Indes, la Chine et l'Europe.

Empire Birman.

Description générale. L'empire des Birmans, situé à l'est de l'Indo-Chine anglaise, et composé en grande partie des anciens royaumes de Pégou et d'Ava, a 7,000,000 d'habitants. — Les villes principales sont : *Ava*, sur l'Iraouaddy, capitale de l'empire ; — *Oummérapoura*, près de l'Iraouaddy ; — *Pégou*, sur la rivière du même nom ; — *Rangoun*, le port le plus important de l'empire.

Royaume de Siam.

Description générale. Le royaume de Siam, situé au sud-est de l'empire des Birmans, et comprenant, outre plusieurs provinces, le *Malacca septentrional*, a 6,000,000 d'habitants. — Les villes principales sont : *Bankok*, port sur le Meïnam, capitale du royaume, importante par son commerce ; — *Siam*, dans une île formée par le Meïnam ; — *Kédah*, port sur la côte occidentale du Malacca.

Malacca indépendant.

Description générale. Le Malacca indépendant, composé de cinq royaumes, comprend la partie méridionale de la presqu'île de Malacca ; il a 500,000 habitants. — Les villes principales sont : *Salengore*, port sur la côte occidentale ; — *Pahang*, port sur la côte orientale.

Empire d'An-Nam.

Description générale. L'empire d'An-Nam, le plus oriental et le plus puissant de l'Indo-Chine, se compose d'anciens royaumes indépendants, dont les plus importants étaient ceux de Cochinchine et de Tonquin. La population est de 24,000,000 d'habitants. — Les villes principales sont : *Hué*, grande ville, capitale de l'empire, et port principal de l'ancien royaume de Cochinchine ; — *Ketcho*, capitale de l'ancien royaume de Tonquin ; — *Saïgong*, la ville la plus commerçante de l'empire ; — *Camboge*, capitale de l'ancien royaume de Camboge ; — *Hanniah*, capitale de l'ancien royaume de Laos.

Notions historiques sur l'Indo-Chine en général. Quoique les Anciens désignassent une partie de l'Indo-Chine sous le nom de *Chersonèse d'Or* (presqu'île de Malacca) et une autre sous le nom de *pays de Sines* (royaumes de Siam et d'An-Nam), il paraît qu'ils ne connaissaient pas cette contrée. En 1509, les Portugais y abordèrent et y formèrent quelques établissements ; c'est alors seulement, et d'après les relations des missionnaires chrétiens, que les Européens connurent cette contrée. Les divers états dont se compose aujourd'hui l'Indo-Chine, tour à tour soumis ou indépendants, ont souvent changé de maîtres. La compagnie anglaise des Indes exerce sa domination sur une partie de cette contrée et paraît devoir l'accroître encore.

Questionnaire.

Où est situé l'Hindoustan ? — Quel autre nom porte-t-il ? — Dites sa superficie ; sa population. — Quelles sont ses bornes ? — Comment divise-t-on l'Hindoustan ? — Nommez les îles ; les montagnes principales ; les fleuves. — Quel est l'aspect du sol de l'Hindoustan ? — quelle sont ses productions ?—Donnez quelques détails sur l'industrie et le commerce.

Quelles parties comprennent les états indépendants ? — Quelle en est la population ? — Dites les villes principales. — Quels sont les pays que comprennent les possessions anglaises ? — Dites la population. — Comment se divisent-elles ? — Quelles sont les villes principales ? — Quelles parties comprennent les états tributaires ou alliés des Anglais ? — Quelle est leur population ? — Dites les villes principales ? — Quelle est la population des possessions françaises ? — Dites les villes principales. — Quelle est la population des possessions portugaises ? — Nommez les villes principales. — Dites la population et les villes principales des possessions danoises. — Donnez quelques notions historiques sur l'Hindoustan.

Où est située l'Indo-Chine ? — Dites sa superficie ; sa population ; ses bornes. — Comment se divise-t-elle ? — Nommez ses îles ; ses fleuves. — Quel est l'aspect général de l'Indo-Chine ? — Quelles sont ses productions ? — Quels sont les objets de l'industrie et du commerce ? — Dites la position, la population et les villes principales des possessions anglaises ; de l'empire Birman ; du royaume de Siam ; du Malacca indépendant ; de l'empire d'An-Nam. — Donnez quelques notions historiques sur l'Indo-Chine.

CHAPITRE XXI.
Afrique. — Généralités.

Superficie. 29,625,000 kilomètres carrés.
Population. 103,000,000 d'habitants.

Position. L'Afrique, l'une des cinq parties du monde, appartient à l'ancien continent, et forme une grande presqu'île qui tient à l'Asie par l'isthme de Suez.

Dimensions. Du nord au sud, du cap Blanc de Biserte, dans la Barbarie, au cap des Aiguilles, dans le gouvernement du Cap, la longueur de l'Afrique est de 7,999 kilomètres ; de l'est à l'ouest, du cap Guardafui, sur la côte d'Ajan, au cap Vert, dans la Sénégambie, sa largeur est de 7,110 kilomètres.

Bornes. Au N., la mer Méditerranée; — à l'E., l'Arabie, la mer Rouge et l'océan Indien; — au S., le Grand Océan; — à l'O., l'océan Atlantique.

Division. L'Afrique se divise en dix-sept parties principales, dont deux au nord-ouest, deux au nord-est, quatre à l'ouest, une au centre, cinq à l'est, trois au sud. — Au nord-ouest, les *états Barbaresques* ou *côte de Barbarie*, le *Sahara*. — Au nord-est, l'*Egypte*, la *Nubie*. — A l'ouest, la *Sénégambie*, l'*Ouankara* ou *Guinée septentrionale*, le *Congo* ou *Guinée méridionale*, la *Cimbébasie*. — Au centre, la *Nigritie*. — A l'est, l'*Abyssinie*, les *côtes d'Adel*, *d'Ajan* et de *Zanguebar*, le pays de *Mozambique*. — Au sud, la *Hottentotie* ou pays des *Hottentots*, la *Cafrerie*, la colonie du *Cap-de-Bonne-Espérance*.

Mers. L'Afrique n'a pas de mers qui lui soient particulières. La mer *Méditerranée* appartient aussi à l'Asie et à l'Europe; l'*océan Indien* et la mer *Rouge* appartiennent également à l'Asie.

Golfes. Les principaux golfes de l'Afrique sont : les golfes de *Tunis*, de la *Sidre* et de *Cabès*, formés par la mer Méditerranée, sur les côtes de la Barbarie; — le golfe de *Guinée*, qui forme lui-même les golfes de *Benin* et de *Biafra*, sur les côtes de la Guinée; — le golfe

Arabique ou mer *Rouge*, qui forme lui-même le golfe de *Suez* ; — le golfe d'*Aden*, qui précède le golfe Arabique.

Détroits. Les détroits les plus remarquables de l'Afrique sont : le détroit de *Gibraltar*, au nord, qui sépare l'Afrique de l'Europe ; — le détroit de *Bab-el-Mandeb*, à l'est, entre l'Asie et l'Afrique ; — le canal de *Mozambique*, au sud-est, entre l'île de Madagascar et le continent africain.

Iles. Les principales îles de l'Afrique sont : dans la mer Méditerranée, les îles *Zerbi*, *Kakeni* et *Pantellaria*. — Dans l'océan Atlantique, les îles *Madère*, les îles *Canaries*, celles du *Cap-Verd*, les îles *Gorée*, *Fernando-Po*, *Saint-Thomas*, *Sainte-Hélène*, de l'*Ascension*, les îles *Tristan-d'Acunha*, l'île *Diego-Alvarès*. — Dans le Grand Océan, l'île *Bouvet*, les îles du *Prince-Edouard*, la terre de *Kerguelen*, les îles *Amsterdam*. — Dans l'océan Indien, l'île de *Socotora* ; les îles *Seychelles*, formant deux groupes, celui des îles *Mahée*, au nord, celui des *Amirantes*, au sud-ouest ; les îles *Zanzibar* et *Quiloa*, près de la côte du Zanguebar ; les *Comores*, près de la côte du Mozambique ; la grande île de *Madagascar* ; la petite île *Sainte-Marie*, près de la côte orientale de Madagascar ; les *Mascareignes* (îles *Bourbon* et de *France* ou *Maurice*).

Caps. Les caps les plus remarquables de l'Afrique sont : le cap *Bon*, au nord de la Barbarie ; — le cap *Blanc de Biserte*, la pointe la plus septentrionale de l'Afrique ; — le cap *Spartel*, sur le détroit de Gibraltar; — le cap *Blanc d'Arguin*, sur la côte du Sahara; — le cap *Verd*, sur la côte de la Sénégambie; — les caps des *Palmes*, des *Trois-Pointes* et *Formose*, dans la Guinée septentrionale; — les caps *Lopez* et *Negro*, dans la Guinée méridionale; — le cap de *Bonne-Espérance* et le cap des *Aiguilles*, au sud du gouvernement du Cap; — le cap des *Courants* et le cap *Delgado*, dans le Mozambique; — le cap d'*Orfui*, sur la côte d'Ajan, et le cap *Guardafui*, à l'extrémité orientale de l'Afrique.

Montagnes. Les chaînes principales de montagnes de l'Afrique sont : la chaîne de l'*Atlas* et les *Gherdobah*, dans la Barbarie; — les monts *Géech* ou *Géchen*, dans l'Abyssinie; — les monts *El-Kamar* ou monts de la *Lune*, vers le sud de la Nigritie; — les monts de *Kong*, entre la Nigritie et la Guinée; — les monts *Lupata*, nommés aussi *Epine du Monde*, à l'ouest du Mozambique; — le pic de *Ténériffe*, dans l'archipel des Canaries; — les *Ambotismènes*, dans l'île de Madagascar.

Volcans. Il y a en Afrique plusieurs volcans importants : le *Moulondou-Zambi*, dans la Guinée méridionale; — le pic de *Ténériffe*, dans l'île de ce nom; — le pic de *Feu*, dans l'île du même nom.

Fleuves. L'Afrique est arrosée par quelques fleuves importants qui se distribuent de la manière suivante. — La Méditerranée reçoit le *Malnia* et le *Medjerda*, qui prennent leur source dans l'Atlas et arrosent la Barbarie; le *Nil*, formé par deux rivières, l'une, le *Bahr-el-Abiad* ou *Nil Blanc*, sortant de la Nigritie ; l'autre, le *Bahr-el-Azrak* ou *Nil Bleu*, de l'Abyssinie, et qui arrose la Nubie et l'Egypte. — L'océan Atlantique reçoit le *Sénégal* et la *Gambie*, qui ont donné leur nom à la Sénégambie, qu'ils arrosent ; le *Niger* ou *Dioliba*, qui prend sa source dans les monts de Kong et traverse toute la Nigritie ; le *Rio-Grande*, qui arrose la Sénégambie ; le *Zaïre* ou *Congo* et la *Coanza*, qui prennent leur source dans la Nigritie et arrosent la Guinée méridionale ; l'*Orange*, qui arrose le pays des Hottentots. — L'océan Indien reçoit le *Zambèze* ou *Couama*, qui arrose la Cafrerie et le Mozambique, et le *Loffih*, qui arrose la côte de Zanguebar. — Le *Yeou* et le *Chary*, qui arrosent la Nigritie, se jettent dans le lac Tchad.

Lacs. Les lacs les plus considérables de l'Afrique sont : le lac *Laoudéah*, dans la Barbarie ; — le lac *Dembéa*, dans l'Abyssinie ; — le lac *Tchad*, dans la Nigritie centrale ; — le lac *Dibbie* ou *Debo*, dans la Nigritie occidentale ; — le lac *Bahr-el-Fittré*, dans la Nigritie orientale.

Description générale. Le sol de l'Afrique offre les contrastes les plus frappants : d'un côté, la végétation la plus active, la plus vigoureuse ; de l'autre, la plus affreuse aridité. Près des côtes et sur les bords des fleuves on voit des terrains dont la fertilité est admirable ; plus loin s'étendent d'immenses solitudes stériles. L'Afrique renferme les plus grands déserts du globe, entre autres celui de Sahara, que les

Arabes nomment *Sahara-Balama*, c'est-à-dire désert sans eau. A l'occident du Nil se trouve le vaste désert libyque, dont la triste uniformité est interrompue par des terrains fertiles, connus sous le nom d'Oasis, jetés çà et là comme des îles de verdure au milieu de ces mers de sable, pour servir de repos aux nombreuses caravanes qui les traversent. L'Afrique, située presque tout entière sous la zone torride, est brûlée par les ardeurs du soleil. Les pluies annuelles, l'élévation du sol et les vents de la mer tempèrent seuls, dans quelques parties, la sécheresse et la chaleur dévorante qui sont les caractères principaux du climat de cette partie du monde. Les productions minérales de l'Afrique sont l'or, l'argent, le cuivre, le plomb, le sel et diverses sortes de pierres précieuses. La plupart des fleuves entraînent de l'or mêlé au sable de leur lit. Les régions fertiles produisent toutes les espèces de palmiers, les bananiers, les arbres à gomme, les orangers, les ananas, les cannes à sucre, des épices. Parmi les animaux répandus sur la surface de cette partie du monde, il faut citer le chameau, qui est un bienfait de la Providence pour ce climat brûlant, le buffle, le zèbre, le rhinocéros, l'hippopotame, la girafe, le crocodile, qui sont propres à l'Afrique; des lions, des tigres, des panthères, des éléphants et des serpents; une foule d'oiseaux remarquables par leurs brillantes couleurs ou par la grandeur de leur taille, tels que l'autruche, l'outarde, la grue et l'ibis.

Industrie et commerce. L'industrie des habitants de l'Afrique, bien qu'elle ne soit comparable ni à celle des Européens ni à celle des Asiatiques, est cependant active et intelligente dans certaines contrées, mais surtout en Egypte, dans les Etats barbaresques et dans les principales îles. Les étoffes de lin, de coton et de laine, les châles, les maroquins, les peaux, les nattes, les ouvrages en fer, en cuivre et en ivoire, sont les objets principaux de cette industrie. Malgré les obstacles que le sol oppose au commerce intérieur, de nombreuses caravanes traversent annuellement les déserts de l'Afrique pour échanger les produits de ces contrées contre ceux des nations étrangères. On exporte de la poudre d'or, de l'ivoire, des gommes, des plumes d'autruche, des maroquins, du cuivre, du coton, de l'indigo. Le commerce des esclaves, commerce également réprouvé par la religion et l'humanité, se fait encore sur les côtes de l'Afrique, malgré l'abolition de la traite, proclamée par les nations européennes.

Gouvernement. Les nations de l'Afrique offrent diverses formes de gouvernement. Quelques-unes, en bien petit nombre, sont soumises à des lois modérées; des tribus nombreuses vivent sous le régime patriarcal; mais le despotisme, sous des formes différentes, régit la plupart des peuples, et ce despotisme brutal est poussé quelquefois si loin, que les rois peuvent disposer à leur gré de la vie et des biens de leurs sujets.

Religion. Le christianisme, qui compte un nombre considérable de croyants, est surtout professé par les Cophtes de l'Egypte et de l'Abyssinie et dans les possessions européennes. Le fétichisme, culte grossier, qui consiste à adorer les objets de la nature, tels que des arbres, des rochers, des fleuves, des serpents, est la religion du plus grand nombre des habitants de l'Afrique. La religion mahométane est aussi très-répandue et domine en Egypte, en Nubie, en Barbarie, dans la Nigritie centrale et dans quelques autres contrées. Les Juifs habitent surtout les états barbaresques.

Peuples. Parmi les peuples répandus sur la surface de l'Afrique, nous distinguerons les habitants primitifs et les colons : les premiers, dont la couleur est généralement la couleur noire, avec des nuances diverses, sont les *Berbères*, les *Cophtes*, descendants des anciens Egyptiens, les *Nubiens*, les *Abyssins*, les *Nègres*, les *Cafres*, les *Hottentots*; les seconds sont les *Arabes*, les *Turcs*, les *Maures*, les *Européens*.

Établissements européens en Afrique. La France possède l'*Algérie*, qui est une partie de la *Barbarie*, des établissements dans la *Sénégambie*, l'île *Bourbon*; l'Angleterre possède la colonie du *Cap-de-Bonne-Espérance*, des établissements dans la *Sénégambie*, l'île *Maurice*, etc.; au Portugal appartiennent le pays de *Mozambique*, des établissements dans la *Sénégambie*, les îles de *Madère* et du *Cap-Vert*; l'Espagne possède les îles *Canaries* et quelques forteresses dans l'empire de *Maroc*; la *régence de Tripoli*, la *vice royauté d'Egypte*, la *régence de Tunis*, certaines parties de la *Nubie* et de l'*Abyssinie*, sont sujets ou vassaux de l'empire Ottoman.

Notions des Anciens. Les bornes de l'Afrique pour les Anciens étaient : au nord, le détroit de *Gadès* (détroit de Gibraltar) et la mer *Intérieure* (mer Méditerranée); à l'ouest, l'océan *Atlantique;* à l'est, la mer *Rouge* et l'océan *Erythrée* (mer des Indes); au sud, les bornes étaient inconnues. Les Anciens divisaient l'Afrique, à laquelle ils donnaient aussi le nom de *Libye*, en six grandes contrées : l'*Egypte*, l'*Ethiopie*, la *Libye*, l'*Afrique propre*, la *Numidie* et la *Mauritanie*. Le mot *Afrique* s'appliquait plus particulièrement au *pays de Carthage*. Les Anciens connaissaient mieux que nous les parties septentrionales de l'Afrique, situées le long de la Méditerranée. L'Egypte avait été le berceau de leurs lumières; les Carthaginois s'étaient rendus célèbres par leurs richesses et leurs conquêtes. Les Romains firent la guerre à diverses époques dans ces provinces, et des relations continuelles les leur avaient rendues aussi familières que celles d'Italie. Mais les contrées centrales et méridionales de l'Afrique leur étaient entièrement inconnues. Ils étaient même persuadés qu'on ne pouvait aller au delà de la zone torride, qu'ils regardaient comme entièrement inhabitable. Jusque vers la fin du siècle dernier les Européens ne connaissaient que les côtes de l'Afrique, entièrement explorées depuis le quinzième siècle. Les Portugais sont les premiers qui aient fait le tour de cette grande presqu'île. A diverses époques, mais surtout de notre temps, des voyageurs hardis et animés de l'amour de la science ont pénétré dans l'intérieur de l'Afrique et nous en ont fait connaître quelques parties. La civilisation européenne n'a pénétré que dans un petit nombre de contrées, et toutes les autres sont encore plongées dans l'ignorance et la barbarie.

Questionnaire.

Où est située l'Afrique?—Comment est-elle réunie à l'Asie?— Quelles sont ses dimensions? sa superficie? sa population?— Quelles sont ses bornes?— En combien de parties se divise l'Afrique?— Où sont situées ces diverses parties?—Nommez les mers; les golfes; les détroits.—Quelles sont les îles principales de l'Afrique?—Nommez les caps principaux; les principales chaînes de montagnes; les volcans; les principaux fleuves. — Dites quelles contrées ils arrosent et dans quelles mers ils se jettent. — Quels sont les principaux lacs? — Quel aspect général présente l'Afrique?—Quel est le climat de cette partie du monde? — Quelles sont ses productions?—Quels sont les animaux les plus communs en Afrique?— Donnez quelques détails sur l'industrie des habitants de l'Afrique. — Comment se fait le commerce? — Quels sont les objets d'exportation?— Y a-t-il en Afrique diverses formes de gouvernement? — Quelles sont les diverses religions?— Nommez les principaux peuples.—Quels sont les principaux établissements européens en Afrique?— Quelles étaient les bornes de l'Afrique chez les Anciens? — Comment la divisaient-ils? — Quelles parties de l'Afrique les Anciens connaissaient-ils? — Depuis quelle époque les Européens connaissent-ils toutes les côtes de l'Afrique?

CHAPITRE XXII.

Etats Barbaresques. — Sahara. — Egypte. — Nubie. — Sénégambie. — Ouankara. — Congo. — Cimbébasie.

États barbaresques ou côte de Barbarie.

Superficie. 2,468,750 kilomètres carrés.
Population. 14,000,000 d'habitants.

Position. Les États barbaresques, situés dans la partie nord-ouest de l'Afrique, bordent dans presque toute leur étendue les côtes méridionales de la Méditerranée.
Bornes. Au N., la Méditerranée; — à l'E., l'Égypte; — au S., le Sahara; — à l'O., l'océan Atlantique.
Division. Les États barbaresques comprennent quatre grands états: l'empire de *Maroc*, la province française de l'*Algérie*, l'état de *Tunis* et celui de *Tripoli*.
Montagnes. L'*Atlas*, composé de deux chaînes principales, le *Grand Atlas* et le *Petit Atlas*, a ses plus hauts sommets couverts de neiges éternelles.

*15

Description générale. Les contrées situées au nord de l'Atlas, garanties des vents brûlants du désert par de hautes montagnes couvertes de neiges, jouissent en général d'une douce température, et produisent abondamment du blé, du riz, du coton, du chanvre, des olives, des raisins, des grenades, des oranges et d'autres fruits excellents. Au sud, se trouve le Beled-ul-Djérid ou pays des dattes, qui n'offre guère qu'une suite de plaines stériles, imprégnées de sel et incessamment échauffées par un soleil brûlant. Les États barbaresques sont une des contrées de l'Afrique où l'industrie et le commerce ont pris le plus de développement. Les produits du sol, ceux de l'industrie, surtout les cuirs, les maroquins, les étoffes de laine et de lin, les châles, sont l'objet d'un commerce important, soit intérieur, soit maritime.

Description des États barbaresques.

Empire de Maroc.

Description générale. L'empire de Maroc, situé le long de la Méditerranée et de l'Océan, à l'extrémité nord-ouest de l'Afrique, a une population de 9,500,000 habit. — Les villes principales sont : *Maroc*, capitale de l'empire, ville industrieuse : 60,000 habit.; — *Fez*, la ville la plus importante de l'empire par son industrie et son commerce; — *Mogador*, le port le plus considérable de l'empire, sur l'océan Atlantique; —

Méquinez, dans une belle vallée, résidence de l'empereur ; — *Tanger*, sur le détroit de Gibraltar ; — *Ceuta* (aux Espagnols), sur le même détroit.

Algérie.

Description générale. L'Algérie, à l'E. de l'empire de Maroc, est divisée en quatre gouvernements militaires, et a une population de 1,800,000 habitants. — Les villes principales sont : ALGER, port sur la Méditerranée, résidence du gouverneur-général : 35,000 habit. ; — *Constantine*, chef-lieu de la province la plus fertile ; — *Bone*, port sur la Méditerranée : près de cette ville sont les ruines de l'ancienne Hippone, illustrée par l'épiscopat de saint Augustin ; — *Oran*, port sur la Méditerranée ; — *Médéah*, remarquable par la fertilité de ses campagnes ; — *Bougie*, bon port, ville connue par l'invention des chandelles de cire auxquelles elle a donné son nom ; — *Tlemcen*, ville industrieuse ; — *Philippeville*, cité toute moderne.

État de Tunis.

Description générale. L'état de Tunis, situé vers le milieu de la Barbarie, a 1,800,000 habitants. — Les villes principales sont : TUNIS, port sur la Méditerranée, une des villes les plus commerçantes de l'Afrique : 105,000 habit. ; non loin de cette ville se trouvent les ruines de l'ancienne Carthage ; — *Porto-Farina*, près des ruines de l'ancienne Utique ; — *Biserte* et *Cabès*, ports de mer fréquentés.

État de Tripoli.

Description générale. L'état de Tripoli, situé vers l'est de la Barbarie, a 900,000 habitants. — Les villes principales sont : TRIPOLI, port sur la Méditerranée, capitale de tout l'état : 28,000 habit.; — *Mourzouk*, chef-lieu du *Fezzan* et le rendez-vous des caravanes qui viennent du Caire ou de l'intérieur de l'Afrique ; — *Bengazy*, chef-lieu du *Barcah*, et *Derne*, ports sur la Méditerranée ; — *Ghadamès*, dans l'oasis de même nom.

Notions historiques sur les états Barbaresques en général. Les côtes septentrionales de l'Afrique furent fréquentées, dès la plus haute antiquité, par les Egyptiens et les Phéniciens. Carthage, fondée par une colonie phénicienne, devint la capitale d'un état riche et puissant et la rivale de Rome. Après la destruction de Carthage, les Romains étendirent leur domination dans cette contrée, comprenant alors l'*Afrique propre* (états de Tunis et de Tripoli), la *Mauritanie* (empire de Maroc et partie de l'Algérie), la *Numidie* (Algérie). Les villes principales étaient : *Carthage*, *Zama*, *Utique*, *Tunis*, *Tingis* (Tanger), *Hippone* (Bone), *Cirta* (Constantine). Aux Romains succédèrent les Vandales; puis vinrent les Sarrasins, et plus tard les Turcs. Aujourd'hui les Français, qui ont conquis Alger en 1830, partagent avec les Turcs et les Maures la domination de cette contrée. Les beys de Tunis et de Tripoli sont sous la suzeraineté de la Turquie.

Sahara.

Superficie. 4,542,500 kilomètres carrés.
Population. 900,000 habitants.

Position. Le Sahara ou Grand-Désert est situé dans la partie septentrionale de l'Afrique et le long de l'Océan.

Bornes. Au N., les Etats barbaresques ; — à l'E., l'Egypte et la Nubie ; — au S., la Nigritie et la Sénégambie ; — à l'O., l'océan Atlantique.

Division. Cette contrée, qui comprend *Sidy-Hescham* et plusieurs oasis, est habitée par divers peuples barbares, dont les uns ont leur demeure dans les oasis, et les autres sont nomades.

Description générale. Le Sahara, dont la partie orientale porte le nom de désert de Libye, n'offre qu'une immense étendue couverte de sables échauffés par un soleil brûlant, et que le vent agite quelquefois et soulève comme les vagues de la mer. Quelques oasis assez considérables, répandues çà et là, interrompent la triste uniformité de ces plaines arides, où croissent seulement des gommiers, des palmiers, des dattiers, des ronces, des arbustes épineux.

Villes principales. *Talent*, capitale de l'état de Sidy-Hescham. — *Agably*, capitale de l'oasis de Touat. — *Bilma* et *Ghraat*, villes principales des oasis habitées par les Touariks et les Tibbous.

Notions historiques. Le Sahara portait autrefois le nom de *Libye intérieure :* les principaux habitants étaient les Gétules et les Garamantes.

Égypte.

Superficie. 474,000 kilomètres carrés.
Population. 4,500,000 habitants.

Position. L'Egypte est située à l'extrémité nord-est de l'Afrique.

Bornes. Au N., la Méditerranée ; — à l'E., le golfe Arabique ou mer Rouge et l'isthme de Suez, qui la sépare d'une partie de l'Arabie ; — au S., la Nubie ; — à l'O., la Barbarie et le Sahara.

Division. L'Egypte comprend trois grandes parties : la *Basse-Egypte* ou *Delta*, au nord ; la *Moyenne-Egypte* (Ouestanich), au milieu ; la *Haute-Egypte* (Saïd), au sud.

Fleuves. Le *Nil*, qui traverse l'Egypte du sud au nord, entre dans la mer Méditerranée par plusieurs branches, dont les principales, celles de *Rosette* et de *Damiette*, forment une île triangulaire appelée *Delta*.

Description générale. A l'est et à l'ouest, le sol de l'Egypte n'offre que de vastes déserts sablonneux. La partie occidentale renferme cependant quelques oasis, parmi lesquelles nous devons remarquer la *Grande oasis*, nommée aussi *El-Khardjéh*, la *Petite oasis* et celles de

Dakhel, de *Farafré* et de *Syouah*. Au centre, entre deux chaînes de montagnes parallèles, s'étend la longue et belle vallée du Nil, fertilisée par les inondations périodiques de ce fleuve, qui suppléent aux pluies, très-rares dans cette contrée. En Egypte croissent avec une merveilleuse abondance le blé, le riz, la canne à sucre, le chanvre, le lin, la garance, l'indigo, le coton, le dattier, l'oranger et le papyrus, dont les Anciens se servaient pour écrire. Les principales productions minérales sont l'or, le fer, le cuivre, le marbre, l'albâtre, le porphyre, le granit. L'apprêt du coton, du lin, du chanvre et de la soie, les châles, les tapis, les cuirs, sont les branches d'industrie auxquelles se livrent les habitants de l'Egypte. Les nombreuses relations de commerce que cette contrée entretient avec les autres pays de l'Afrique et quelques-uns de ceux de l'Asie donnent lieu à ces grandes caravanes si célèbres dans l'antiquité. Alexandrie et Damiette sont les ports principaux où les nations étrangères viennent échanger leurs produits contre ceux de l'Egypte.

Villes principales. LE CAIRE, au N., à peu de distance de la rive droite du Nil, capitale de l'Egypte: 335,000 habit.—*Alexandrie*, au N., port commerçant, sur une langue de terre qui s'avance dans la Méditerranée. — *Rosette* et *Damiette*, sur deux branches du Nil, villes importantes par leur commerce.—*Mansourah*, célèbre par une bataille dans laquelle saint Louis fut fait prisonnier par les Sarrasins. — *Aboukir*, célèbre par un combat naval livré en 1798, entre les Français et les Anglais, et par une victoire que remporta Bonaparte, en 1799, sur les Turcs.— *Suez* et *Kosséir*, ports sur la mer Rouge.—*Gyzéh*, dans les environs de laquelle se trouvent les fameuses pyramides et les ruines de l'ancienne Memphis.—*Minyéh*, ville industrieuse.—*Syout*, au centre, capitale de la Haute-Egypte.—*Girgéh*, ancienne capitale de la Haute-Egypte. — *Assouan*, sur le Nil. — *Esnéh*, sur le Nil, ville commerçante. — *Luxor*, en partie sur l'emplacement de l'ancienne Thèbes, dont les ruines imposantes attestent encore toute la grandeur.

Notions historiques. L'Egypte, regardée avec raison comme le berceau des sciences et des arts, a conservé le nom qu'elle portait anciennement. Elle se divisait, comme aujourd'hui, en trois parties : le *Delta* (Basse-Egypte), l'*Heptanomide* (Egypte du milieu), la *Thébaïde* (Haute-Egypte). Les villes principales étaient : *Alexandrie*, *Memphis* et *Thèbes*. L'Egypte a été une des contrées les plus célèbres de l'antiquité ; et les monuments que le temps ou la main des hommes n'a pas entièrement détruits, les pyramides, les obélisques, les temples, témoignent encore de sa splendeur. Les Egyptiens, après avoir conservé leur indépendance sous une longue suite de rois, furent soumis par Cambyse, roi de Perse, et par Alexandre le Grand. Après la mort de ce prince, l'Egypte devint le partage de Ptolémée, qui y fonda une dynastie nouvelle. Puis elle devint la

ÉGYPTE. 269

conquête des Romains, et passa plus tard sous la domination des Arabes et sous celle des Turcs. En 1798, les Français, commandés par Bonaparte, firent une célèbre expédition en Egypte. Rentrée sous la domination de la Turquie, l'Egypte est aujourd'hui gouvernée par un vice-roi, tributaire de la Turquie.

Nubie.

Superficie. 1,185,000 kilomètres carrés.
Population. 2,000,000 d'habitants.

Position. La Nubie est située dans la partie nord-est de l'Afrique.

Bornes. Au N., l'Egypte ; — à l'E., la mer Rouge ; — au S., l'Abyssinie et la Nigritie ; — à l'O., le Sahara et la Nigritie.

Division. La Nubie comprend plusieurs états, entre autres le *Dongolah*, le *Chendy* et le *Sennaar*.

Fleuves. Le *Nil* se forme dans la Nubie par la réunion de deux rivières, le *Bahr-el-Abiad*, qui vient de la Nigritie, et le *Bahr-el-Azrak*, qui vient de l'Abyssinie.

Description générale. La vallée que parcourt le Nil et les terrains arrosés par les affluents de ce fleuve sont d'une fertilité remarquable, et produisent du blé, du riz, des cannes à sucre, du tabac, des palmiers, du bois de sandal. Toutes les autres parties de cette contrée sont arides et stériles. On tire de la Nubie de l'or, de l'ébène, du bois de sandal.

Villes principales. *MARAKA* ou *NOUVEAU-DONGOLAH*, au centre, sur le Nil, capitale de l'état de Dongelah. — *Dongolah* ou *Vieux-Dongolah*, sur le Nil, autrefois la ville principale de toute la Nubie. — *Sennaar*, au S., sur le Bahr-el-Azrak. — *Chendy*, sur le Nil. — *Souakem*, port sur la mer Rouge, ville fréquentée.

Notions historiques. La Nubie faisait autrefois partie de la contrée que les Romains appelaient *Éthiopie au-dessus de l'Égypte*. Aujourd'hui tous les petits états de la vallée du Nil sont tributaires de l'Égypte. La région orientale et la région occidentale sont habitées par des tribus arabes et d'autres peuples nomades.

Sénégambie.

Superficie. 1,086,250 kilomètres carrés.
Population. 10,000,000 d'habitants.

Position. La Sénégambie, dont le nom est formé de celui des deux fleuves principaux qui l'arrosent, le Sénégal et la Gambie, est située dans la partie occidentale de l'Afrique.

Bornes. Au N., le Sahara; — à l'E., la Nigritie; — au S., la Guinée septentrionale; — à l'O., l'océan Atlantique.

Division. La Sénégambie, outre les possessions appartenant aux nations européennes, renferme plusieurs états indépendants. En France, on désigne aussi cette contrée sous le nom de *Sénégal*, parce que les établissements les plus importants des Français sont sur les bords de ce fleuve.

Description générale. Les parties de la Sénégambie arrosées par les inondations périodiques des fleuves et des rivières sont d'une prodigieuse fertilité : là croissent les orangers, les citronniers, les palmiers. Cette contrée, dont le climat est généralement insalubre et où les chaleurs sont insupportables, produit aussi de l'or, du cuivre, des bois précieux, des gommes, des peaux d'animaux.

Villes principales. *Timbo, Sédo, Ferbanna, Cacondy, Bénaoum*, capitales de divers états.

Établissements européens. POSSESSIONS FRANÇAISES : au nord, sur la côte, à l'embouchure du Sénégal et entre ce fleuve et la Gambie : *Saint-Louis*, dans l'île de ce nom, chef-lieu des établissements français ; — *Goré*, dans l'île de ce nom, port de relâche pour les bâtiments français.

POSSESSIONS ANGLAISES : au milieu, vers l'embouchure de la Gambie et sur les rives de ce fleuve : *Bathurst*, à l'embouchure de la Gambie, dans une île, chef-lieu des possessions anglaises ; — *James*, fort, sur une île de la Gambie.

POSSESSIONS PORTUGAISES : au sud, vers les embouchures du Rio-Grande et du Cacheo ou Santo-Domingo : *Cacheo*, chef-lieu.

Notions historiques. La Sénégambie, qui était inconnue aux Anciens, fut visitée au moyen âge par les Arabes. Elle a pour principaux habitants, vers le nord, des Maures, qui professent l'islamisme ; vers le sud, des Nègres indigènes, dont les plus remarquables sont les Yolofs, les Foulahs, les Mandingues.

Ouankara ou Guinée septentrionale.

Superficie. 2,073,750 kilomètres carrés.
Population. 9,000,000 d'habitants.

Position. La Guinée septentrionale, mieux nommée Ouankara, est située dans la partie occidentale de l'Afrique.

Bornes. Au N., la Sénégambie et la Nigritie ; — à l'E., la Nigritie ; — au S., la Guinée méridionale et l'océan Atlantique ; — à l'O., l'océan Atlantique.

Division. La Guinée septentrionale renferme divers états, dont le plus puissant est l'empire d'*Achanti*. Le territoire voisin de la mer se divise en plusieurs parties nommées généralement d'après les produits qu'elles donnent : telles sont la côte des *Graines* ou du *Poivre*, la côte des *Dents* ou d'*Ivoire*, la côte d'*Or*, la côte des *Esclaves*.

Description générale. Dans l'intérieur de la Guinée s'étendent des plaines immenses, la plupart d'une nature saline. Sur les côtes, le sol est bas et humide ; mais la grande chaleur et les pluies abondantes donnent à la végétation une activité extraordinaire et des proportions colossales. Outre l'or et le sel, la Guinée produit les cannes à sucre, l'indigo, des épines,

Le commerce exporte de la poudre, des dents d'éléphants, des bois précieux.

Villes principales. *Coumassie*, capitale de l'empire d'Achanti. — *Abomey*, capitale du royaume de Dahomey. —*Falaba*, *Bénin*, *Lagos*, *Ouary*, *Ardrah*, capitales de divers états.

Établissements européens. POSSESSIONS ANGLAISES : *Freetown*, sur la côte de Sierra-Leone ; — *Cap-Corse*, sur la côte d'Or.

POSSESSIONS HOLLANDAISES : *Elmina* ou *Saint-Georges de la Mine*, sur la côte d'Or.

POSSESSIONS DANOISES : sur la côte d'Or et sur celle des Esclaves, plusieurs points, dont le fort de *Christianborg* est le chef-lieu.

POSSESSIONS AMÉRICAINES : *Monrovia*, sur la côte du Poivre, chef-lieu de l'état de Liberia.

Notions historiques. Les Anciens ne connaissaient pas cette contrée. Les Français paraissent être les premiers Européens qui visitèrent les côtes de Guinée. Ils furent suivis des Portugais, qui y firent un grand commerce jusqu'au dix-septième siècle. Depuis lors, les principales nations de l'Europe s'y sont établies.

Congo ou Guinée méridionale.

Superficie. 869,000 kilomètres carrés.
Population. 4,000,000 d'habitants.

Position. Le Congo, nommé aussi Guinée méridionale, est situé dans la partie occidentale de l'Afrique.

Bornes. Au N., la Guinée septentrionale; — à l'E. et au S., la Cafrerie; — à l'O., l'océan Atlantique.

Division. Cette contrée renferme, outre les possessions portugaises, quelques états indépendants, entre autres les royaumes de *Congo*, de *Loango*, d'*Angola* et de *Benguela*.

Description générale. La partie de cette contrée située à l'est est couverte de montagnes et de forêts épaisses où vivent de grands troupeaux d'éléphants, dont l'ivoire est recherché pour le commerce. Près des côtes se trouvent des vallées et des plaines dont le sol, en général bien arrosé, est d'une fertilité prodigieuse. Outre des épices, des bois précieux et d'autres produits remarquables, le Congo donne aussi de l'or, de l'argent, du fer et du cuivre.

Villes principales. *San-Salvador* ou *Banza*, capitale du royaume de Congo. — *Bouali* ou *Loango*, sur l'océan Atlantique, capitale du royaume de Loango. — *Cabenda*, remarquable par son port à l'embouchure du Zaïre.

Etablissements européens. POSSESSIONS PORTUGAISES : *Saint-Paul de Loanda*, chef-lieu des possessions portugaises, et capitale du royaume d'Angola. — *Saint-Philippe de Benguela*, capitale du royaume de Benguela : les Portugais y envoient leurs condamnés à la déportation.

Notions historiques. Cette contrée était, comme la précédente, inconnue aux Anciens. Les Portugais, qui s'y sont établis et maintenus, ont cherché à introduire le christianisme parmi les indigènes. C'est de la Guinée surtout qu'on a transporté dans les diverses contrées de l'Amérique ces malheureux esclaves nègres, dont on faisait autrefois un si horrible commerce.

Cimbébasie.

Notions générales. La Cimbébasie, ainsi appelée du nom de la principale tribu, les Cimbébas, est une contrée aride, déserte, qui s'étend sur la côte occidentale de l'Afrique, depuis le cap Frio jusqu'au pays des Hottentots.

Questionnaire.

Où sont situés les Etats barbaresques? — Dites leur superficie; leur population; leurs bornes; leur division. — Quelles sont les principales montagnes? — Quel est l'aspect général qu'offre cette contrée? — L'industrie et le commerce y sont-ils florissants? — Décrivez les villes principales de l'empire de Maroc; celles de l'Algérie; celles de l'état de Tunis; celles de l'état de Tripoli. — Donnez quelques notions historiques.

Dites la position du Sahara; sa superficie; sa population; ses bornes. — Quel aspect présente-t-il? — Quelles sont ses villes? — Quel nom portait-il autrefois?

Où est située l'Egypte? — Dites sa superficie; sa population; ses bornes; sa division. — Dites les montagnes; les fleuves. — Quel aspect présente l'Egypte? — Quelles sont ses productions? — Quel sont les principaux objets de l'industrie? — Le commerce est-il étendu? — Nommez les villes principales. — Donnez quelques notions historiques sur l'Egypte.

Où est située la Nubie? — Dites sa superficie; sa population; ses bornes; sa division; ses fleuves; ses productions; ses villes principales.

Où est située la Sénégambie? — Dites sa superficie; sa population; ses bornes; sa division. — Quel aspect offre cette contrée? — Quelles sont ses productions? — Dites les villes principales. — Où sont situées les possessions françaises? — Quel en est le chef-lieu? — Où sont situées les possessions anglaises? — Dites le chef-lieu de ces possessions. — Où sont situées les possessions portugaises? — Quel est le chef-lieu de ces possessions?

Où est situé l'Ouankara? — Dites sa superficie; sa population; ses bornes; sa division; ses productions; ses villes principales. — Quels sont les établissements européens, ainsi que les chefs-lieux?

Où est situé le Congo? — Dites sa superficie; sa population; ses bornes; sa division; ses productions; les villes principales. — Quel est le chef-lieu des possessions portugaises?

Donnez quelques détails sur la Cimbébasie.

CHAPITRE XXIII.

Nigritie. — Abyssinie. — Côtes d'Adel, d'Ajan et de Zanguebar. — Pays de Mozambique. — Hottentotie. — Cafrerie. — Colonie du Cap-de-Bonne-Espérance. — Iles indépendantes.

Nigritie.

Superficie. 10,270,000 kilomètres carrés.
Population. 17,000,000 d'habitants[1].

Position. La Nigritie est une vaste contrée de l'Afrique centrale, très-peu connue des Européens.

Bornes. Au N., le Sahara ; — à l'E., la Nubie ; S., des régions inconnues et la Guinée septentrionale ; — à l'O., la Sénégambie.

Division. La Nigritie se compose d'un assez grand nombre d'états, dont les plus importants sont le *Takrour* ou *Soudan*, le *Kordofan*, le *Darfour*, l'*Anzico* et le *Ninéanaï*.

Montagnes. Les monts *El-Kamar* ou de la *Lune*, dont les sommets sont très-élevés, se dirigent de l'est à l'ouest ; — les monts de *Kong* se dirigent aussi de l'est à l'ouest ; — les monts de *Mandara* s'élèvent dans l'empire de Bornou.

---

1. La population et la superficie de cette contrée ne sont qu'approximatives : elles sont trop peu connues pour qu'on puisse les déterminer.

Fleuves. Le *Niger* ou *Dioliba*, qui arrose la partie occidentale de la Nigritie, se jette dans le golfe de Guinée ; — le *Bahr-el-Abiad* prend sa source dans cette contrée et tombe dans le Nil ; — le lac Tchad y reçoit le *Yaou* et le *Chary*.

Description générale. Cette vaste contrée renferme plusieurs déserts, entre autres celui du Darfour ; on y trouve aussi un assez grand nombre de lacs, des plaines étendues et bien arrosées, qui produisent le riz, le lin, les ébéniers, les dattiers. L'or, l'argent, le cuivre et le sel sont les principales productions minérales.

Villes principales. *Tombouctou*, au N. O., capitale du royaume de ce nom, fait un commerce très-actif, surtout avec les contrées du nord de l'Afrique : 16,000 habit. — *Kouka*, près du lac Tchad, capitale de l'empire de Bornou. — *Vieille-Birnie* et *Nouvelle-Birnie* dans le même empire. — *Cobbé*, capitale du Darfour. — *Obéid*, capitale du Kordofan. — *Ségo*, capitale du Bambara. — *Sakkatou*, capitale du Haoussa, résidence d'un prince de la nation des Fellatahs. — *Yanvo*, capitale du Ninéanaï.

Notions historiques. Les Anciens désignaient la Nigritie sous le nom d'*Ethiopie intérieure* ; mais cette contrée leur était entièrement inconnue. La Nigritie est ainsi nommée parce que la plupart de ses habitants appartiennent à la race nègre. Un voyageur français (René Caillié) a récemment pénétré dans la Nigritie et a visité la ville de Tombouctou dont il a donné la description.

Abyssinie.

Superficie. 888,750 kilomètres carrés.
Population. 3,500,000 habitants.

Position. L'Abyssinie est située dans la partie orientale de l'Afrique.

Bornes. Au N., la Nubie et la mer Rouge; — à l'E., la côte d'Adel; — au S., la Cafrerie; — à l'O., la Nigritie.

Division. L'Abyssinie comprend plusieurs états, dont les plus importants sont ceux de *Tigré* et d'*Amhara* ou de *Gondar*.

Description générale. Cette contrée, dont le sol est très-varié et très-fertile, donne abondamment les productions de l'Egypte et celles de la Nubie. On exporte de ce pays de la poudre d'or, de l'ivoire et des plumes d'autruches.

Villes principales. *GONDAR*, au centre, capitale de l'Abyssinie. — *Antalo*, capitale du royaume de Tigré. — *Axoum*, jadis capitale du même royaume. — *Ankober*, capitale d'un état.

Notions historiques. L'Abyssinie faisait partie de l'ancienne *Ethiopie au-dessus de l'Egypte*. Il a existé dans cette contrée un état puissant, connu sous le nom d'empire d'Abyssinie, dont le souverain était chrétien. Plusieurs états se sont formés des débris de cet empire, et sont en partie tributaires du pacha d'Egypte.

Côtes d'Adel, d'Ajan et de Zanguebar.

Notions générales. Les côtes d'Adel, d'Ajan et de Zanguebar, situées dans la partie orientale de l'Afrique, et dont la superficie est évaluée à 987,500 kilomètres carrés, et la population à 2,000,000 d'habitants, sont encore peu connues. Elles renferment divers états, entre autres la république de *Brava*, les royaumes de *Magadoxo*, de *Mélinde*, de *Quiloa*, de *Mombaza* et de *Zanzibar*, tous compris dans le Zanguebar. Le sol est généralement bas et marécageux, et le climat chaud et malsain. On exporte de ces contrées de la poudre d'or, de l'ivoire, de l'encens, de la myrrhe, des esclaves. Parmi les îles répandues sur la côte du Zanguebar, il faut citer *Zanzibar*, avec un excellent port, et les îles *Pemba* et *Monfia*.

Villes principales. *Zeyla*, port commerçant, au fond du golfe d'Aden, capitale de l'ancien royaume d'Adel. — *Adar* ou *Harar*, dans l'intérieur. — *Berbera*, port sur le golfe d'Aden. — *Brava*, capitale de la république de même nom, port sur l'océan Indien. — *Magadoxo*, *Mélinde*, *Mombaza*, *Quiloa*, capitales des royaumes qui portent le même nom.

Notions historiques. Les géographes anciens désignaient une partie de la côte d'Ajan par le nom d'*Azania* ; les bords du golfe *Avalites* (côtes septentrionales du royaume d'Adel) étaient habités par les Avalites, dont la ville principale était *Avalites* (Zeyla).

Pays de Mozambique.

Notions générales. Le pays de Mozambique, situé dans la partie orientale de l'Afrique, le long de l'océan Indien, appartient aux Portugais. Sa superficie est évaluée à 908,500 kilomètres carrés, et sa population à 3,000,000 d'habitants. Il est fertile en productions diverses, et renferme d'abondantes mines d'or et d'argent.

Villes principales. MOZAMBIQUE, dans l'île de ce nom, près de la côte, capitale de tout le pays et résidence du gouverneur général portugais : 12,000 habit. — *Sofala*, sur le canal de Mozambique. — *Séna*, sur le Zambèze. — *Quilimane*, près de l'embouchure du Zambèze.

Notions historiques. On croit que la côte de Sofala est le pays d'*Ophir* des Anciens, d'où les flottes de Salomon rapportaient l'or et les parfums précieux. C'est en 1498 que les Portugais ont découvert le pays de Mozambique, et ils s'y sont maintenus.

Hottentotie.

Notions générales. La Hottentotie ou le pays des Hottentots est une contrée de l'Afrique méridionale, dont la superficie est évaluée à 553,000 kilomètres carrés, et la population à 400,000 habitants. Le sol, dans les parties bien arrosées, est fertile en productions diverses. Les Hottentots, partagés en plusieurs peuples

* 16

et en tribus nombreuses, n'habitent que des villages, dont le plus remarquable est *Klaar-Watar*. Cette contrée, qu'arrose l'*Orange*, était inconnue aux Anciens.

Cafrerie.

Notions générales. La Cafrerie est cette immense contrée comprise entre la Nigritie, au N., et la Hottentotie, au S., et dont on ne connaît, encore bien imparfaitement, que la partie méridionale, dont la superficie est évaluée à 4,580,000 kilomètres carrés, et la population à 4,900,000 habitants. Dans les parties connues, elle renferme des montagnes assez considérables, des plaines sablonneuses, d'épaisses forêts, des vallées fertiles où la végétation acquiert une force extraordinaire. Les Cafres de ces régions sont de mœurs plus douces que les autres nègres, et se montrent fort industrieux. Au sud-est est située une région connue sous le nom de *côte de Natal*, où les Anglais ont un établissement. La Cafrerie a peu de villes importantes; les seules qu'on puisse citer sont : *Litakou* et *Kurrechane*, villes principales du pays des Betjouanas; *Mélita*, *Machaou*, capitales de divers pays; *Zimbaoé*, capitale du Monomotapa; *Port-Natal*, ville principale de la côte de Natal, où les Anglais ont un établissement. Les Romains comprenaient la Cafrerie dans l'*Ethiopie intérieure*; mais ils ne connaissaient pas cette contrée qui est encore peu connue aujourd'hui.

Colonie du Cap de Bonne-Espérance.

Notions générales. La colonie du Cap-de-Bonne-Espérance, qui appartient aux Anglais, occupe l'extrémité de l'Afrique méridionale. Sa superficie est de 296,250 kilomètres carrés, et sa population de 150,000 habitants. Cette contrée offre des plaines arides et désertes, des plateaux stériles, des vallées dont le sol est d'une fertilité remarquable. Elle donne tout à la fois les productions de l'Europe et celles de l'Afrique. Le climat, très-chaud en été, est tempéré pendant une partie de l'année.

Villes principales. LE CAP, au S., sur la baie de la Table, capitale de la colonie. — *Uztenhagen*, chef-lieu d'un gouvernement. — *Constance*, village renommé pour son vin.

Notions historiques. Le cap de Bonne-Espérance, qui a donné son nom à la contrée, fut découvert par les Portugais en 1486. Il porta d'abord le nom de *cap des Tourmentes*, parce que les Portugais y furent assaillis par d'effroyables tempêtes. En 1600, les Hollandais s'établirent dans cette contrée; ils s'y sont maintenus jusqu'en 1806, époque à laquelle les Anglais en sont devenus les maîtres. Le port du Cap est un lieu de relâche pour les navires qui vont aux Indes ou en reviennent.

Iles indépendantes des contrées continentales de l'Afrique.

Notions générales. Parmi les nombreuses îles qui se rattachent à l'Afrique, sans dépendre des états du continent, on remarque, dans l'océan Atlantique, les îles *Madère* (au Portugal), au sud-est des Açores, très-fertiles en vins et en fruits; les principales sont: *Madère*, capitale *Funchal*, et *Porto-Santo*. — Les îles *Canaries* (à l'Espagne), anciennes îles Fortunées, au sud des îles Madère, remarquables par la fécondité de leur sol; les principales sont: *Ténériffe*, capitale *Sainte-Croix*; *Canarie*, *Palma*, *Gomère*. — Les îles du *Cap-Verd* (au Portugal), volcaniques et malsaines, à l'ouest du cap de même nom; les principales sont: *Santiago*, avec une capitale du même nom; *Brava*, *Saint-Nicolas*, *Sainte-Lucie*. — L'île de l'*Ascension* (à l'Angleterre), volcanique et presque inhabitable. — L'île *Sainte-Hélène* (à l'Angleterre), bordée de rochers escarpés, célèbre par la captivité et la mort de Napoléon.

Dans l'océan Indien: *Madagascar*, la plus grande île de l'Afrique, entrecoupée de montagnes et de forêts, avec une population de 2,000,000 d'habitants; les villes principales sont *Tamanarive*, *Devourante* et *Mousangaye*.— Les îles *Mascareignes*, à l'E. de Madagascar; les principales sont: l'île *Bourbon* (à la France), fertile en café, en coton et en indigo: 90,000 habit.;

capitale : *Saint-Denis* ; l'île *Maurice* ou *de France* (à l'Angleterre), fertile en sucre et en café : 86,000 habit. ; capitale : *Port-Louis*. — Les îles *Comores*, au N. O. de Madagascar, gouvernées par des Arabes. — Les îles *Seychelles*, au N. E. de Madagascar (aux Anglais). — *Socotora* (à l'iman arabe de Mascate), à la pointe orientale de l'Afrique : elle est nue et stérile, mais ses côtes sont garnies de corail.

Questionnaire.

Où est située la Nigritie ? — Dites sa superficie ; sa population ; ses bornes ; ses divisions. — Nommez les principales montagnes, les principaux fleuves. — Quel aspect offre ce pays ? — Quelles sont ses productions ? — Quelles sont les principales villes ? — Sous quel nom les Anciens désignaient-ils la Nigritie ?

Où est située l'Abyssinie ? — Dites sa superficie ; sa population ; ses bornes ; sa division ; ses productions ; ses villes principales. — Donnez quelques notions historiques.

Où sont situées les côtes d'Adel, d'Ajan et de Zanguebar ? — Quelle est leur superficie ? leur population ? — Dites les villes principales.

Où est situé le pays de Mozambique ? — A qui appartient-il ? — Dites sa superficie ; sa population ; ses productions ; les villes principales.

Où est situé le pays des Hottentots ? — Quelle est sa superficie ? sa population ? — Comment sont divisés les Hottentots ?

Où est située la Cafrerie ? — Dites sa superficie ; sa population. — Quel aspect général présente cette contrée ? — Comment s'appelle la côte située au sud-ouest ?

— Dites les villes principales.—Cette contrée était-elle connue des Anciens ?

Où est située la colonie du Cap ? — Dites sa superficie ; sa population ; ses villes principales. — Donnez quelques notions historiques.

Quelles sont les îles indépendantes des contrées continentales qui se rattachent à l'Afrique ?— A quelle nation appartiennent les îles Madère ? — Quelles sont les principales ? — A qui appartiennent les îles du Cap-Verd ? —Citez les principales. — A qui appartiennent les îles Canaries ? — Quelles sont les principales ? — A qui appartiennent les îles de l'Ascension et Sainte-Hélène ? — Où est située l'île de Madagascar ? — Quelle est sa population ? — Où sont situées les îles Mascareignes ? — Quelles sont les principales ? — A qui appartiennent l'île Bourbon, l'île Maurice ? — Par qui sont gouvernées les îles Comores ? — De qui dépendent les îles Seychelles ? celle de Socotora ?

CHAPITRE XXIV.

Amérique. — Généralités.

Superficie. 41,277,500 kilomètres carrés.
Population. 45,000,000 d'habitants.

Position. L'Amérique, l'une des cinq parties du monde, forme le nouveau continent. Elle est située entre l'Asie et l'Océanie, à l'ouest, et l'Europe et l'Afrique, à l'est.

Dimensions. Du nord au sud, 15,550 kilomètres ; de l'est à l'ouest, la largeur varie de 4,400 à 5,300 kilomètres.

GÉNÉRALITÉS.

Bornes. Au N., l'océan Glacial Arctique ; — à l'E., le même océan et l'océan Atlantique ; — au S., l'océan Austral ; — à l'O., l'océan Glacial Arctique et le Grand Océan.

Division. Le continent américain forme deux grandes presqu'îles : l'une au nord, appelée *Amérique septentrionale* ou *Amérique du Nord ;* l'autre au sud, nommée *Amérique méridionale* ou *Amérique du Sud :* elles sont réunies par l'isthme de Panama.

L'Amérique septentrionale se divise en six parties principales, dont trois au nord, une au centre et deux au sud. — Au nord, le *Groenland*, la *Russie américaine*, la *Nouvelle-Bretagne* ; — au centre, les *États-Unis* ; — au sud, le *Mexique*, le *Guatémala*.

L'Amérique méridionale se divise en dix parties principales, dont deux au nord, trois à l'ouest, quatre à l'est, une au sud. — Au nord, la *Colombie*, la *Guyane* ; — à l'ouest, le *Pérou*, la *Bolivie*, le *Chili* ; — à l'est, le *Brésil*, la *Plata*, le *Paraguay*, l'*Uruguay* ; — au sud, la *Patagonie*.

Mers. L'océan Glacial Arctique forme la mer *Polaire* vers le nord. — L'océan Atlantique forme les mers du *Groenland* et des *Esquimaux*, au nord-est ; la mer de *Baffin*, la mer *Christiane*, la mer d'*Hudson*, au sud de celle-ci ; la mer de *Baffin*, au nord-est ; la mer des *Antilles*, au sud-est, entre les deux Amériques. — Le Grand Océan forme la mer de *Béring*, au nord-ouest.

Golfes. Les golfes les plus remarquables de l'Amérique septentrionale sont : le golfe *Saint-Laurent*, à l'est ; les golfes du *Mexique* et de *Honduras*, au sud, formés par l'océan Atlantique ; — le golfe de *Géorgie*, et celui de *Californie*, nommé aussi mer *Vermeille*, à l'ouest, formés par le Grand Océan.

Les golfes les plus remarquables de l'Amérique méridionale sont : les golfes de *Darien* et de *Maracaïbo*, au nord, formés par la mer des Antilles ; — les golfes *Saint-Antoine*, *Saint-Mathias* et *Saint-Georges*, à l'est, formés par l'océan Atlantique ; — les golfes de *Penas*, de *Guayaquil* et de *Panama*, à l'ouest, formés par le Grand Océan.

Baies. Les baies les plus importantes de l'Amérique septentrionale sont : la baie de *James*, au sud de la mer d'Hudson ; — la baie du *Sud*, sur la côte septentrionale du Labrador ; — la baie de *Fundy*, à l'est de la Nouvelle-Bretagne ; — les baies de *Massachusetts*, de la *Delaware*, de *Chesapeak* et de *Chatham*, sur les côtes des Etats-Unis ; — la baie de *Bristol*, sur la côte occidentale de la Russie américaine.

La seule baie importante de l'Amérique méridionale est celle de *Tous-les-Saints*, sur la côte du Brésil.

Détroits. Les principaux détroits de l'Amérique septentrionale sont : le détroit de *Lancastre*, qui unit la mer de Baffin et la mer Polaire ; — le détroit de *Davis*, qui joint la mer de Baffin à la mer des Esquimaux ; — le détroit d'*Hudson*, qui joint la mer d'Hudson et la mer Christiane à la mer des Esquimaux ; — le détroit de *Béring*, entre l'Amérique et l'Asie, unissant l'océan Glacial Arctique à la mer de Béring ; — le détroit de *Belle-Ile*, entre le Labrador et l'île de Terre-Neuve ; — le détroit de la *Floride* ou nouveau canal de *Bahama*, au sud-est de la Floride, qu'il sépare de l'archipel des *Lucayes*.

Les principaux détroits de l'Amérique méridionale sont : le détroit de *Magellan*, entre la terre de Feu et le continent ; — le détroit de *Le Maire*, entre la terre de Feu et l'île des Etats.

Iles. Dans la mer Polaire, l'île *Melville*, l'île *Bathurst*, l'île *Cornwallis*. — Dans la mer de Baffin, les îles de *Disco* et de *Jean-Mayen*. — Dans la mer de Béring, les îles *Aléoutiennes*. — Dans l'océan Atlantique, le groupe de *Terre-Neuve*, les *Bermudes*, les *Antilles*, les *Malouines*. — Dans l'océan Austral, le groupe de *Magellan*, dont les îles principales sont la *terre de Feu* et l'île des *Etats* ; le groupe austral de *Sandwich*, les *Orcades* australes, le *Schetland* austral, les terres de *Joinville*, de *Louis-Philippe*, de la *Trinité*, de *Graham*, et les îles de *Biscoé*, de *Pierre Ier* et d'*Alexandre Ier*. — Dans le Grand Océan, une partie des îles *Aléoutiennes*, les îles de *Kodiak* et des *Perles*, les îles *Gallapagos* et celles de *Juan-Fernandez*.

Presqu'îles. Les presqu'îles les plus considérables de l'Amérique septentrionale sont : les presqu'îles de *Labrador*, de *Melville* et de la *Nouvelle-Ecosse*, dans la Nouvelle-Bretagne ;

— la presqu'île de la *Floride*, dans les Etats-Unis ; — celles d'*Yucatan* et de *Californie*, dans le Mexique ; — la presqu'île d'*Alaska*, dans la Russie américaine.

Caps. Les principaux caps de l'Amérique septentrionale sont : le cap *Barrow*, sur la côte nord, et le cap des *Glaces*, sur la côte nord-ouest de l'océan Glacial Arctique ; — le cap *Clarence*, au fond de la mer de Baffin ; — le cap *Farewell*, à la pointe méridionale du Groenland ; — le cap *Charles*, à la pointe occidentale du Labrador ; — les caps *Sable, Cod* et *Hatteras*, sur les côtes des Etats-Unis ; — le cap *Catoche*, sur la côte orientale du Mexique ; — le cap *Mendocino*, sur la côte occidentale du Mexique ; — le cap *Saint-Lucas*, à la pointe de la Californie ; — le cap *Blanc*, sur la côte occidentale du Guatémala.

Les principaux caps de l'Amérique méridionale sont : le cap *Gallinas*, sur la côte nord de la Colombie ; — les caps *Nord, Orange, Saint-Augustin* et *Frio*, sur la côte du Brésil ; — le cap *Horn*, sur une petite île, au sud-est de la terre de Feu.

Montagnes. Les chaînes de montagnes les plus considérables de l'Amérique septentrionale sont : les monts *Rocheux*, au nord, entre la Nouvelle-Bretagne et la Russie américaine ; — les monts *Cumberland* et *Ozark*, à l'ouest des Etats-Unis ; — les monts *Californiens*, qui s'étendent depuis la Russie américaine jusqu'à l'extrémité de la Californie ; — les monts *Allé-*

ghany ou *Apalaches*, à l'est des Etats-Unis : l'une des branches prend le nom de montagnes *Bleues*.

Les chaînes de montagnes les plus considérables de l'Amérique méridionale sont : les *Andes*, ou *Cordillières*, qui se dirigent du nord au sud, près des côtes du Grand Océan ; — les montagnes de la Guyane ; — la *Serra do Espinhaço*, vers l'est du Brésil, et se dirigeant du nord au sud.

Volcans. L'Amérique renferme un grand nombre de volcans, surtout dans la chaîne des Andes. Les principaux sont : le *Saint-Elie*, dans la Russie américaine ; — le *Cotopaxi* et le *Pichincha*, dans la Colombie ; — le volcan d'*Aréquipa*, dans le Pérou.

Fleuves. Dans l'Amérique septentrionale : le *Mackensie* prend sa source au pied des monts Rocheux, et se jette dans l'océan Glacial Arctique ; — la *Columbia* prend sa source à l'ouest des monts Rocheux et se jette dans le Grand Océan ; — le *Colorado* se jette dans la mer Vermeille ou golfe de Californie ; — le *Churchill* et le *Nelson* se jettent dans la mer d'Hudson ; — le *Saint-Laurent* sépare la Nouvelle-Bretagne des Etats-Unis dans la partie supérieure de son cours et se jette dans le golfe de son nom ; — le *Mississipi*, qui paraît sortir des marais situés à la frontière des Etats-Unis et de la Nouvelle-Bretagne, et le *Rio del Norte*, qui arrose le Mexique, se jettent dans le golfe du Mexique.

Dans l'Amérique méridionale : la *Madeleine* ou *Magdalena* prend sa source au pied des Andes de la Colombie et se jette dans la mer des Antilles; — l'*Orénoque*, qui sort d'un petit lac et arrose la Colombie; l'*Amazone* ou *Maragnon*, formé par la réunion de l'*Ucayalé* et de la *Tunguragua*, qui prennent leur source dans les Andes du Pérou; le *Tocantin* ou *Para*, formé par la réunion de l'*Araguay* et de la rivière des *Tocantins*, qui prennent leur source dans les monts du Brésil; le *Saint-François*, qui prend sa source au sud-est du Brésil; le *Rio de la Plata*, formé par le *Parana* et l'*Uruguay*, qui viennent du Brésil; le *Mendoza* ou *Colorado* et le *Rio-Negro*, se jettent dans l'océan Atlantique.

Lacs. Les principaux lacs de l'Amérique septentrionale sont : les lacs de l'*Esclave*, du *Grand-Ours*, de la *Pluie*, du *Grand-Winipeg*, des *Rennes*, dans la Nouvelle-Bretagne; — les lacs *Supérieur*, *Huron*, *Erié*, *Ontario*, entre la Nouvelle-Bretagne et les Etats-Unis; — les lacs *Michigan* et *Champlain*, dans les Etats-Unis; — le lac *Nicaragua*, dans le Guatémala.

Les principaux lacs de l'Amérique méridionale sont : les lacs de *Valencia* et de *Maracaïbo*, dans la Colombie; — le lac *Titicaca*, entre la Bolivie et le Pérou; — les lacs de *Los Patos* et *Mérim*, au sud du Brésil.

Description générale. De grandes chaînes de montagnes, dont les sommets élevés conservent des neiges éternelles; des forêts aussi

GÉNÉRALITÉS. 293

remarquables par l'étendue qu'elles occupent que par les dimensions gigantesques de leurs arbres; des plaines immenses, tantôt nues et stériles, tantôt couvertes d'herbes hautes et épaisses; des fleuves qui, par le volume de leurs eaux et la largeur de leur embouchure, ressemblent à des mers : tels sont les caractères généraux qu'offre le sol de l'Amérique. Cette partie du monde renferme quelques déserts sablonneux; mais leur étendue n'est pas comparable à celle des déserts de l'Afrique et de l'Asie. L'Amérique, comme l'Asie, embrassant toutes les zones dans son immense étendue, offre une grande variété dans ses climats et dans ses productions. L'Amérique septentrionale, se prolongeant très-loin dans la zone glaciale, éprouve des froids excessifs. Toute la côte occidentale, abritée des vents glacés par une longue chaîne de montagnes, jouit d'une plus douce température. Le climat de l'Amérique méridionale est en général moins brûlant que celui des zones de même latitude dans l'ancien monde : les neiges qui couvrent le sommet des montagnes, les sources nombreuses auxquelles elles donnent naissance, les forêts impénétrables des plaines de l'Equateur, le cours étendu des fleuves, le nombre considérable des rivières, sont autant de causes qui entretiennent la fraîcheur et l'humidité. De toutes les parties du monde, l'Amérique est la plus riche en métaux précieux. Outre des mines d'or fort abondantes, surtout au Pérou et au Brésil, elle donne encore des diamants, des pierres précieuses, le mercure, le cuivre, le plomb, le fer, etc. Parmi les nombreux végétaux que produit l'Amérique, il suffit de citer l'acajou, le cotonnier, le palmier, l'oranger, le citronnier, le caféier, le cacaoyer, la canne à sucre, sans parler encore d'une foule de plantes utiles à la médecine ou à l'art de la teinture. Tous les animaux de l'Europe transportés en Amérique s'y sont facilement acclimatés et sont aujourd'hui répandus dans les diverses contrées de ce vaste continent. Dans l'Amérique septentrionale, on trouve les rennes, les castors, les hermines, les martres; dans l'Amérique méridionale, les lamas, les vigognes, les singes, les tapirs. Le condor, le plus puissant des oiseaux, habite les hautes régions, tandis que les colibris, les oiseaux-mouches, parés des plus brillantes couleurs, peuplent les bois et les vallées. Dans les plaines appelées *Savanes* ou *Pampas*, on voit errer des milliers de chevaux et d'immenses troupeaux d'animaux sauvages, surtout de bisons et de buffles.

Industrie et commerce. Presque toutes les nations de l'Europe qui ont eu des établissements en Amérique y ont porté leur industrie; mais c'est surtout aux Etats-Unis que toutes les branches d'industrie ont pris un développement rapide. Au Mexique, au Pérou, au Brésil, dans d'autres contrées et dans les îles les plus importantes, l'exploitation des mines, la fabrication du tabac, la préparation des cuirs, sont aussi l'objet d'une industrie très-active. Le commerce que l'Amérique, surtout l'Amérique septentrionale, fait avec les autres parties du monde est très-considérable; il est alimenté par les produits de ses manufactures, de ses mines aussi riches que nombreuses, et par les productions du sol. Les principaux objets d'exportation sont l'or, l'argent, les diamants, les pierres précieuses, le coton, les fourrures, les cuirs, le tabac, le sucre, le café, le riz, l'indigo, le cacao, la cannelle, le girofle, les bois d'ébène, d'acajou et de campêche.

Gouvernement. Aux États-Unis, au Mexique, dans la Colombie, au Pérou, au Chili et dans la Plata, les formes du gouvernement sont républicaines. Dans la Russie américaine et au Paraguay, c'est une monarchie absolue. Au Brésil et dans les possessions des diverses nations de l'Europe, c'est une monarchie constitutionnelle.

Religion. La religion catholique domine au Brésil, au Pérou, au Chili, au Mexique, dans la Colombie et dans plusieurs autres contrées. La religion grecque est suivie dans la Russie américaine. Le protestantisme est dominant aux États-Unis et dans la Nouvelle-Bretagne. Les peuples naturels indépendants, répandus dans diverses contrées, sont livrés à l'idolâtrie; mais chez tous existent l'idée d'un Dieu puissant qui gouverne le monde et celle de l'immortalité de l'âme.

Peuples. Les peuples répandus sur la surface de l'Amérique appartiennent à trois races principales : les indigènes, connus sous le nom impropre d'*Indiens,* appartenant à la race américaine, au teint cuivré; les *Européens,* appartenant à la race blanche; les *Nègres*, esclaves ou libres, de la race africaine. Parmi les peuples indigènes nous nommerons : — dans l'Amérique septentrionale : les *Esquimaux*, les *Algonquins*, les *Illinois*, les *Natchez*, les *Osages*, les *Aztèques* ou *Mexicains*, les *Chactas;* — dans l'Amérique méridionale : les *Araucans*, les *Péruviens*, les *Brésiliens*, les *Caraïbes*. Les *Espagnols*, les *Anglais*, les *Portugais*, les *Français* et les *Hollandais* sont les peuples étrangers les plus répandus en Amérique.

Etablissements européens en Amérique. Dans l'Amérique septentrionale, l'Angleterre possède le *Canada* et quelques autres parties; le Danemark a des établissements au *Groenland*, et la Russie, dans la *Russie américaine;* — dans l'Amérique méridionale, la France, l'Angleterre et la Hollande ont des établissements importants à la *Guyane*. Parmi les îles importantes, la *Jamaïque*, la *Barbade*, la *Trinité*, appartiennent à l'Angleterre; *Cuba*, *Porto-Rico*, aux Espagnols; la *Guadeloupe*, la *Martinique*, à la France; *Saint-Eustache* et *Curaçao*, à la Hollande; *Saint-Barthélemy*, à la Suède.

Notions historiques. L'Amérique a été découverte, en 1492, par Christophe Colomb, navigateur génois, alors au service de l'Espagne. Il aborda à Guanahani, l'une des Lucayes, à laquelle il donna le nom de San-Salvador (Saint-Sauveur). Dans ce premier voyage et dans trois autres qu'il fit ensuite, Colomb découvrit successivement Cuba, Haïti, la Trinité, la Martinique et d'autres terres encore. Malgré tant de nobles services rendus, la fin de sa vie fut abreuvée de dégoûts et d'humiliations. Améric Vespuce, cosmographe florentin, qui n'aborda en Amérique qu'en 1497, a donné son nom au nouveau monde ; mais il n'est pas moins vrai que la gloire de la découverte reste acquise pour toujours à Christophe Colomb.

Questionnaire.

Quelle est la position de l'Amérique ? — Quelles sont ses dimensions ? — Dites sa superficie ; sa population ; — ses bornes. — De quoi se compose le continent américain ? — Nommez les contrées de l'Amérique septentrionale ; celles de l'Amérique méridionale. — Quelles sont les mers qui baignent l'Amérique ? — Dites les golfes ; les baies ; les détroits. — Nommez les principales îles ; les presqu'îles ; les caps. — Quelles sont les montagnes de l'Amérique ? — Quels sont les principaux fleuves ? — Dites les principaux lacs de l'Amérique. — Dites quel est l'aspect général de cette partie du monde. — Quel est le climat dans ses différentes parties ? — Énumérez les productions minérales et végétales de l'Amérique. — Quels sont les animaux les plus remarquables répandus sur sa surface ? — Donnez quelques détails sur l'industrie et le commerce de l'Amérique. — Quelles sont les diverses formes de gouvernement ? — Quelle est la religion suivie dans les contrées principales? — A quelles races appartiennent les peuples de l'Amérique? — Nommez les principaux peuples indigènes. — Quels sont les principaux établissements européens en Amérique? — A quelle époque et par qui l'Amérique a-t-elle été découverte? — De qui a-t-elle reçu le nom qu'elle porte?

CHAPITRE XXV.

Groenland. — Russie américaine. — Nouvelle-Bretagne. — Etats-Unis.

Groenland.

Notions générales. Le Groenland (terre verte), est situé dans le nord-est de l'Amérique septentrionale, et séparé du continent. Il doit son nom à l'aspect qu'offrent en été ses rivages couverts de mousse. Sa superficie est évaluée à 2,192,250 kilomètres carrés, et sa population à 24,000 habitants. Le sol du Groenland, couvert de glaces et de neiges pendant la plus grande partie de l'année, est presque partout improductif.

Les Danois possèdent la partie méridionale de cette contrée et y ont plusieurs établissements : *Julianeshaab*, au sud, et *Upernavik*, à l'ouest, sont les chefs-lieux de ces établissements, qui n'ont d'importance qu'à cause de la pêche de la baleine.

Le Groenland fut, dit-on, découvert par les

Danois en 970. Ils y formèrent quelques établissements qu'ils abandonnèrent en 1408, pour les reprendre en 1721. Le Groenland fait partie de ce qu'on appelle les *terres arctiques*. Les habitants, nommés *Esquimaux*, ont à peu près les mêmes mœurs et la même manière de vivre que les Lapons de l'Europe et les Samoyèdes de l'Asie.

Au nord-est du Groenland est situé le *Spitzberg*, que nous avons nommé en Europe; il se compose d'un grand nombre d'îles stériles et couvertes de glaces que fréquentent les vaisseaux destinés à la pêche de la baleine. Les Russes ont formé un établissement dans une de ces îles.

Russie américaine.

Notions générales. La Russie américaine est une vaste contrée de l'Amérique septentrionale, dont elle occupe toute l'extrémité nord-ouest. Sa superficie est évaluée à 1,429,900 kilomètres carrés, et sa population à 61,000 habitants. Cette contrée se divise en deux parties, la partie continentale et la partie insulaire. De la partie continentale les côtes sont seules connues : découpées par un grand nombre de baies, elles présentent de vastes forêts de pins et de sapins, et de hautes montagnes couvertes de neiges.

Les îles forment la partie la plus importante de cette contrée, où l'on distingue trois archipels principaux : 1° l'archipel des îles

Aléoutiennes, dont le groupe le plus considérable est celui des *Renards*, et l'île principale *Kodiak* ; 2° l'archipel du *Roi Georges*, renfermant l'île *Sitka* et celle de l'*Amirauté* ; 3° l'archipel du *Prince de Galles*.

Les Russes possèdent dans la Russie américaine des établissements où ils font un commerce considérable de pelleteries, et dont *la Nouvelle-Arkhangel*, dans l'île Sitka, est le chef-lieu. C'est à une compagnie de négociants que l'empereur de Russie a donné la souveraineté de ce vaste pays et des îles qui s'y rattachent ; mais il s'y trouve aussi plusieurs peuplades indépendantes.

Nouvelle-Bretagne.

Superficie. 9,223,250 kilomètres carrés.
Population. 1,260,000 habitants.

Position. La Nouvelle-Bretagne occupe tout le nord de l'Amérique septentrionale. Elle appartient en grande partie aux Anglais, qui lui ont donné le nom qu'elle porte.

Bornes. Au N., l'océan Glacial Arctique ; — à l'E., l'océan Atlantique ; — au S., les Etats-Unis ; — à l'O., la Russie américaine et le Grand Océan.

Division. La Nouvelle-Bretagne comprend plusieurs vastes contrées, dont les principales sont : le *Canada*, le *Nouveau-Brunswick*, la *Nouvelle-Ecosse*, le *Labrador*, le *Nouveau-Cornouailles* et le *Nouvel-Hanovre*.

Iles. L'île de *Terre-Neuve*, remarquable par le grand banc de sable de même nom, sur lequel se fait la pêche de la morue; — la grande île de *Southampton*; — l'île *Quadra-et-Vancouver*; — l'île de la *Reine Charlotte*; — l'archipel de *Pitt*; — l'archipel des *Bermudes*.

Montagnes. Les monts *Rocheux* traversent la partie occidentale de la Nouvelle-Bretagne; — les monts *Alléghany* couvrent une partie du Canada, auquel ils servent de limites.

Fleuves. Le *Mackensie* et le *Copper-Mine* se jettent dans l'océan Glacial Arctique; — le *Nelson* et le *Severn* se jettent dans la mer d'Hudson; — le *Saint-Laurent* et le *Saint-Jean* se jettent dans l'océan Atlantique.

Lacs. La Nouvelle-Bretagne renferme des lacs très-considérables, entre autres les lacs *Ontario*, *Erié*, *Huron* et *Supérieur*.

Description générale. Des montagnes, des forêts, de grands lacs, de grandes rivières, des cataractes, dont la plus célèbre est celle du Niagara entre les lacs Erié et Ontario, sont les caractères généraux dont se compose la Nouvelle-Bretagne. La partie septentrionale est, comme le Groenland, presque toujours couverte de neiges et de glaces. A l'ouest s'étendent de vastes forêts. Les contrées de la partie orientale sont fertiles et produisent du tabac, des légumes, diverses sortes de grains. Les hivers sont longs et rigoureux; les chaleurs de l'été arrivent subitement, et les progrès de la végétation sont d'une étonnante rapidité. Le Canada, la seule contrée de la Nouvelle-Bretagne où l'industrie et le commerce aient pris quelques développements, exporte du froment, des bois de charpente, des fourrures et des pelleteries.

Villes principales. *Québec*, au S.-E., sur le Saint-Laurent, capitale du Canada : 30,000 habit. — *Montréal*, au S. E., dans le même état, sur une île formée par le Saint-Laurent, fait un grand commerce de pelleteries. — *York*, sur le lac Ontario, chef-lieu du Haut-Canada. — *Kingston*, dans le même état, sur le Saint-Laurent. — *Halifax*, au S.-E., port sur l'océan Atlantique, capitale de la Nouvelle-Ecosse. — *Frederickton*, sur le Saint-Jean, capitale du Nouveau-Brunswick. — *Saint-Jean*, à l'embouchure du fleuve de même nom, chef-lieu de Terre-Neuve.

Notions historiques. Le Canada a été, suivant les uns, découvert en 1497 par Jean et Sébastien Cabot, et suivant d'autres par Jacques Cartier, en 1534. Les Français furent les premiers Européens qui prirent possession de cette contrée, en 1534 et 1535, sous le règne de François Ier. En 1608, ils y fondèrent Québec et plusieurs autres établissements. En 1760, les Anglais s'emparèrent du Canada, et trois ans après la France leur en fit la cession. La plupart des habitants sont Français et catholiques.

États-Unis.

Superficie. 6,241,000 kilomètres carrés.
Population. 17,500,000 habitants.

Position. Les États-Unis, nommés aussi Confédération anglo-américaine ou simplement l'Union, sont situés dans la partie centrale de l'Amérique septentrionale.

Bornes. Au N., la Nouvelle-Bretagne; — à l'E., l'océan Atlantique; — au S., le golfe du Mexique et l'état du même nom; — à l'O., le Grand Océan.

Division. Les États-Unis comprennent, outre plusieurs territoires non organisés, vingt-huit états, dont les principaux sont : la *Pensylvanie*, le *New-York*, le *Maryland*, la *Virginie*, la *Caroline*, la *Louisiane*, le *Missouri*, la *Floride*.

Iles. Les îles *Nantucket* et *Rhode-Island*, à l'ouest; — l'île *Amélie*, sur la côte orientale de la Floride; — les îles de la *Chandeleur*, au sud-est de la Louisiane.

Montagnes. Les monts *Alléghany* ou *Apalaches* et les montagnes *Bleues*, vers l'est; les monts *Rocheux*, à l'ouest.

Fleuves Le *Saint-Laurent*, un des plus grands fleuves de l'Amérique, ne fait que baigner les États-Unis au N.-E., et se jette dans le golfe qui porte son nom; — le *Connecticut*, l'*Hudson*, la *Delaware* et le *James*, se jettent dans l'océan Atlantique; — le *Mississipi*, qui, parmi ses nombreux affluents, reçoit le *Missouri*, l'*Arkansas* et l'*Ohio*, se jette dans le golfe du Mexique; — la *Columbia* ou *Orégon* et la *Caledonia* se jettent dans le Grand Océan.

Lacs. Les Etats-Unis possèdent les lacs les plus étendus et les plus nombreux du monde. Ils se partagent avec la Nouvelle-Bretagne les lacs *Supérieur*, *Huron*, *Erié*, *Ontario*, de la *Pluie* et des *Bois*, et jouissent seuls des lacs *Michigan*, *Champlain* et *Onéida*.

Description générale. Le sol des Etats-Unis, traversé par des fleuves immenses et un nombre considérable de rivières, présente les aspects les plus variés. Ce sont alternativement des montagnes, des forêts magnifiques, de grandes plaines sablonneuses entrecoupées de marécages qui s'étendent surtout vers les côtes; puis de belles vallées, des plaines fertiles et habilement cultivées, qui produisent en abondance des céréales, du coton, du tabac, de l'indigo, des cannes à sucre, des fruits divers. Les richesses minérales sont le fer, le cuivre, le plomb, l'étain et quelques mines d'or peu importantes. Quoique l'agriculture, favorisée par la fertilité du sol et encouragée par les lois, soit l'occupation principale des habitants des Etats-Unis, cependant l'industrie a fait dans cette contrée les progrès les plus étonnants. Les manufactures pour la filature du coton et de la laine, les forges, les fonderies, la fabrication des machines à vapeur, la construction des navires, l'exploitation des mines, les raffineries de sucre, les distilleries, les ma-

ÉTATS-UNIS.   305

nufactures de tabac, les tanneries, toutes ces branches d'industrie se sont multipliées dans une proportion toujours croissante. Le commerce de cette contrée, sans contredit le plus considérable du monde après celui de l'Angleterre, exporte les produits si riches et si variés du sol et de l'industrie, et toutes les denrées coloniales, telles que le sucre, le café, l'indigo. Le commerce intérieur est favorisé non-seulement par les communications naturelles qu'établissent les grands lacs et les nombreuses rivières des États-Unis, mais aussi par des routes, des canaux et des chemins de fer importants.

Villes principales. *WASHINGTON*, à l'E., sur le Potomac, capitale de la confédération : 20,000 habit. — *New-York*, à l'E., sur une baie à l'embouchure de l'Hudson, l'une des villes les plus commerçantes du monde et la plus importante de l'Amérique ; communications fréquentes avec l'Europe par les paquebots à vapeur : 280,000 habit. — *La Nouvelle-Orléans*, au S., sur le Mississipi, chef-lieu de la Louisiane, ville importante par son commerce considérable : 70,000 habit. — *Boston*, au N.-E., sur la baie de Massachusetts, chef-lieu de l'état de ce nom, ville très-commerçante : 92,000 habit. — *Philadelphie*, dans la Pensylvanie, sur la Delaware, fait un commerce considérable : 195,000 habit. — *Baltimore*, à l'E., vaste port dans le Maryland, fait un commerce important, surtout en farines : 98,000 habit. — *Mobile*, port sur le golfe du Mexique, dans l'état d'Alabama.

— *Savannah*, port commerçant dans l'état de Georgie. — *Providence* et *Newport*, chefs-lieux de l'état de Rhode-Island. — *Albany*, chef-lieu de l'état de New-York, sur l'Hudson. — *Charleston*, port commerçant de la Caroline du Sud. — *Richmond*, à l'E., sur le James, chef-lieu de la Virginie. — *Cincinnati*, sur l'Ohio, dans l'état de ce nom. — *Pittsbourg*, ville florissante et industrieuse de la Pensylvanie, au confluent de l'Alléghany et de la Monongahela, dont la réunion forme l'Ohio.

Notions historiques. La partie orientale des Etats-Unis, composée primitivement de treize provinces, était une colonie anglaise. En 1776, cette colonie secoua le joug de la métropole; et, avec l'aide de la France surtout et celui de l'Espagne, elle fit reconnaître son indépendance par l'Angleterre en 1783. Washington, qui avait puissamment contribué à l'affranchissement de son pays, fut nommé président des Etats-Unis. Depuis cette époque, plusieurs parties du centre et du nord ont été réunies au territoire de l'Union. La Louisiane a été cédée par la France en 1803, et la Floride par l'Espagne, en 1821. Les Etats-Unis forment une république fédérative très-puissante. La religion protestante y domine. La langue anglaise y est principalement parlée.

Questionnaire.

Où est situé le Groenland? — Dites sa superficie; sa population. — Quel est l'aspect général de cette contrée?

—Quelle est la nation qui y a formé des établissements ? — Quel est le chef-lieu de ces établissements ? — Donnez quelques notions historiques sur le Groenland.

Où est située la Russie Américaine ? — Dites sa superficie ; sa population. — Quelles sont ses îles ? — Quel est l'aspect général de cette contrée ?

Où est située la Nouvelle-Bretagne ?—Dites sa superficie ; sa population ; sa division ; ses bornes ; ses îles ; ses montagnes ; ses fleuves ; ses lacs.— Quel est l'aspect général de cette contrée ?— Quelles sont ses productions ? —Dites les villes principales.—Donnez quelques notions historiques sur cette contrée.

Où sont situés les États-Unis ? — Dites leur superficie ; leur population.— Quelles sont leurs bornes ? leur division ? — Nommez les montagnes ; les fleuves ; les lacs. — Quel est l'aspect général de cette contrée ?— Quelles sont ses productions ? — Donnez quelques détails sur son industrie et son commerce. — Quelle est la capitale des États-Unis ? — Nommez les villes les plus importantes. — Dites où elles sont situées. — Donnez quelques notions historiques sur les États-Unis.

CHAPITRE XXVI.

Mexique. — Guatémala. — Antilles.

Mexique.

Superficie. 3,851,250 kilomètres carrés.
Population. 9,000,000 d'habitants.

Position. Le Mexique, ou Confédération mexicaine, est situé dans le sud-ouest de l'Amérique septentrionale.

Bornes. Au N., les Etats-Unis; — à l'E., le Texas, le golfe du Mexique et la mer des Antilles; — au S., le Grand Océan et le Guatémala; — à l'O., le Grand Océan.

Division. Le Mexique comprend plusieurs territoires et divers états, entre autres le *Yucatan*, la *Californie*, le *Nouveau-Mexique*, et le *Texas*, qui s'est déclaré indépendant.

Montagnes. La *Sierra Verde*, la *Sierra de los Mimbres*, la *Sierra Madre*, qui sont une continuation des monts *Rocheux* ou *Cordillières* du Mexique; — la chaîne occidentale, qui longe le Grand Océan, et à laquelle on donne le nom de monts *Californiens*.

Fleuves. Le *Rio del Norte* se jette dans le golfe du Mexique; — le *Rio Colorado* et le *Rio Grande* ou *Saint-Jacques* se jettent dans le Grand Océan.

Description générale. Le Mexique, avec ses hautes montagnes, ses vallées pittoresques, ses grandes plaines parées d'une végétation vigoureuse, est une des plus belles contrées de l'Amérique. Le sol, presque partout fertile, produit des céréales, des vins, des plantes légumineuses, des arbres fruitiers, du coton, de l'indigo, du tabac, du sucre, des bois d'acajou et de campêche. Le Mexique possède les mines d'argent les plus riches de la terre et des mines d'or très-considérables; on y trouve aussi le fer, le cuivre, le plomb, le mercure, des pierres précieuses. La grande élévation du plateau qui occupe le centre de cette contrée lui donne une température douce et salubre. Près des côtes le climat est chaud et malsain. Le commerce est assez important dans certaines villes et exporte les riches produits du sol.

Villes principales.. *MEXICO*, au S., grande et belle ville, près du lac de Tezcuco, capitale de toute la république : 180,000 habit. — *La Puebla de los Angeles* (la colonie des Anges), sur un plateau élevé, belle ville très-commerçante. — *Guanaxuato*, renommée par ses mines d'argent. — *Queretaro*, une des villes les plus belles et les plus industrieuses du Mexique. — *Guadalaxara*, ville remarquable par ses monuments. — *Oaxaca*, une des plus belles villes du Mexique.— *La Vera-Cruz*, au S. E., sur le golfe du Mexique, le port de commerce le plus important de la république. — *Santa-Fé*, dans le Nouveau-Mexique. — *Tampico*, excellent port sur le golfe du Mexique.—*Saint-Louis de Potosi*, avec de riches mines d'argent. — *Campêche*, dans le Yucatan, a donné son nom au bois de teinture que produit cet état.

Etablissements européens. Les Anglais possèdent sur la côte S.-E. de l'état de *Yucatan* un établissement dont *Balise* est le chef-lieu, avec un port sur la mer des Antilles.

Notions historiques. Après la découverte de l'Amérique, les Espagnols, conduits par Fernand Cortez, détruisirent, vers 1519 et 1520, l'empire de Montézuma et soumirent entièrement le Mexique. Cette contrée a été gouvernée par des vice-rois espagnols jusqu'en 1810, époque à laquelle elle a secoué le joug de la métropole. En 1819 l'Espagne essaya de recouvrer cette importante colonie ; mais elle échoua dans son entreprise, et en 1820 la séparation fut définitivement proclamée.

République du Texas.

Notions générales. Cette république, qui s'est détachée dans ces derniers temps du Mexique, où elle formait un état, et à l'E. duquel elle se trouve, est bornée au N. et à l'E. par les Etats-Unis et baignée au S. par le golfe du Mexique, et compte environ 200,000 habitants. Ses villes principales sont : *Nacogdoches*, dans l'intérieur, et *Galveston*, dans l'île de ce nom.

Guatémala.

Superficie. 612,250 kilomètres carrés.
Population. 2,000,000 d'habitants.

Position. Le Guatémala occupe l'extrémité sud de l'Amérique septentrionale. Il est aussi connu sous le nom d'États-Unis de l'Amérique centrale.

Bornes. Au N., les états du Mexique ; — à l'E., la mer des Antilles ; — au S., la Colombie ; — à l'O., le Grand Océan.

Division. Le Guatémala comprend un district fédéral et cinq états, tous maritimes.

Description générale. Le Guatémala possède des mines d'or, d'argent, de cuivre, de fer et de plomb. Le sol y est très-fertile et donne les mêmes productions végétales que le Mexique. Le commerce exporte surtout une quantité considérable d'indigo et de cochenille. Le climat est variable ; la chaleur est très-grande dans les plaines et dans les vallées profondes, tandis que les montagnes et les parties élevées jouissent d'une douce température. Les côtes du Grand Océan sont sujettes à de violents tremblements de terre.

Villes principales. LA *NOUVELLE-GUATÉMALA*, belle ville, près du Grand Océan, capitale de la Confédération : 55,000 habit. — *Vieille-Guatémala*, ville voisine des volcans d'Agua et de Fuego, presque entièrement détruite en 1775 par un tremblement de terre. — *San-Salvador*, chef-lieu de l'état de ce nom. — *Léon*, chef-lieu de l'état de Nicaragua, qui renferme le vaste lac du même nom. —*Sonsonate*, port sur le Grand Océan. — *San-José de Costa Rica*, chef-lieu de l'état de Costa-Rica. — *Comayagua*, chef-lieu de l'état de Honduras. — *Truxillo*, bon port dans le même état.

Notions historiques. La capitainerie générale de Guatémala était, sous la domination espagnole, l'une des subdivisions du Mexique. Après la séparation du Mexique de sa métropole, le Guatémala devint province du nouvel état; mais en 1824 cette contrée se constitua en république fédérative.

Antilles.

Position. Les Antilles, aussi nommées Indes occidentales, forment un très-grand archipel, entre l'Amérique septentrionale et l'Amérique méridionale, à l'est du Mexique et de la mer des Antilles.

Division. Les Antilles se divisent en trois parties : les îles *Lucayes*, au nord; les *Grandes Antilles*, au centre; les *Petites Antilles*, au sud-est.

Description des principales îles.

Iles Lucayes.

Notions générales. — Les îles Lucayes ou Bahama, situées au sud-est de la presqu'île de la Floride, appartiennent à l'Angleterre. Elles sont nombreuses, mais petites, et produisent du coton et des bois de teinture. — Les principales sont : *Guanahani* ou *San-Salvador*, première terre découverte par Christophe Colomb; — *Bahama*, presque déserte, malgré sa grande étendue; — *Inagua*, importante par ses salines; — *Providence*, dont la ville principale, nommée *Nassau*, est florissante par son commerce.

Grandes Antilles.

Notions générales. Les Grandes Antilles se composent des îles *Cuba*, *Haïti* ou *Saint-Domingue*, *Jamaïque* et *Porto-Rico*.

CUBA : l'île de Cuba, située au nord-ouest, la plus grande des Antilles, appartient à l'Espagne et compte plus de 700,000 habit. Le sol en est très-fertile et produit des cannes à sucre, du tabac très-renommé, du café, du cacao et de l'acajou. — Les villes principales sont : *la Havane*, capitale de l'île, port sur le canal de Bahama, fait un commerce considérable : 120,000 habit. ; — *Santiago de Cuba*, port sur la côte méridionale ; — *Puerto-Principe*, port sur la côte septentrionale.

HAÏTI ou SAINT-DOMINGUE : l'île d'Haïti ou Saint-Domingue, située au sud-est de Cuba, forme une république indépendante peuplée d'environ 1,000,000 d'habit. Ses productions principales sont les cannes à sucre, le café, le coton, le cacao, le tabac, l'indigo, les bois d'acajou et d'ébène. — Les villes principales sont : *le Port-au-Prince* ou *le Port-Républicain*, au fond du golfe de la Gonave, capitale de la république : 28,000 habit. : *Saint-Domingue*, port sur la côte méridionale ; *le Cap-Haïtien* ou *le Cap-Français*, port sur la côte septentrionale ; *les Cayes*, port commerçant dans la partie méridionale.

JAMAÏQUE : l'île de la Jamaïque, située à l'ouest d'Haïti et au sud de Cuba, appartient à l'Angleterre. Le sol en est très-fertile et donne les mêmes productions végétales que la précédente; on exporte de cette île du rhum très-estimé. — Les villes principales sont : *Kingston*, capitale de l'île, port très-important par son commerce, sur la côte méridionale : 35,000 habit.; *Spanishtown*, nommée aussi *Santiago*; *Port-Royal*, ancienne capitale de l'île, port à l'entrée de la baie de Kingston.

Porto-Rico : l'île de Porto-Rico ou Puerto-Rico, située à l'est d'Haïti, appartient à l'Espagne. Elle est très-fertile et donne les mêmes productions que les îles précédentes. Sa capitale est *Saint-Jean de Porto-Rico*, port sur la côte septentrionale : 20,000 habitants. — *Guayamas*, port excellent.

Petites Antilles.

Notions générales. Les Petites Antilles, nommées aussi îles Caraïbes, sont situées entre l'océan Atlantique et la mer des Antilles, et se divisent en *îles du Vent*, au sud-est des Grandes Antilles, et *îles sous le Vent*, le long du continent de l'Amérique méridionale. Les plus importantes appartiennent à diverses nations européennes.

Iles françaises : *La Guadeloupe*, située au centre, dont les productions sont la canne à sucre, le coton, l'indigo, et les villes principales: *la Basse-Terre*, port à l'ouest, capitale de toute l'île : 9,000 habitants; *la Pointe-à-Pitre*, port de commerce le plus important : 15,000 habit.

— Les petites îles des *Saintes*, *la Désirade*, *Marie-Galante*, près de la Guadeloupe. — *La Martinique*, située au sud-est de la Guadeloupe, l'une des plus importantes colonies françaises, dont les principaux produits sont le café, le sucre, le coton, l'indigo, et les villes principales : *le Fort-Royal*, port à l'ouest, capitale de l'île : 10,000 habit. ; *Saint-Pierre*, port important par son commerce. — L'île *Saint-Martin*, située au nord, dont la partie septentrionale appartient seule à la France.

ÎLES ANGLAISES. *La Dominique*, située entre la Guadeloupe et la Martinique, et dont la capitale est *Roseau*. — *La Barbade*, la plus orientale des Antilles et l'une des plus importantes colonies anglaises, et dont la capitale est *Bridgetown*. — *La Trinité*, la plus grande des îles sous le Vent. — *Sainte-Lucie*, très-fertile. — *Antigoa*, avec un excellent port. — *Saint-Christophe*, remarquable par sa fertilité.

ÎLES HOLLANDAISES. La partie méridionale de l'île *Saint-Martin*. — L'îlot de *Saba* et l'île *Saint-Eustache*, au nord des îles du Vent. — Les îles *Curaçao*, *Buen-Ayre* et *Oruba*, situées près de la côte de l'Amérique méridionale.

ÎLES DANOISES. L'île *Sainte-Croix*, d'une fertilité remarquable. — Dans les îles Vierges, *Saint-Jean* et *Saint-Thomas*, avec un port très-commerçant, entrepôt des marchandises d'Europe.

ÎLE SUÉDOISE. L'île *Saint-Barthélemy*, peu fertile, dont *Gustavia* ou *le Carénage* est le port principal.

Notions historiques sur les Antilles en général. L'île de Cuba, découverte en 1494 par Christophe Colomb et conquise en 1511, a toujours formé une colonie espagnole. Saint-Domingue, découverte par Colomb en 1492 et nommée par lui Hispaniola, fut le premier établissement espagnol dans le nouveau monde; après avoir appartenu en partie à l'Espagne, en partie à la France, elle s'est déclarée indépendante, et depuis 1825 elle forme une république. La Jamaïque, découverte aussi par Colomb en 1494, a été cédée par l'Espagne à l'Angleterre en 1655. Porto-Rico, découverte en 1493 par Colomb, a toujours appartenu à l'Espagne.

Questionnaire.

Quelle est la position du Mexique ? — Dites sa superficie ; sa population ; ses bornes ; sa division. — Nommez les montagnes et les fleuves. — Quel est l'aspect général de cette contrée ? — Quelles sont ses principales richesses ? — Quelle est la capitale du Mexique ? — Nommez les autres principales villes. — Donnez quelques notions historiques sur cette contrée.

Quelles sont les bornes du Texas ? — De quel pays faisait-il autrefois partie ? — Dites sa population. — Quelles en sont les principales villes ?

Quelle est la position du Guatémala ? — Dites sa superficie ; sa population ; ses bornes ; sa division. — Quel aspect présente le sol ? — Quelles sont les villes principales ? — Donnez quelques notions historiques.

Où sont situées les Antilles ? — Sous quel autre nom sont-elles connues ? — Comment les divise-t-on ? — Où sont situées les îles Lucayes ? — Portent-elles un autre nom ? — A qui appartiennent-elles ? — Quelles sont les principales ? — De quelles îles se composent les Grandes Antilles ? — A qui appartient l'île de Cuba ? — Quelles sont ses productions ? ses villes principales ? — Mêmes questions pour les îles d'Haïti, de la Jamaïque et de Porto-Rico. — Où sont situées les Petites Antilles ? — Quel autre nom portent-elles ? — Comment les divise-t-on ? — Quelles sont celles qui appartiennent à la France ? à l'Angleterre ? à la Hollande ? au Danemark ? à la Suède ? — Donnez quelques notions historiques sur les Antilles.

CHAPITRE XXVII.
Colombie. — Guyane. — Pérou. — Bolivie. — Chili.

Colombie.

Superficie. 3,160,000 kilomètres carrés.
Population. 3,200,000 habitants.

Position. La Colombie, contrée de l'Amérique méridionale, en occupe tout le nord.

Bornes. Au N., la mer des Antilles ; — à l'E., la Guyane et l'océan Atlantique ; — au S., le Pérou et le Brésil ; — à l'O., le Guatémala et le Grand Océan.

Division. La Colombie comprend trois républiques indépendantes l'une de l'autre, savoir : la *Nouvelle-Grenade*, le *Vénézuéla* et l'*Equateur*.

Montagnes. Les *Andes* dont les sommets sont très-élevés et qui renferment des volcans redoutables.

* 18

Fleuves. La *Madeleine* se jette dans la mer des Antilles; — l'*Orénoque* et l'*Esséquébo* se jettent dans l'océan Atlantique; — l'*Amazone* s'y forme par la réunion de la *Tunguragua* et de l'*Ucayalé*, et se rend dans le même océan, mais hors de la Colombie.

Description générale. Le climat de cette contrée varie selon la position des lieux: sur les côtes et dans les parties basses, l'air est chaud, humide et malsain; sur les hauteurs règne une douce température. A l'est, s'étendent de grandes plaines offrant la triste aridité du désert; à l'ouest, le sol, entrecoupé de montagnes et de vallées, est d'une fertilité remarquable, et produit du blé, du sucre, du café, du cacao, du tabac très-estimé, de l'indigo, du coton, du bois de teinture. Les forêts fournissent de très-beaux bois de construction. Les productions minérales sont l'or, l'argent, le fer, le cuivre, des pierres précieuses et surtout des émeraudes. Le commerce exporte les riches productions du sol.

Description des états de la Colombie.

Nouvelle-Grenade.

Notions générales. La république de la Nouvelle-Grenade, située au nord-ouest, a 1,700,000 habitants. — Les villes principales sont: *Bogota* ou *Santa-Fé-de-Bogota*, capitale de la république: 40,000 habit.; *Panama*, sur la baie de même nom ; *Carthagène*, port sur la mer des Antilles ; *Popayan*, au pied des volcans de Purace et de Sotara ; *Puerto-Bello*, port important sur la mer des Antilles.

Vénézuéla.

Notions générales. La république de Vénézuéla, située à l'est, a 800,000 habit. — Les villes principales sont : CARACAS, près de la mer des Antilles, capitale de la république, avec un port très-commerçant nommé *la Guayra* : 45,000 habit. ; *Maracaïbo*, port sur le golfe du même nom ; *Puerto-Cabello*, port sur la mer des Antilles ; *Cumana*, au nord de laquelle s'élève l'île *Marguerite*.

Équateur.

Notions générales. La république de l'Équateur, située au sud-ouest, a 700,000 habit. — Les villes principales sont : QUITO, capitale de la république, située au pied du volcan Pichincha : 70,000 habit. ; *Guayaquil*, port près du Grand Océan ; *Cuença*, ville très-industrieuse.

Notions historiques sur la Colombie en général. La Colombie, découverte en 1498 par Christophe Colomb, fut entièrement soumise à l'Espagne vers le milieu du seizième siècle, et gouvernée par un vice-roi de cette nation jusqu'en 1811 ; mais, à cette époque, les habitants s'insurgèrent contre la métropole, et, après une guerre de quelques années, ils s'érigèrent en une république, qui en 1829, après de longues discordes intestines, fut démembrée entre les trois états dont elle se compose aujourd'hui.

Guyane.

Superficie. 316,000 kilomètres carrés.
Population. 250,000 habitants.

Position. La Guyane, située au nord-est de l'Amérique méridionale, appartient à diverses nations européennes.

Bornes. Au N. et à l'E., l'océan Atlantique; — au S., le Brésil; — à l'O., la Colombie.

Fleuves. L'*Oyapock*, le *Surinam*, le *Démérary* et le *Maroni* se jettent dans l'océan Atlantique.

Division. La Guyane se divise en trois parties : la *Guyane anglaise*, la *Guyane hollandaise*, la *Guyane française*.

Description générale. Le sol du littoral de la Guyane est en général bas et marécageux. Dans l'intérieur des terres, des montagnes se présentent par groupes irréguliers, coupés de plaines et d'immenses forêts. Le climat de cette contrée n'est pas aussi insalubre qu'on le croit généralement; la chaleur y est tempérée par les vents et les pluies périodiques. Les productions végétales sont principalement les bois de diverses sortes, les cannes à sucre, le café, le coton, l'indigo, le tabac.

Description des états de la Guyane.

Guyane anglaise.

Notions générales. La Guyane anglaise, située au nord-ouest, a 150,000 habitants. *Georgetown*, autrefois *Stabrock*, port important sur le Démérary, en est la capitale : 10,000 habit.; la *Nouvelle-Amsterdam* est la résidence du gouverneur.

Guyane hollandaise.

Notions générales. La Guyane hollandaise, située au centre, a 70,000 habit. *Paramaribo*, port sur le Surinam, en est la capitale : 20,000 habit.

Guyane française.

Notions générales. La Guyane française, située au sud-est, a 30,000 habit. *Cayenne*, située dans une petite île, en est la capitale : 3,200 habit. *Sinamary* est un bourg qui a acquis une triste célébrité, parce que c'est là que furent déportées de nombreuses victimes de la révolution française.

Notions historiques sur la Guyane en général. La partie de la Guyane appartenant aux Anglais a été conquise par eux sur la Hollande en 1803, et leur a été définitivement cédée en 1814. Les Hollandais se sont établis dans la Guyane en 1663, et les Français en 1635.

Pérou.

Superficie. 1,554,325 kilomètres carrés.
Population. 1,800,000 habitants.

Position. La république du Pérou est située à l'ouest de l'Amérique méridionale.

Bornes. Au N., la Colombie; — à l'E., le Brésil; — au S., le Grand Océan et la Bolivie; — à l'O., le Grand Océan.

Montagnes. Les *Andes* forment dans cette contrée trois branches principales.

Description générale. A l'ouest, le sol, couvert de montagnes et entrecoupé de plaines sablonneuses, est en général aride et stérile. A l'est et vers l'intérieur, s'étendent des plaines fertiles et bien arrosées, qui produisent du blé, du quinquina, du cacao, des cannes à sucre, du poivre, du coton, des bois de teinture. L'or, l'argent, le cuivre, le plomb, le mercure, les émeraudes, sont les richesses minérales de cette contrée. L'exploitation des mines, la fabrication des étoffes de laine et de coton, sont les principaux objets de l'industrie. Le commerce exporte des laines, des peaux, des écorces, les produits des mines et les productions du sol.

Villes principales. *LIMA*, à l'O., à 8 kilomètres du Grand Océan, capitale de la république : 80,000 habit. ; *Callao* est le port de cette ville. — *Truxillo*, près du Grand Océan. — *Cuzco*, ancienne capitale des Incas. — *Arequipa*, ville industrieuse, près du volcan qui porte le même nom. — *Puno*, belle ville, sur la rive occidentale du lac Titicaca.

Notions historiques. Avant la découverte de l'Amérique, il existait au Pérou un état puissant et civilisé dont les souverains portaient le nom d'Incas ou de fils du Soleil. En 1524, les Espagnols, commandés par Pizarre, pénétrèrent dans cette contrée et s'en rendirent maîtres, après avoir détruit l'empire des Incas. Le Pérou fut gouverné par un vice-roi espagnol jusqu'en 1821 ; mais à cette époque les habitants se déclarèrent indépendants, et, en 1824, ils se constituèrent en république. Le Pérou forme aujourd'hui la république du Pérou et celle de Bolivie.

Bolivie.

Superficie. 1,374,600 kilomètres carrés.
Population. 1,400,000 habitants.

Position. La république de Bolivie ou Bolivia, nommée autrefois Haut-Pérou, est une contrée de l'Amérique méridionale située à l'ouest et dont elle occupe une partie du centre.

Bornes. Au N., le Brésil et le Pérou ; — à l'E., le Brésil et le Paraguay ; — au S., le Chili et la Confédération de la Plata ; — à l'O., le Pérou et le Grand Océan.

Montagnes. La Cordillière des *Andes* s'y divise en deux branches, au milieu desquelles se trouve le grand lac Titicaca, sur la frontière du Pérou.

Description générale. Le sol de ce pays offre les contrastes les plus frappants : d'un côté, de hautes montagnes constamment couvertes de neiges et de glaces; de l'autre, des vallées et des plaines fertiles où règne une douce température et dont les productions rappellent celles du Pérou. Les montagnes renferment des mines d'or et surtout d'abondantes mines d'argent.

Villes principales. *CHUQUISACA* ou *LA PLATA*, au centre, capitale de la république : 30,000 habitants. — *La Paz*, dans une vallée élevée, ville célèbre par les mines d'or de son territoire. — *Potosi*, fameuse par ses riches mines d'argent. — *Tarija*, dans la province de ce nom.

Notions historiques. La Bolivie, comme nous l'avons dit, faisait partie de la vice-royauté du Pérou ; elle s'est déclarée indépendante en 1824, et forme aujourd'hui un état séparé.

Chili.

Superficie. 420,675 kilomètres carrés.
Population. 1,500,000 habitants.

Position. La république du Chili, contrée de l'Amérique méridionale, est située à l'ouest, le long des côtes du Grand Océan.

Bornes. Au N., la Bolivie ; — à l'E., la république du Rio de la Plata et la Patagonie ; — au S., la Patagonie et le Grand Océan ; — à l'O., le Grand Océan.

CHILI.   325

Iles. L'archipel de *Chiloé*, dont l'île principale est *Chiloé*; — les îles de *Juan-Fernandez*.

Montagnes. Les *Andes*, à l'est, se dirigent du nord au sud.

Fleuves. Le *Maule*, le *Biobio* et le *Valdivia* se rendent dans le Grand Océan.

Description générale. Le climat du Chili est regardé avec raison comme un des plus salubres et des plus tempérés de l'Amérique méridionale. Le sol, arrosé par un grand nombre de rivières, entrecoupé de belles et riches vallées, est d'une fertilité remarquable, et donne les produits les plus variés; au sud, diverses sortes de céréales, des vins, des fruits; au nord, le tabac, les cannes à sucre, le coton, l'indigo, des plantes médicinales, des bois précieux. Les richesses minérales sont l'or, l'argent, le cuivre, le mercure, le soufre, les pierres précieuses. Le commerce exporte les riches produits du sol. Au sud-ouest de la partie continentale du Chili est située l'Araucanie ou pays des Araucans, petite contrée indépendante.

Villes principales. SANTIAGO, au centre, située dans une vaste plaine, capitale de la république : 60,000 habit. — *Valparaiso*, port important par son commerce, sur le Grand Océan. — *La Conception*, près de l'embouchure du Biobio. — *Valdivia*, avec un beau port, sur la rivière du même nom. — *Coquimbo* ou *La Serena*, port commerçant. — *Castro*, dans la grande île de Chiloé. — *Petorca*, importante

10. *Géographie.*   19

par ses mines d'or. — *Arauco*, capitale de l'Araucanie, à peu de distance du Grand Océan.

Notions historiques. Le Chili était anciennement une province de l'empire des Incas. Les Espagnols firent la conquête de cette contrée vers 1540, et depuis cette époque jusqu'en 1810 elle a appartenu à l'Espagne. En 1810, les Chiliens s'insurgèrent contre la métropole, et après quelques années de luttes mêlées de succès et de revers, ils secouèrent entièrement le joug ; en 1823 ils se sont constitués en république. Les Araucans n'ont jamais été soumis par les Espagnols et ne sont pas réunis à la république du Chili.

Questionnaire.

Où est située la Colombie ? — Dites sa superficie ; sa population ; ses bornes. — Comment se divise-t-elle ? — Nommez les montagnes ; les fleuves. — Quel est l'aspect général de cette contrée ? — Quelles sont ses productions ? — Nommez les villes principales de la Nouvelle-Grenade ; celles de Vénézuéla ; celles de l'Equateur. — Donnez quelques notions historiques sur la Colombie.

Où est située la Guyane ? — Dites sa superficie ; sa population ; ses bornes ; ses fleuves ; sa division. — Quel aspect présente-t-elle ? — Quelles sont ses productions ? — Dites les villes principales de la Guyane anglaise ; celles de la Guyane hollandaise ; celles de la Guyane française. — Donnez quelques notions historiques.

Où est située la république du Pérou ? — Dites sa superficie ; sa population ; ses bornes ; ses montagnes. — Quel est son aspect général ? — Quelles sont ses productions ? — Nommez les villes principales. — Donnez quelques notions historiques sur la république du Pérou.

CHILI. 327

Où est située la république de Bolivie ? — Dites sa superficie ; sa population ; ses bornes ; ses montagnes. Quel est son aspect général ? — Dites les villes principales. — Donnez quelques notions historiques sur la Bolivie.

Où est situé le Chili ? — Dites sa superficie ; sa population ; ses bornes ; ses montagnes ; ses fleuves. — Quel est l'aspect général de cette contrée ? — Quelles sont ses productions ? — Quelle petite contrée est située au sud-ouest ? — Dites les villes principales du Chili. — Donnez quelques notions historiques.

CHAPITRE XXVIII.

Brésil. — La Plata. — Paraguay. — Uruguay. — Patagonie.

Brésil.

Superficie. 7,439,627 kilomètres carrés.
Population. 6,000,000 d'habitants.

Position. L'empire du Brésil, vaste contrée de l'Amérique méridionale, est situé à l'est, et occupe une grande partie du centre.

Bornes. Au N., la Colombie, la Guyane et l'océan Atlantique ; — à l'E., l'océan Atlantique ; — au S., le même océan et l'Uruguay ; — à l'O., la Colombie, le Pérou, la Bolivie, le Paraguay, la Plata.

Iles. L'île *Fernando de Noronha* ; — l'île de la *Trinité* ; — les îles *Ste-Catherine*, *St-Vincent* et *Saint-Sébastien*.

Montagnes. La *Serra Pacaraïna*, vers le nord ; — la *Serra do Mar*, vers le sud ; — la *Serra do Espinhaço*, à l'ouest de la précédente ; — la *Serra dos Vertentes*, dans l'intérieur.

Fleuves. L'*Amazone*, un des plus grands fleuves de l'Amérique, grossi du *Négro*, du *Javary* et de la *Madeira*; le *Tocantin* qui vers la fin de son cours prend le nom de *Para*; le *St-François*, la *Parahyba*, qui sont aussi des cours d'eau très-considérables, se jettent dans l'océan Atlantique.

Description générale. Au nord, s'étendent de vastes plaines marécageuses où règnent des chaleurs excessives et un air malsain. Au sud, le sol, favorisé par une température plus douce, est d'une prodigieuse fertilité. L'intérieur du Brésil est occupé par de grandes forêts impénétrables dont les arbres, enlacés jusqu'à leurs sommets par des lianes et des plantes, offrent une force de végétation à laquelle rien ne peut être comparé dans les autres continents. Le Brésil donne des diamants, des pierres précieuses, de l'or en abondance, du fer, du cuivre. Les productions végétales de cette contrée sont les cannes à sucre, le café, le cacao, le coton, le tabac, l'indigo, la vanille, des fruits excellents, des plantes aromatiques et médicinales, et diverses sortes de bois très-recherchés, entre autres l'acajou. L'industrie, dont l'objet principal est l'exploitation des mines, a pris, ainsi que le commerce, une grande extension depuis quelques années. L'Europe va chercher au Brésil de l'or, des diamants, des topazes, du sucre, du café, du coton, des cuirs, des drogues médicinales, des bois de teinture et d'ébénisterie.

Villes principales. *Rio-de-Janéiro* ou *Saint-Sébastien*, au S.-E., grande et belle ville, au fond d'une baie qui forme un vaste port, capitale de l'empire, la ville la plus importante de toute l'Amérique méridionale : 150,000 habit. — *Bahia* ou *San-Salvador*, port sur la baie de Tous-les-Saints, ville importante par son commerce considérable.— *Para* ou *Belem*, près de l'embouchure du Para ou Tocantins. —*San-Luiz* ou *Maranaho*, dans la petite île de même nom. — *Fernambouc* ou *Recife*, à l'E., port de mer très-important par son commerce. — *Rio-Grande* ou *San-Pedro*, port de commerce. — *Tijuco*, chef-lieu du district où sont les mines de diamants.

Notions historiques. Le Brésil, qui tire son nom d'un certain bois qu'il produit, a été découvert vers le commencement du seizième siècle. Depuis il devint province portugaise. En 1580, cette contrée passa sous la domination de l'Espagne, mais elle fut rendue au Portugal environ soixante ans après. En 1808, lorsque le roi de Portugal, dont les états avaient été envahis par les Français, se réfugia au Brésil, ce pays fut érigé en royaume. En 1822 il devint empire, puis indépendant de la métropole en 1825. Il forme aujourd'hui une monarchie constitutionnelle.

La Plata.

Superficie. 1,829,850 kilomètres carrés.
Population. 900,000 habitants.

Position. La république de la Plata ou Confédération du Rio de la Plata, nommée aussi république Argentine, est une contrée de l'Amérique méridionale, située au centre et au sud-est.

Bornes. Au N., la Bolivie; — à l'E., l'Uruguay, le Brésil et le Paraguay; — au S., l'océan Atlantique et la Patagonie; — à l'O., le Chili.

Fleuves. Le *Parana*, après avoir reçu l'*Uruguay*, prend le nom de *Rio de la Plata* et se jette dans l'océan Atlantique; son principal affluent est le *Paraguay*.

Description générale. Vers l'ouest, cette contrée est couverte de montagnes, et à l'est, de vastes plaines marécageuses. Au sud-est s'étendent d'immenses prairies, dans lesquelles on voit errer d'innombrables troupeaux de chevaux et de bœufs. Au pied des Andes, des vallées fertiles produisent du blé, des vins, du tabac, des cannes à sucre, du coton, du chanvre, du lin et des fruits. Les productions minérales de cette contrée sont l'argent, le fer, le sel, le nitre.

Villes principales. *Buénos-Ayres*, au S.-E., port sur le Rio de la Plata, capitale de la république, une des villes de l'Amérique les plus importantes par son commerce : 75,000 habit. — *Cordova*, ville industrieuse. — *Santa-Fé*, sur le Parana.—*Mendoza*, au pied des Andes, près du grand lac de même nom, et entrepôt du commerce entre la république et le Chili.

Notions historiques. Diaz de Solis découvrit, en 1515, cette contrée, qui fit d'abord partie de la vice-royauté du Pérou ; mais en 1778 elle devint vice-royauté particulière. En 1810 elle a déclaré son indépendance et s'est constituée depuis en république fédérative.

Paraguay.

Superficie. 197,500 kilomètres carrés.
Population. 316,000 habitants.

Notions générales. Le dictatoriat du Paraguay est borné au nord et à l'est par le Brésil, au sud et à l'ouest par la Plata, et au nord-ouest par la Bolivie. Le *Parana* en forme la frontière orientale et méridionale, et son affluent le *Paraguay* le limite à l'ouest et au nord-ouest. Le sol de cette contrée, doué d'une force de végétation très-active, produit des cannes à sucre, des vins, du tabac, du coton, des bois précieux, des plantes médicinales.

Villes principales. L'*Assomption*, capitale, sur la rive gauche du Paraguay, 15,000 habitants. — *Villa-Rica*. — *Villa-Réal*.

Notions historiques. Le Paraguay, découvert en 1526, et devenu province espagnole, fut gouverné par les Jésuites pendant le dix-septième siècle et une partie du dix-huitième.

En 1768, le pays fut réuni au gouvernement du Rio de la Plata. Depuis, le Paraguay s'est constitué en république et il est gouverné par un dictateur. Les étrangers ne sont pas admis dans cette contrée, où la religion catholique est seule tolérée.

Uruguay.

Notions générales. L'Uruguay est borné au nord et à l'est par le Brésil, au sud par l'océan Atlantique et la Plata, et à l'ouest par l'Uruguay. Cette contrée, qui a une superficie de 300,000 kilomètres carrés et 180,000 habitants, donne les mêmes productions que le Paraguay.

Villes principales. *MONTÉVIDÉO*, port près de l'embouchure du Rio de la Plata, capitale de la république : 20,000 habit. — *Colonia*, sur le Rio de la Plata, vis-à-vis de Buénos-Ayres. — *Maldonado*, sur le même fleuve, à son embouchure.

Notions historiques. L'Uruguay, qui a d'abord porté les noms de *Bande Orientale* et de *Cisplatine*, dépendait, sous la domination espagnole, de la vice-royauté de la Plata. Réuni plus tard au Brésil, il s'en est détaché pour former une république indépendante.

Patagonie.

Notions générales. La Patagonie, aussi appelée Terre Magellanique, du nom de Magellan, qui l'a découverte en 1519, occupe l'extrémité sud de l'Amérique méridionale. Elle est bornée au nord par la Confédération de la Plata, à l'est par l'océan Atlantique, au sud par l'océan Glacial Antarctique, et à l'ouest par le Grand Océan et le Chili. Sa superficie est évaluée à 1,303,500 kilomètres carrés, et sa population à 150,000 habitants. Cette contrée, où règne un froid assez rigoureux, est en partie traversée par les Andes, en partie couverte de plaines sablonneuses. L'aspect en est généralement sauvage, aride, et le sol presque partout improductif. La Patagonie est habitée par diverses tribus, au nombre desquelles se trouvent les Patagons, d'un naturel fort doux, et dont les récits des voyageurs ont exagéré la haute stature.

Parmi les nombreuses îles qui se rattachent à la Patagonie, nous citerons les plus importantes : la *Terre de Feu*, ainsi nommée à cause de quelques volcans qu'elle renferme, terre aride et sauvage où règne un froid rigoureux, et que le détroit de Magellan sépare du continent; — l'île *des Etats*, à l'est de la Terre de Feu, dont elle est séparée par le détroit de Lemaire; — les îles *Malouines* ou *Falkland* et la *Nouvelle-Georgie*, à l'est de la Patagonie, dans l'océan Atlantique; — les îles *Sandwich*, le *Schetland austral*, les *Orcades du Sud*, les terres de *Joinville*, de *Louis-Philippe*, de la *Trinité*, de *Palmer*; les îles de *Biscoé*, dont la principale est l'île *Adélaïde*, et la terre de *Graham*, dans l'océan Glacial Antarctique.

Questionnaire.

Quelle est la position du Brésil? — Dites-en la superficie; la population; les bornes. — Quelles sont les îles? les montagnes? les fleuves? — Quel est l'aspect général du pays? — Quelles sont ses richesses minérales et ses productions végétales? — Donnez quelques détails sur l'industrie et le commerce. — Quelle est la capitale du Brésil? — Nommez les autres villes principales de cette contrée. — Donnez quelques détails historiques sur le Brésil.

Où est située la république de la Plata? — Quel autre nom porte-t-elle? — Dites sa superficie; sa population ses bornes; ses fleuves. — Quel est l'aspect général de cette contrée? — Quelles sont ses productions? — Dites les villes principales. — Donnez quelques notions historiques.

Dites la position; la superficie; la population; les bornes; les principaux cours d'eau; les productions du Paraguay. — Quelles sont les villes principales?

Dites la position; la superficie; la population; les bornes et les villes principales de l'Uruguay.

Dites la position; la superficie et la population de la Patagonie. — Quel est l'aspect de cette contrée? — Quelle est la tribu principale? — Nommez les îles et les presqu'îles les plus importantes qui s'y rattachent.

CHAPITRE XXIX.

Océanie. — Généralités.

Superficie. 10,507,000 kilomètres carrés.
Population. 30,000,000 d'habitants.

Position. L'Océanie, dont la terre principale, la Nouvelle-Hollande ou Australie, est nommée le troisième continent, forme la cinquième partie du monde. On comprend sous ce nom les terres et les îles situées dans le Grand Océan, au sud-est de l'Asie et à l'ouest de l'Amérique, entre l'ancien continent et le nouveau.

Division. L'Océanie se divise en quatre parties : au N.-O., la *Malaisie*; — au S.-O., la *Mélanésie*; — au N., la *Micronésie*; — à l'E., la *Polynésie*.

Les terres et les îles les plus importantes de l'Océanie sont : dans la Malaisie, les îles *Sumatra*, *Java* et *Bornéo*; les archipels de *Célèbes*, des *Moluques* et des *Philippines*; — dans la Mélanésie, la *Nouvelle-Hollande* ou *Australie*, la *Nouvelle-Guinée* ou *Papouasie*, la *Terre de Diémen* ou *Tasmanie*; — dans la Micronésie, les archipels de *Magellan* et des *Carolines*; — dans la Polynésie, la *Nouvelle-Zélande*, les îles *Sandwich*, *Taïti* ou de *la Société* et *Marquises* ou *Mendaña*.

Mers. Les principales subdivisions du Grand

Océan sont : la mer de la *Chine*, qui, avec le détroit de Malacca, sépare la Malaisie de l'Asie; — les mers de *Mindoro*, de *Célèbes*, de *Java*, de la *Sonde*, des *Moluques*, de *Lanchidol* et de *Corail*. — L'extrémité occidentale de l'Océanie est baignée par la mer des *Indes*.

Golfes et baies. Les principaux golfes de l'Océanie sont : dans la Nouvelle-Hollande, le golfe de *Carpentarie*, au nord; la baie du *Géographe*, à l'ouest. — Dans l'île Célèbes : la baie de *Bony*, au sud; celle de *Tolo*, à l'est. — La baie de la *Providence*, à l'ouest de la Nouvelle-Guinée. — La baie d'*Abondance*, dans la partie septentrionale de la Nouvelle-Zélande, et la baie de *Tasman*, dans la partie méridionale.

Détroits. Les détroits les plus importants de l'Océanie sont : le détroit de la *Sonde*, entre Sumatra et Java; — le détroit de *Dampier*, entre la Nouvelle-Bretagne et la Nouvelle-Guinée; — le détroit de *Torrès*, entre la Nouvelle-Guinée et la Nouvelle-Hollande; — le détroit de *Bass*, entre la Terre de Diémen et la Nouvelle-Hollande; — le détroit de *Cook*, entre les deux grandes îles de la Nouvelle-Zélande; — le détroit des *Moluques*, entre Célèbes et Ternate; — le détroit de *Macassar*, entre Célèbes et Bornéo.

Montagnes. L'Océanie offre peu de chaînes de montagnes importantes. Les seules qui méritent d'être citées sont : dans Sumatra, une chaîne qui parcourt cette île dans toute sa longueur, et dont le point le plus élevé est le *mont Ophir*. — Dans Bornéo, près des côtes : les monts *Panams* et les monts de *Cristal*. — Dans les Moluques, une chaîne dont les points culminants sont les pics de *Céram* et de *Bourou*. — Dans la Nouvelle-Hollande, les montagnes *Bleues*.

Volcans. Les îles de l'Océanie, surtout Java, Sumatra et Luçon, renferment de nombreux volcans ; nous nommerons seulement l'*Arayet*, dans Luçon ; — le volcan de *Ternate*, dans l'archipel des Moluques ; — le *Tumboro*, dans l'île Sumbava.

Fleuves. L'Océanie, n'étant composée que d'îles et d'un petit continent, n'a pas de fleuves qui puissent être comparés à ceux de l'ancien monde et du nouveau. Les plus importants sont : le *Clarence* et le *Richemont*, qui arrosent la Nouvelle-Hollande et se jettent dans le Grand Océan ; — le *Bandermassin*, qui arrose Bornéo et se jette dans la mer de Java ; le *Pontianak*, qui parcourt la même contrée et se rend dans la mer de la Chine ; — le *Siak* et l'*Indradgiri*, qui arrosent Sumatra et se jettent dans la mer de la Chine.

Description générale. Les parties connues de la Nouvelle-Hollande, continent le plus important de la Mélanésie, n'offrent qu'une suite non interrompue de forêts impénétrables, de montagnes élevées, de plaines arides et sablonneuses ; mais les autres îles de l'Océanie, surtout celles qui composent la Malaisie, offrent l'aspect le plus varié et sont fertiles en productions diverses. Les îles de la Polynésie jouissent d'une douce température. Dans la Malaisie, située sous l'équateur, des pluies périodiques, certains vents, l'air de la mer, modèrent les ardeurs du soleil. Les productions minérales des îles de l'Océanie, bien qu'elles soient encore imparfaitement connues, ne sont pas sans importance : ce sont des mines de diamants, de l'or, de l'étain, du plomb, du cuivre, du sel, du soufre. Le riz, la canne à sucre, diverses sortes d'épices, sont les productions les plus répandues dans les îles de l'Océanie. Parmi les arbres principaux, il faut distinguer l'ébénier, le sagoutier, le bananier, le muscadier, l'arbre à tek, précieux pour la construction des navires, le bois de fer, dont les sauvages font leurs armes destinées aux combats. L'éléphant, le rhinocéros, l'hippopotame, le tigre, l'ours, le sanglier, le buffle, diverses espèces de singes, habitent les îles de la Malaisie, où l'on trouve aussi le crocodile et le terrible serpent connu sous le nom de Python colossal. Les animaux de la Nouvelle-Hollande se distinguent presque tous par un caractère particulier : nous citerons le kangourou, dont les pattes de derrière sont plus longues que celles de devant ; le casoar, grand oiseau qui ressemble à l'autruche ; les grandes chauves-souris connues sous les noms de roussette et de vampire, et une espèce de chien qui n'aboie jamais. Les phoques, l'éléphant marin, le cachalot et d'autres mammifères se trouvent dans les mers de l'Océanie. Parmi les oiseaux répandus dans les diverses îles de cette partie du monde, il faut citer les magnifiques oiseaux de paradis, des perroquets aux couleurs variées, le lori, d'un rouge éclatant, le papoua, d'un bleu d'azur, le cygne noir, des paons et des faisans remarquables par leur brillant plumage.

Industrie et commerce. Certains peuples de l'Océanie, et entre autres les Mélanésiens, n'ont aucune notion d'industrie et de commerce; mais d'autres nations, et surtout les habitants des îles de la Malaisie, se livrent avec succès à l'agriculture, à la navigation, à la pêche, et même à l'exploitation des mines. Les Javanais connaissent l'art du tisserand, et savent tailler et polir les diamants et les pierres précieuses. Les habitants de Sumatra excellent dans les ouvrages d'or et d'argent en filigrane, et les Carolins fabriquent de beaux tissus avec l'écorce du mûrier. Les Européens ont établi dans la Malaisie des sucreries, des indigoteries, des usines, des manufactures. C'est dans la Malaisie que se fait le commerce le plus actif et le plus étendu, et de toutes les nations étrangères, les Hollandais et les Chinois sont ceux qui font les affaires les plus importantes. Les principaux objets d'exportation sont les divers produits du sol, et surtout les épices, l'or, l'étain, les diamants, le lin, le coton, les bois de sandal et de tek, les écailles de tortue, les oiseaux de paradis. Ici, comme sur les côtes de l'Afrique, se fait encore le commerce cruel des esclaves.

Gouvernement. L'Océanie, comme les autres parties du monde, offre diverses formes de gouvernement. Dans la Malaisie ce sont des monarchies électives ; les rois, choisis par les principaux de la nation, ont une autorité limitée, tandis que dans les îles Carolines, et dans quelques autres îles, les chefs sont de véritables despotes. Dans la Polynésie, la noblesse domine et tient le peuple dans un profond asservissement. Dans l'archipel des Moluques, chaque famille isolée forme une société dont le chef ne reconnaît aucun supérieur.

Religion. Le christianisme compte un grand nombre de croyants dans les quatre divisions de l'Océanie, mais surtout dans la Polynésie. La religion mahométane est professée par les Javanais, les Malais de Sumatra, de Bornéo, des Moluques, et plusieurs autres peuples. Les tribus océaniennes les plus sauvages sont adonnées à un grossier fétichisme, c'est-à-dire qu'elles adorent les objets extérieurs, qu'elles regardent comme autant de divinités.

Peuples. Les habitants de l'Océanie appartiennent ou à la *race malaise*, l'une des variétés de la race jaune, ou à une variété de la race nègre, désignée sous le nom de *Nègres Océaniens*. Parmi les principaux peuples de la race malaise, nous nommerons les *Malais*, la nation la plus nombreuse; les *Javanais*, les *Battas* et les *Achinais*, dans une partie de Sumatra; les *Bouguis* et les *Macassars*, dans l'île Célèbes; les *Biadjous*, dans une partie de Bornéo; les *Bissayos*, dans plusieurs des îles Philippines.

Les *Nègres Océaniens*, les moins civilisés de tous les peuples de la terre, sont répandus dans diverses parties de l'Océanie, et portent en général le nom des archipels ou groupes d'îles qu'ils occupent.

Etablissements européens en Océanie. Les Hollandais possèdent une partie des grandes îles de la *Sonde*, les îles *Moluques*, l'île *Célèbes* : *Batavia*, dans l'île de Java, est le chef-lieu de leurs possessions. Les Anglais ont des établissements sur les côtes de la *Nouvelle-Hollande*, dans la *Terre de Diémen* et la *Nouvelle-Zélande* : *Sydney*, sur la côte orientale de la Nouvelle-Hollande, est la capitale de toutes leurs possessions. A la France appartiennent les îles *Marquises*; à l'Espagne, les *Philippines*, les *Mariannes*, une partie de *Mindanao* : *Manille*, dans l'île Luçon, est le chef-lieu de leurs possessions. Le Portugal ne possède que quelques petites îles et une partie de l'île *Timor* : *Dillé*, sur la côte septentrionale de Timor, est le chef-lieu de ces possessions.

Notions historiques. L'Océanie n'est connue des Européens que depuis la première expédition des Portugais dans l'Inde, vers la fin du quinzième siècle et au commencement du seizième. Les terres qui forment cette cinquième partie du monde ont été successivement découvertes par divers navigateurs célèbres, parmi lesquels il faut citer Magellan, Tasman, Dampier, Bougainville, Cook, La Pérouse et Vancouver. Avant la domination des Européens dans l'Océanie, il existait quelques états puissants dans les îles dites de la Sonde, tels que l'empire de Mataram à Java, et les royaumes d'Achem et de Palembang à Sumatra. Aujourd'hui les parties importantes de la Malaisie sont sous la domination ou la protection de nations européennes. La plupart des îles de la Polynésie et de la Micronésie sont indépendantes. M. Dumont d'Urville, officier de la marine française, a visité la plupart des îles de cette partie du monde, et c'est à lui qu'est due la division de l'Océanie telle qu'elle est aujourd'hui généralement adoptée.

Questionnaire.

Où est située l'Océanie? — De quoi se compose-t-elle? — Quelle est sa superficie, sa population? — Comment se divise-t-elle? — Quelles sont ses mers principales? — Nommez les golfes et les baies; les détroits. — Dites les caps; les presqu'îles; les montagnes; les fleuves; les lacs. — Donnez quelques détails sur le sol et le climat des principales terres de l'Océanie. — Quelles sont les productions diverses de cette partie du monde? — Quels sont les animaux les plus remarquables? — Parlez de l'industrie des habitants de l'Océanie. — Dans quelles îles le commerce est-il surtout important? — Quelles sont les religions professées dans les diverses parties de l'Océanie? — Quelles sont les formes de gouvernement? — Nommez les principaux peuples qui habitent les îles de l'Océanie. — Quelles sont les îles qui sont sous la domination européenne? — Donnez quelques notions historiques.

CHAPITRE XXX.

Malaisie.—Mélanésie.—Micronésie.—Polynésie.

Malaisie.

Population. 27,000,000 d'habitants.

Position. La Malaisie [1], ou Océanie occidentale, est située au nord-ouest.

Division. La Malaisie comprend les îles connues sous le nom d'*îles des Indes orientales*, et qui forment cinq archipels principaux : 1° les îles de la *Sonde*; 2° l'archipel de *Bornéo*; 3° l'archipel de *Célèbes*; 4° les îles *Moluques*; 5° les îles *Philippines*.

Description générale. Les îles qui composent la Malaisie sont, généralement très-fertiles. Le girofle, la muscade, la cannelle, le poivre, le camphre, le gingembre, le benjoin, le café, le coton, le tabac, sont les produits principaux de cette belle partie de l'Océanie. Bornéo possède des mines de diamants; les Philippines, Célèbes et Timor sont riches en mines d'or; l'étain abonde à Banca et à Sumatra; en un mot, on trouve dans la Malaisie toutes les productions de l'Inde.

[1]. Ainsi nommée parce qu'elle est habitée par des peuples malais.

Notions générales. ILES DE LA SONDE. Les îles de la Sonde sont situées au sud-ouest. Les deux plus grandes îles de ce groupe sont *Sumatra* et *Java*.

L'île de *Sumatra* est située au sud de la presqu'île de Malacca, dont elle est séparée par le détroit de ce nom. Elle est en partie indépendante et appartient en partie aux Hollandais. — Les principales villes sont : *Padang*, capitale du gouvernement du même nom, chef-lieu des possessions hollandaises à Sumatra; *Palembang*, port important sur la côte nord-est, aux Hollandais; *Achem*, capitale du royaume du même nom, près de la mer; *Siak*, capitale du royaume du même nom; *Bancoulen*, sur la côte sud-ouest, aux Hollandais.

L'île de *Java* est située entre la mer de même nom et l'océan Indien, au sud-est de Sumatra, dont elle est séparée par le détroit de la Sonde. Les Hollandais possèdent une grande partie de Java, et les autres parties sont presque toutes leurs tributaires. — Les principales villes sont : *Batavia*, port sur la côte septentrionale de l'île, chef-lieu des possessions hollandaises dans l'Océanie, et la ville la plus commerçante de cette partie du monde : 260,000 habit.; *Sourabaya*, port important sur la côte nord-est; *Chéribon* et *Samarang*, ports sur la côte nord. — Les principales îles dépendantes de Java sont : *Florès*, *Sumbava* et *Timor*.

ARCHIPEL DE BORNÉO. L'archipel de Bornéo est situé au centre de la Malaisie. L'île principale de ce groupe est *Bornéo*, l'une des plus grandes îles du globe, encore peu connue. Elle est en partie indépendante, et en partie dépendante des Hollandais. — Les principales villes sont : *Bornéo*, capitale du royaume du même nom ; *Pontianak*, aux Hollandais ; *Passir*, capitale du royaume du même nom.

Archipel de Célèbes. L'archipel de Célèbes est situé à l'est de Bornéo. Il comprend plusieurs royaumes, entre autres ceux de *Bony* et de *Macassar*. L'île principale de ce groupe est *Célèbes*, qui dépend presque tout entière des Hollandais.

Iles Moluques. Les îles Moluques, autrefois nommées *îles aux Epices*, et qui sont le centre de la culture du giroflier et du muscadier, sont situées au sud-est. Elles sont en partie indépendantes, en partie dépendantes des Hollandais. — Les principales sont : *Gilolo*, la plus grande des Moluques, dans laquelle les Hollandais ont des établissements ; *Amboine*, place importante pour les Hollandais ; *Banda*, *Céram*, *Bourou*, *Ternate*.

Iles Philippines. Les îles Philippines sont situées au nord. — Les principales sont : *Luçon* ou *Manille* et *Mindanao*. — L'île Luçon est en partie indépendante, en partie soumise aux Espagnols. La ville principale est *Manille*, capitale de l'île, au fond de la baie de même nom, ville très-commerçante, chef-lieu des établissements espagnols dans l'Océanie : 140,000 habit. L'île Mindanao, dont les Espagnols possèdent une petite partie, a pour ville principale *Mindanao*, résidence d'un puissant souverain indépendant.

Notions historiques. Parmi les îles Moluques, les unes ont été découvertes par les Portugais en 1510, les autres en 1512. Les îles Philippines furent découvertes en 1521 par le célèbre navigateur Magellan; les Espagnols s'y établirent en 1565 et leur donnèrent le nom de leur roi Philippe II.

Mélanésie.

Population. 1,280,000 habitants.

Position. La Mélanésie[1], ou Océanie méridionale, est située au sud.

Division. La Mélanésie comprend : 1° le continent de la *Nouvelle-Hollande* ou *Australie*; 2° la *Nouvelle-Guinée* ou *Papouasie*; 3° la *Terre de Diémen* ou *Tasmanie*; 4° l'archipel de la *Nouvelle-Bretagne*; 5° les îles *Salomon*; 6° l'archipel de la *Louisiade*; 7° l'archipel de *La Pérouse*; 8° les *Nouvelles-Hébrides*; 9° la *Nouvelle-Calédonie*; 10° les îles *Viti*; 11° les *Terres Antarctiques*.

Description générale. L'intérieur de la Nouvelle-Hollande est presque inconnu, mais on suppose que c'est une contrée aride et sauvage. Certaines îles de la Mélanésie sont d'une fertilité remarquable et produisent diverses espèces de palmiers, le muscadier, l'ébénier, le sagoutier, le bananier, les patates.

1. Ainsi nommée de la couleur de ses habitants, qui appartiennent à la race des Nègres Océaniens.

Notions générales. NOUVELLE-HOLLANDE. La Nouvelle-Hollande, aussi nommée *Australie*, baignée au N., à l'O. et au S. par l'océan Indien, et à l'E. par le Grand Océan, est une grande terre dont on ne connaît guère que les côtes. Sa superficie est de 7,584,000 kilomètres carrés, et sa population de 340,000 habitants. Sur la côte orientale, appelée *Nouvelle-Galles méridionale*, les Anglais ont fondé, en 1786, la colonie de *Botany-Bay*, où sont déportés les malfaiteurs. *Sydney*, sur le port Jackson, est le chef-lieu de la colonie. Le reste de cette vaste contrée est habité par des indigènes, dont les uns sont noirs et les autres d'une couleur cuivrée. — Près de la Nouvelle-Hollande on trouve les îles de *Dampier* et *Melville*, et l'archipel de la *Recherche*.

NOUVELLE-GUINÉE. La Nouvelle-Guinée, nommée aussi *terre des Papous* ou *Papouasie*, est située au nord de la Nouvelle-Hollande, dont elle est séparée par le détroit de Torrès. Cette grande île renferme un grand nombre de petits territoires gouvernés par des chefs particuliers. Les Hollandais y ont un établissement. — Les îles voisines de la Nouvelle-Guinée sont : les îles des *Papous* ou de *Waïgiou*; les îles *Freewill* et d'*Arrou*.

TERRE DE DIÉMEN. La terre de Diémen, aussi nommée *Diéménie* et *Tasmanie*, est située au sud-est de la Nouvelle-Hollande, dont elle est séparée par le détroit de Bass. Vers le sud-est, les Anglais y ont établi une colonie dont le chef-lieu est *Hobarttown*.

ARCHIPEL DE LA NOUVELLE-BRETAGNE. L'archipel de la Nouvelle-Bretagne est situé à l'est de la Nouvelle-Guinée. — Les principales îles sont : la *Nouvelle-Bretagne*, île très-fertile ; la *Nouvelle-Irlande*, le *Nouvel-Hanovre* ; l'île du *Duc-d'York* ; l'île *Saint-Mathieu* ; les îles de l'*Amirauté*.

ILES DE SALOMON. Les îles de Salomon sont situées au sud-est de celles de la Nouvelle-Bretagne. — Les îles principales sont celles de *Sainte-Isabelle*, de *Georgie* et de *Bougainville*.

ARCHIPEL DE LA LOUISIADE. L'archipel de la Louisiade est situé au sud-est de la Nouvelle-Guinée. — Les îles principales sont celles de *Trobriand* et d'*Entrecasteaux*.

ARCHIPEL DE LA PÉROUSE. L'archipel de La Pérouse, aussi nommé archipel de *Santa-Cruz* ou de la *Reine-Charlotte*, est situé au sud-est des îles Salomon. — Les îles principales sont : *Nitendy* ou *Santa-Cruz* ; *Vanikoro*, célèbre par le naufrage de La Pérouse.

NOUVELLES-HÉBRIDES. Les Nouvelles-Hébrides, aussi nommées archipel de *Quiros*, sont situées au sud-est de l'archipel de La Pérouse. — Les îles principales sont : l'île ou la terre du *Saint-Esprit* ; l'île *Mallicolo* ; l'île *Sandwich*.

NOUVELLE-CALÉDONIE. Le groupe de la Nouvelle-Calédonie est situé au sud-ouest des Nouvelles-Hébrides. — Les îles principales sont : l'île de la *Nouvelle-Calédonie* ; l'île de l'*Observatoire* ; l'île *Beaupré*.

ILES VITI. Les îles Viti, aussi nommées îles

MÉLANÉSIE. 349

Fidji, sont situées à l'est des Nouvelles-Hébrides.

TERRES ANTARCTIQUES. Les principales terres comprises sous ce nom sont : la terre de *Sabrina*, celle de *Clarie*, la terre *Adélie* et la terre *Victoria méridionale*. C'est dans cette dernière que s'élève le volcan *Erèbe*.

Notions historiques. Des navigateurs hollandais ont les premiers visité en 1606 le nord et l'ouest de l'Australie, qu'ils nommèrent Nouvelle-Hollande : plus tard le capitaine Cook découvrit la côte orientale de cette grande terre. La Nouvelle-Guinée a été découverte en 1527 par Saavédra, navigateur espagnol ; la Nouvelle-Bretagne par Dampier en 1699, et la terre de Diémen en 1642 par Tasman, navigateur hollandais. L'archipel de La Pérouse doit son nom au célèbre navigateur qui explora ces parages de l'Océanie. La Nouvelle-Calédonie a été découverte en 1774 par le capitaine Cook. La terre de Sabrina a été récemment découverte par le capitaine Balleny, et la terre Adélie par l'amiral Dumont d'Urville.

Micronésie.

Population. 550,000 habitants.

Position. La Micronésie[1], ou Océanie septentrionale, renferme plusieurs archipels et groupes situés au nord de la Nouvelle-Hollande, à l'est de la Malaisie et du Japon.

1. Ainsi nommée parce qu'elle se compose en général de petites îles.

Division. La Micronésie comprend : 1° l'archipel de *Magellan* ; 2° les îles *Mariannes* ; 3° les îles *Pelew* ; 4° l'archipel des *Carolines* ; 5° les îles *Mulgrave* ; 6° l'archipel d'*Anson* ; 7° l'archipel *Gilbert*.

Description générale. La Micronésie est la plus petite des quatre parties de l'Océanie. Les indigènes appartiennent à une variété de la race jaune. Les habitants de quelques îles, entre autres ceux des Mariannes et des Carolines, se distinguent par des mœurs plus civilisées. Ils excellent dans l'art de construire les canots, et la connaissance des astres les a rendus plus habiles dans la science de la navigation. La Micronésie donne les mêmes productions que les autres parties de l'Océanie.

Notions générales. ARCHIPEL DE MAGELLAN. L'archipel de Magellan, peu éloigné des îles du Japon, au sud-est, et en partie volcanique, comprend plusieurs groupes, dont le plus considérable est celui de *Monin-Sima*.

ILES MARIANNES. Les îles Mariannes ou Marie-Anne, nommées aussi îles des *Larrons*, sont situées au sud de l'archipel de Magellan ; les îles principales sont *Guam* et *Tinian*.

ILES PELEW. Les îles Pelew ou Peliou, situées au sud-ouest de la Micronésie, sont fertiles en productions diverses.

ARCHIPEL DES CAROLINES. L'archipel des Carolines, nommées aussi *Nouvelles-Philippines*, situé à l'est des îles Pelew, est le plus grand archipel de la Micronésie ; les îles principales sont *Egoy* et *Yap*.

Îles Mulgrave. Les îles Mulgrave ou Marshall, situées à l'est des Carolines, se composent de deux groupes principaux et sont très-fertiles.

Archipel d'Anson. L'archipel d'Anson, situé au nord-est de la Micronésie, est composé d'îles très-petites et très-disséminées.

Archipel Gilbert. Cet archipel comprend deux groupes principaux, les îles *Scarborough* et les îles *Kings-Mill*.

Notions historiques. Les îles Mariannes, ainsi nommées en l'honneur de Marie-Anne d'Autriche, sous Philippe IV, roi d'Espagne, furent découvertes en 1521 par Magellan, qui leur avait donné le nom d'îles des Larrons, parce que les indigènes lui avaient volé divers objets. Les îles Carolines furent découvertes en 1686 par les Espagnols, qui les nommèrent ainsi en l'honneur de leur roi Charles II.

Polynésie.

Population. 1,250,000 habitants.

Position. La Polynésie [1], ou Océanie orientale, comprend un grand nombre d'îles disséminées dans toute la partie orientale du Grand Océan.

Division. La Polynésie se divise en deux parties : la *Polynésie septentrionale* et la *Polynésie méridionale*.

La Polynésie septentrionale comprend, outre

---

1. Ainsi nommée parce qu'elle se compose d'un nombre considérable d'îles de toute grandeur.

plusieurs petites îles disséminées, l'archipel d'*Hawaii*, nommé aussi les îles *Sandwich*.

La Polynésie méridionale comprend : 1° les îles *Hamoa* ; 2° les îles *Tonga* ; 3° les îles *Taïti* ; 4° les îles *Toubouaï* ; 5° les îles de *Cook* ; 6° l'archipel de *Pomotou* ; 7° les îles *Marquises* ou *Mendana* ; 8° les îles *Kermadec* ; 9° la *Nouvelle-Zélande*.

Description générale. De toutes les parties de l'Océanie, la Polynésie est celle qui occupe la plus grande étendue. Les habitants appartiennent, comme ceux de la Micronésie, à une variété de la race jaune. Les îles dont se compose la Polynésie sont généralement remarquables par leur aspect enchanteur et leur fertilité ; elles produisent des cannes à sucre, des patates, les cocotiers, le bois de sandal. Les indigènes de divers archipels sont industrieux, doux, hospitaliers, et doivent à leurs relations avec les Européens les progrès qu'ils ont faits dans la civilisation.

Notions générales. ARCHIPEL D'HAWAII. L'archipel d'Hawaii, connu aussi sous le nom d'îles *Sandwich*, situé au nord de la Polynésie, renferme quatorze îles d'une fertilité remarquable et parmi lesquelles il faut citer *Hawaii*, où fut tué le capitaine Cook, *Owaihi*, surnommée le jardin des îles Sandwich, et *Mawi*.

ILES HAMOA. Les îles Hamoa, ou archipel de Bougainville, sont connues aussi sous le nom d'îles des *Navigateurs*. Elles sont situées au nord-est des îles Viti, et remarquables par leur belle végétation. La plus importante est *Pola*, une des plus grandes îles de la Polynésie.

Iles Tonga. Les îles Tonga, nommées aussi îles des *Amis*, sont situées au sud-ouest des îles Hamoa. L'île *Tonga-Tabou* est la plus considérable de ce groupe.

Iles Taïti. Les îles Taïti, connues aussi sous le nom d'archipel de la *Société*, sont situées à l'est des îles Tonga. La plus grande est *Taïti* ou *O'Taïti*, nommée la reine de l'océan Pacifique, à cause de sa fertilité et de son riant aspect. Les habitants ont été convertis au christianisme et sont très-civilisés. Ces îles sont sous la protection de la France.

Iles Toubouaï. Les îles Toubouaï, situées au sud des précédentes, sont placées à de grandes distances les unes des autres.

Iles de Cook. Les îles de Cook, nommées aussi îles *Harvey*, sont situées vers l'ouest des îles Taïti. L'île *Mangia* et l'île *Harvey* sont les principales de ce groupe, dont la plupart des habitants ont embrassé le christianisme.

Archipel de Pomotou. L'archipel de Pomotou, ou des îles *Basses*, situé au nord-est des îles Taïti, se compose d'un grand nombre de groupes, et renferme les archipels connus autrefois sous les noms d'archipel *Dangereux* et de la *mer Mauvaise*, parsemés d'écueils et de récifs.

Iles Marquises. Les îles Marquises ou Mendana, connues aussi sous le nom d'archipel de *Nouka-Hiva*, sont situées au nord de l'archipel de Pomotou. Les principales sont : *Noukahiva*, la plus considérable de toutes, avec un bon port ; *Masse* ; *Roa-Houga* ; *Roa-Poua* ; *O-Ivahoa* ou *Dominica*. Les îles Marquises appartiennent à la France.

ILES KERMADEC. Les îles Kermadec se composent de quelques petites îles situées au sud des îles Viti.

NOUVELLE-ZÉLANDE. La Nouvelle-Zélande, située au sud-est de la Nouvelle-Hollande, se compose de deux grandes îles séparées par le détroit de Cook. La première s'appelle *Ika-na-Mawï* la seconde *Tavaï-Pounamou*. Elles produisent des végétaux divers, et entre autres le phormium, dont les feuilles donnent un fil soyeux qui sert à fabriquer des étoffes.

Parmi les îles disséminées dans la Polynésie méridionale, citons les îles *Antipode*, *Salas-y-Gomez*, et l'île de *Pâques*, la plus orientale de toute la Polynésie.

Notions historiques. Les îles Sandwich ont été découvertes en 1778 par Cook, qui a aussi découvert en grande partie les îles Taïti. C'est à ce navigateur célèbre que les îles des Amis doivent leur nom ; ces îles furent découvertes par Tasman en 1643. C'est Bougainville qui a découvert les îles Hamoa en 1768, et le navigateur espagnol Mendaña, celles qui portent son nom. Enfin la Nouvelle-Zélande a été découverte par Tasman en 1642.

POLYNÉSIE.   355

Questionnaire.

Où est située la Malaisie ? — Quelle est sa population ? — Quelles îles comprend-elle ? — Quelles sont les productions de la Malaisie ? — Où sont situées les îles de la Sonde ? — Quelles sont les principales îles de ce groupe ? — Où est situé l'archipel de Bornéo ? — Quelles sont les principales îles de ce groupe ? — Mêmes questions pour l'archipel de Célèbes, les îles Moluques, les îles Philippines. — Donnez quelques notions historiques sur la Malaisie.

Où est située la Mélanésie ? — Quelle est sa population ? — Quelles terres comprend-elle ? — Quelle est l'étendue de la Nouvelle-Hollande ? — Connaît-on bien cette contrée ? — Quelle est sa population ? — Où est située la Nouvelle-Guinée ? — Sous quel autre nom est-elle connue ? — Quelles îles en dépendent ? — Mêmes questions pour la Terre de Diémen, l'archipel de la Nouvelle-Bretagne, les îles de Salomon, les archipels de la Louisiade, de La Pérouse, les Nouvelles-Hébrides, la Nouvelle-Calédonie et les îles Viti. — Donnez quelques notions historiques sur la Mélanésie.

Où est située la Micronésie ? — Quelle est sa population ? — Quelles îles comprend-elle ? — Décrivez les archipels dont se compose cette partie de l'Océanie. — Donnez quelques notions historiques sur la Micronésie.

Où est située la Polynésie ? — Quelle est sa population ? — Comment se divise-t-elle ? — Quelles sont les principales îles de la Polynésie septentrionale ? — Nommez les archipels dont se compose la Polynésie méridionale. — Quel aspect général présente-t-elle ? — Décrivez les divers archipels de cette partie de l'Océanie, et dites ce qu'ils offrent de remarquable. — Donnez quelques notions historiques sur la Polynésie.

TABLE DES CHAPITRES

	Pag.
Introduction,	
Notions générales de Cosmographie.	1

CHAPITRE I.
Définitions. — Terres et eaux,	17

CHAPITRE II.
Europe.	25

CHAPITRE III.
Iles Britanniques.	38

CHAPITRE IV.
Danemark.	48
Suède.	51
Russie,	54
Pologne.	59
République de Cracovie.	60

CHAPITRE V.
France.	62

CHAPITRE VI.
Description des départements de la France par bassins.	75
Tableau comparatif des provinces et des départements.	76
Bassin primaire du Rhin.	82
Bassin de la Moselle.	83
Bassin de la Meuse.	85
Bassin de l'Escaut.	86

CHAPITRE VII.
	Pag.
Bassin primaire de la Seine.	89
Bassin de la Marne.	92
Bassin de l'Oise.	93
Bassin de l'Yonne.	94
Bassin de l'Eure.	ib.
Bassin de la Somme.	95
Bassin de l'Orne.	96
Bassin de la Rance.	97

CHAPITRE VIII.
Bassin primaire de la Loire.	99
Bassin de la Maine.	102
Bassin de l'Allier.	ib.
Bassin du Cher.	103
Bassin de la Vienne.	104
Bassin de la Vilaine.	105
Bassin de la Sèvre Niortaise.	106
Bassin de la Charente.	107

CHAPITRE IX.
Bassin primaire de la Gironde.	109
Bassin de la Dordogne.	110
Bassin de la Garonne.	ib.
Bassin de l'Ariége.	112
Bassin du Tarn.	ib.
Bassin du Lot.	113
Bassin du Gers.	114
Bassin de l'Adour.	ib.

TABLE DES CHAPITRES. 357

Bassin primaire du Rhône. 116	Royaume des Deux-Siciles. 183
Bassin de la Saône. 118	Groupe de Malte. 185
Bassin de l'Isère. 119	**CHAPITRE XV.**
Bassin de la Durance. 120	Turquie d'Europe. 188
Bassin de l'Hérault. 121	Grèce. 193
Bassin de l'Aude. 122	Iles Ioniennes. 197
Bassin du Var. 123	**CHAPITRE XVI.**
Ile de Corse. 124	Asie. 199
CHAPITRE X.	**CHAPITRE XVII.**
Belgique. 127	Russie d'Asie. 210
Hollande. 130	Turquie d'Asie. 214
Suisse. 134	Arabie. 219
CHAPITRE XI.	**CHAPITRE XVIII.**
Confédération germanique. 139	Turkestan. 223
Allemagne propre. 140	Perse. 225
CHAPITRE XII.	Afghanistan. 227
Prusse. 151	Hérat. 228
Autriche. 155	Béloutchistan. 229
CHAPITRE XIII.	**CHAPITRE XIX.**
Portugal. 163	Chine. 231
Espagne. 166	Japon. 236
République d'Andorre. 173	**CHAPITRE XX.**
CHAPITRE XIV.	Hindoustan. 239
Italie. 174	Indo-Chine. 246
Royaume de Sardaigne. 177	**CHAPITRE XXI.**
Principauté de Monaco. 179	Afrique. 251
Royaume Lombard-Vénitien. ib.	**CHAPITRE XXII.**
Duché de Parme. ib.	Etats Barbaresques. 261
Duché de Modène. 180	Empire de Maroc. 262
Duché de Lucques. ib.	Algérie. 263
Grand-duché de Toscane. ib.	Etat de Tunis. ib.
Etats de l'Eglise. 182	Etat de Tripoli. 264
République de Saint-Marin. 183	Sahara. 265
	Egypte. 266
	Nubie. 269

Sénégambie.	270	Texas.	310
Ouankara.	272	Guatémala.	ib.
Congo.	273	Antilles.	312
Cimbébasie.	275		

CHAPITRE XXIII.

CHAPITRE XXVII.

Nigritie.	277	Colombie.	317
Abyssinie.	279	Nouvelle-Grenade.	318
Côtes d'Adel, d'Ajan et de Zanguebar.	280	Vénézuéla.	319
Pays de Mozambique.	281	Equateur.	ib.
Hottentotie.	ib.	Guyane.	320
Cafrerie.	282	Pérou.	322
Colonie du Cap-de-Bonne-Espérance.	283	Bolivie.	323
		Chili.	324

CHAPITRE XXVIII.

Iles indépendantes des contrées continentales de l'Afrique.	284	Brésil.	327
		La Plata.	330
		Paraguay.	331
		Uruguay.	332
		Patagonie.	ib.

CHAPITRE XXIV.

Amérique. 286

CHAPITRE XXIX.

Océanie. 334

CHAPITRE XXV.

Groenland.	298
Russie Américaine.	299
Nouvelle-Bretagne.	300
Etats-Unis.	303

CHAPITRE XXX.

Malaisie.	343
Mélanésie.	346
Micronésie.	349
Polynésie.	351

CHAPITRE XXVI.

Mexique. 308

TABLE ALPHABÉTIQUE

DES DÉPARTEMENTS DE LA FRANCE.

	Pag.		Pag.
Ain,	116	Hérault,	121
Aisne,	93	Ille-et-Vilaine,	106
Allier,	103	Indre,	104
Alpes (Basses),	121	Indre-et-Loire,	101
Alpes (Hautes),	120	Isère,	120
Ardèche,	117	Jura,	118
Ardennes,	85	Landes,	115
Ariège,	112	Loir-et-Cher,	101
Aube,	90	Loire,	100
Aude,	122	Loire (Haute),	99
Aveyron,	113	Loire-Inférieure,	101
Bouches-du-Rhône,	118	Loiret,	100
Calvados,	97	Lot,	113
Cantal,	110	Lot-et-Garonne,	111
Charente,	107	Lozère,	113
Charente-Inférieure,	108	Maine-et-Loire,	101
Cher,	103	Manche,	96
Corrèze,	110	Marne,	92
Corse,	124	Marne (Haute),	ib.
Côte-d'Or,	89	Mayenne,	102
Côtes-du-Nord,	98	Meurthe,	84
Creuse,	104	Meuse,	85
Dordogne,	110	Morbihan,	105
Doubs,	119	Moselle,	84
Drôme,	120	Nièvre,	100
Eure,	94	Nord,	86
Eure-et-Loir,	ib.	Oise,	93
Finistère,	105	Orne,	86
Gard,	117	Pas-de-Calais,	ib.
Garonne (Haute),	111	Puy-de-Dôme,	102
Gers,	114	Pyrénées (Basses),	115
Gironde,	111	Pyrénées (Hautes),	114

TABLE DES DÉPARTEMENTS DE LA FRANCE.

	Pag.		Pag.
Pyrénées-Orientales,	122	Sèvres (Deux),	107
Rhin (Bas),	83	Somme,	95
Rhin (Haut),	82	Tarn,	113
Rhône,	116	Tarn-et-Garonne,	111
Saône (Haute),	119	Var,	123
Saône-et-Loire,	ib.	Vaucluse,	121
Sarthe,	102	Vendée,	107
Seine,	90	Vienne,	104
Seine-Inférieure,	91	Vienne (Haute),	ib.
Seine-et-Marne,	90	Vosges.	83
Seine-et-Oise,	91	Yonne.	94

FIN

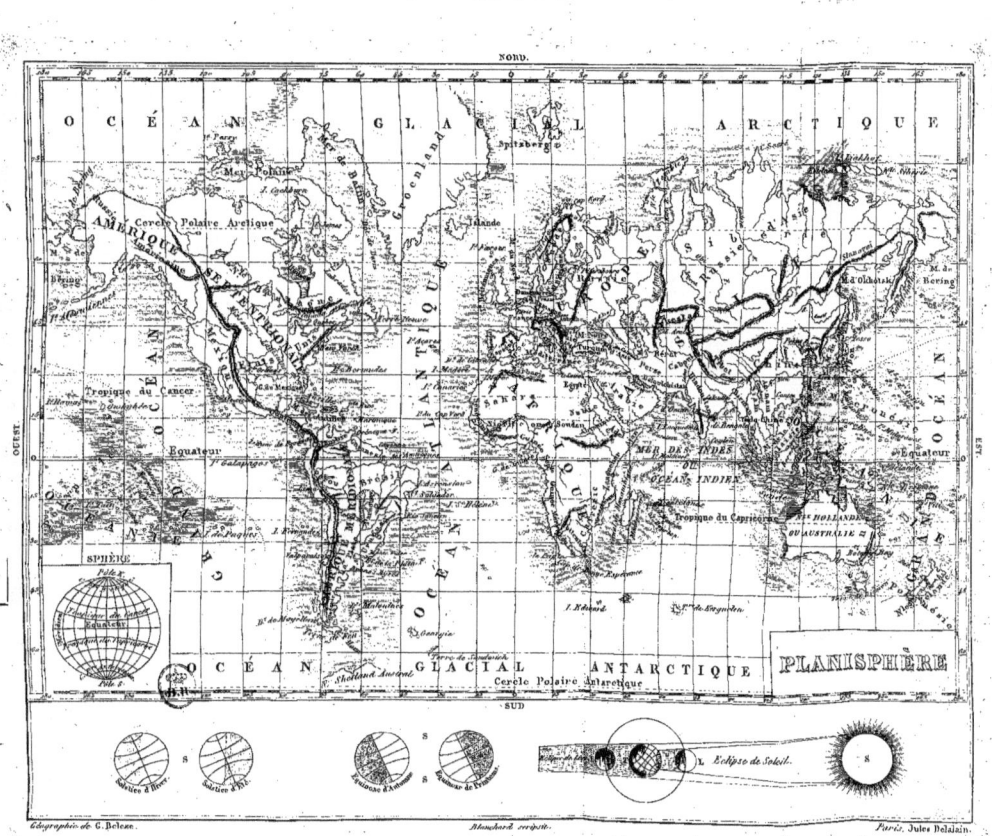

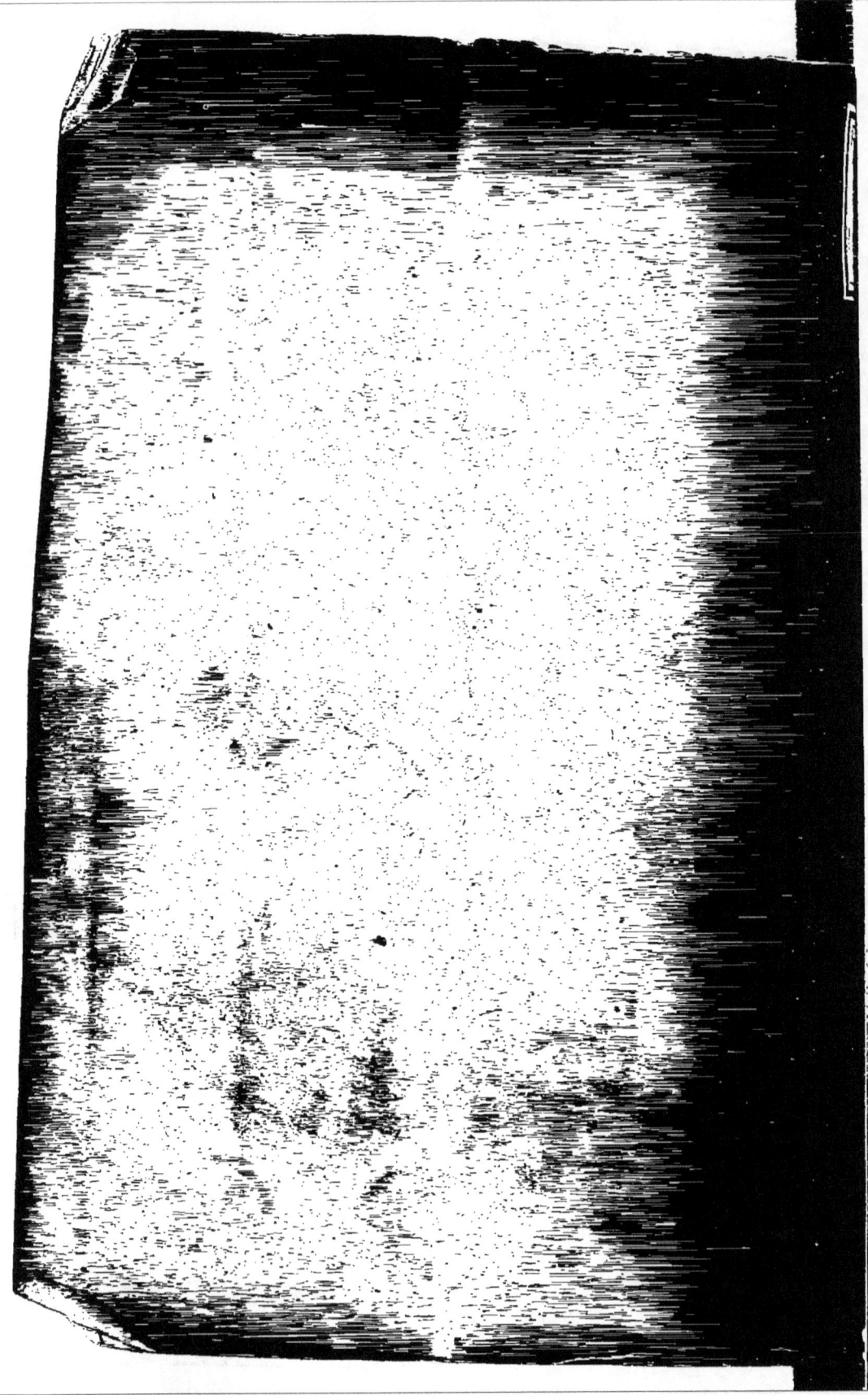

www.ingramcontent.com/pod-product-compliance
Lightning Source LLC
Chambersburg PA
CBHW050546170426
43201CB00011B/1586